Jahrbuch Hochtaunuskreis

2020
28. Jahrgang

Schwerpunktthema Literatur

(Diese Beiträge sind farbig hinterlegt)

Das Titelbild des Jahrbuchs Hochtaunuskreis zeigt in der großen Abbildung einen Ausschnitt der Arbeit *Flüstergalerie* von Anja Harms und Eberhard Müller-Fries. Leporellos mit einem Textfragment von Ernst Jandl schweben in Stahlrahmen.

Die kleine Fotoserie entstand mit Werken aus dem Kunstunterricht von Schülerinnen und Schülern, präsentiert 2019 in der Galerie Artlantis bei der jährlichen Ausstellung von Kunst aus Schulen. Die Buchobjekte mit besonderen Illustrationen bekannter Märchen und Mythen entstanden in der Oberstufe am Taunusgymnasium Königstein. Die Installation mit Scherenschnitten ist eine Gemeinschaftsarbeit aus der Unterstufe des Kaiserin-Friedrich-Gymnasiums.

© Herausgeber: Hochtaunuskreis – Der Kreisausschuss –
Ludwig-Erhard-Anlage 1–5, 61352 Bad Homburg v. d. Höhe
Verantwortlich: Landrat Ulrich Krebs
Redaktion Fachbereich Kultur: Cornelia Kalinowski M.A.
kultur@hochtaunuskreis.de

Für den Inhalt der Beiträge liegt die Verantwortung bei den Autorinnen und Autoren.

Verlag: Frankfurter Societäts-Medien GmbH
Anzeigen: RheinMainMedia
Satz: Julia Desch, Societäts-Verlag
Druck: Westermann Druck Zwickau GmbH
ISBN 978-3-95542-343-8
Printed in Germany 2019

Zu beziehen über den Buchhandel, den Bürger-Informations-Service (BIS) im Landratsamt, Ludwig-Erhard-Anlage 1–5, 61352 Bad Homburg, Haus 3, Erdgeschoss sowie in allen Geschäftsstellen der Taunus Zeitung.

Jahrbuch Hochtaunuskreis 2020

Vorwort

Liebe Leserinnen und Leser,

im Jahr 2020, dem dieser Band gilt, begehen wir den 250. Geburtstag Friedrich Hölderlins. Dieser bedeutende deutsche Lyriker verbrachte bekanntlich um 1800 zwei längere Aufenthalte in Homburg, sein Werk wie sein tragisches Schicksal sind unauflöslich mit Homburg verbunden. Ein guter Anlass also, sich im Jahrbuch Hochtaunuskreis einmal mit Literatur zu befassen.

Neben Hölderlin haben viele weitere Autoren der Weltliteratur in unserer Region ebenfalls Spuren hinterlassen, von Goethe und Gerning über Stevenson und Sternheim bis zu den heutigen Schriftstellerinnen und Schriftstellern. Den besten von ihnen attestiert seit 1983 jedes Jahr der Hölderlinpreis der Stadt Bad Homburg die hervorragende Qualität ihres Schaffens. Was die Verleihung dieses Preises zu bewirken vermag, schildert Arno Geiger. Er ist bislang der einzige Autor, der beide Preise erhielt: den Förderpreis 2005 wie auch den Hölderlinpreis, der ihm 2011, also einige Jahre und literarische Werke später, zuerkannt wurde. Doch noch andere Aspekte sind interessant, etwa das Lesen- und Schreibenlernen früher auf dem Land, auch die Gründung und Bedeutung von Lesevereinen und Kulturkreisen im Taunus. Literatur und Kunst sind artverwandt, und so schließen sich im Jahrbuch zahlreiche Beiträge an zu Musik, Malerei und Buchkunst, zu früher Film- und Schauspielkunst, bis hin zu Baukunst, genauer: dem modernen Siedlungsbau der 60er Jahre.

Allen Autorinnen und Autoren will ich herzlich danken für die spannende Lektüre! Mein Dank gilt auch dem Frankfurter Societäts-Verlag, der in bewährt guter Zusammenarbeit mit dem Fachbereich Kultur des Hochtaunuskreises diesen Band erstellt hat.

Ich wünsche Ihnen viel Vergnügen beim Lesen.

Ulrich Krebs,
Landrat des Hochtaunuskreises

Barbara Dölemeyer

Hölderlin und der Homburger Landgrafenhof

Die Bedeutung der Landgrafentöchter für die frühe Hölderlin-Rezeption

Friedrich Hölderlin lebte 1798 bis 1800 und 1804 bis 1806 insgesamt etwa 3 ½ Jahre in Homburg vor der Höhe, beide Male auf Einladung seines Studienfreundes, des Homburger Regierungsrates Isaac von Sinclair. Während der beiden Aufenthalte in der kleinen Residenzstadt der Landgrafschaft Hessen-Homburg hatte der Dichter Kontakte zu Mitgliedern der Familie des Landgrafen Friedrichs V. Ludwig.

Vorgeschichte

Zunächst zur Vorgeschichte des Homburger Aufenthalts 1798 ganz knapp einige Lebensdaten des Dichters, Philosophen und Pfarrverweigerers:[1] Geboren am 20. März 1770 in Lauffen am Neckar in eine Familie der württembergischen „Ehrbarkeit", verlor er bereits mit zwei Jahren den Vater und 1779 den Stiefvater Johann Christoph Go(c)k. Die Bindung an seine zweimal verwitwete, pietistische Mutter war zeitlebens sehr stark. Ab 1784 lernte er in den sehr strengen Klosterschulen Denkendorf und Maulbronn, 1788 trat er als Stipendiat in das berühmte Stift in Tübingen ein, wo er Theologie, Philosophie und griechische Philologie studierte. Stubengenossen und Freunde waren u.a. Georg W. Fr. Hegel (1770–1831) und Friedrich W. Joseph Schelling (1775–1854). Hölderlin legte 1790 das Magisterexamen, 1793 das abschließende Konsistorialexamen in Stuttgart ab, woraus die Befähigung, aber auch die Verpflichtung zum Kirchen- oder Lehramt folgte. Den hartnäckigen Bemühungen seiner Mutter, ihm zu einer Stelle im württembergischen Pfarrdienst zu verhelfen, setzte er ebenso hartnäckigen Widerstand entgegen, da er einen ganz anderen Lebensplan verfolgte, den eines freien Dichters und Schriftstellers: Er spricht vom „Dichterberuf". Die finanziellen Mittel dazu hätte er aus seinem väterlichen Erbe wohl gehabt. Zwei Faktoren standen dem aber entgegen: Es ist zum einen die ganz spezielle Beziehung zu seiner Mutter, sie verwaltete das Geld, und er hatte nie den Willen oder die Kraft, sich ihrem Wunsch offen zu widersetzen. Zum anderen war die Ausbildung im Tübinger Stift mit der Verpflichtung zum Pfarrdienst verbunden, und dem konnte Hölderlin nur entgehen, wenn er eine adäquate Ausweichposition nachwies. Dazu gehörten eben Hofmeister- bzw. Hauslehrerstellen – er musste sich aber dafür vom Konsistorium jeweils beurlauben lassen. Vor und nach der Stellung bei Gontard in Frankfurt hatte Hölderlin ähnliche Positionen bei der Familie der Charlotte von Kalb in Waltershausen (1793–1795), im schweizerischen Hauptwil (Januar–April 1801) und in Bordeaux (1801–1802) inne, die jeweils in überstürzter Abreise endeten.

Hofmeister im Hause Gontard

Die Stelle bei Jakob Friedrich Gontard und seiner Ehefrau Susette, geborene Borkenstein,

1 Adolf Beck, Paul Raabe (Hg.), Hölderlin. Eine Chronik in Text und Bild, Frankfurt am Main 1970.

die ihm durch den befreundeten Arzt Johann Gottfried Ebel vermittelt worden war, trat Hölderlin im Januar 1796 an. Er befand sich nun als junger Theologe aus einer angesehenen bürgerlichen Familie in einer ziemlich prekären Situation: Er war ein hochgebildeter Angestellter, dem Arbeitgeber verantwortlich, hatte partiell am herrschaftlichen Leben teil. Aber, wie er schließlich schrieb: „Der Hofmeister ist immer das fünfte Rad am Wagen", empfand er dies zunehmend als bedrückend. Die Lebenssituation an sich war also nicht ungewöhnlich, auch Seelenverwandtschaften zwischen Hauslehrer und Hausherrin begegnen uns öfters: der Ehemann von Geschäften absorbiert, die Ehefrau zwischen Geist und Geld.[2] Für Hölderlin war Frankfurt aber auch die Erfahrung einer Großstadt, einer Gesellschaft des Großbürgertums. Er äußert sich in seinen Briefen kaum über die Stadt selbst und zurückhaltend bis negativ über das Leben der „Frankfurter Gesellschaftsmenschen", die er in ihrer „Steifigkeit, und Geist- und Herzensarmuth" kritisiert.

Susette Gontard war also für Hölderlin der Gegenpol zu den schrecklichen „Frankfurter Gesellschaftsmenschen", zu ihr zog ihn sein Empfinden hin, er glaubte, in diesem geistigen Austausch in einer neuen Welt zu leben. Doch im Herbst 1798 ergab sich im Hause Gontard eine Krisensituation, wohl hauptsächlich, weil Gerüchte über des Hofmeisters Beziehung zur Hausherrin aufkamen. Wesentlich aber war auch Hölderlins innere Verfassung, seine Unruhe, sein zunehmendes Unbehagen an einer beruflichen Stellung, die ihn im „Dichterberuf" behinderte. Es gab auch politische Differenzen mit dem Hausherrn, Hölderlin stand dem Gedanken der Französischen Revolution, der Republik positiv gegenüber, sein Gedicht „Buonaparte" (1797) ist Ausdruck großer Bewunderung. Die Gontards hingegen waren stark betroffen von den Repressalien der französischen Sambre-Maas-Armee, Frankfurt musste hohe Kontributionen zahlen, Familienmitglieder wurden als Geiseln genommen. Kurz vor dem 27. September 1798 kam es zur Trennung, Hölderlin verließ offenbar nach einer Demütigung durch den Hausherrn sehr schnell das Haus, wobei Susette selbst ihm dazu geraten hatte, wie sie in ihrem ersten Brief nach der Trennung schreibt: „Schon oft habe ich es bereut, daß ich Dir beym Abschied den Rath gab, auf der Stelle Dich zu entfernen."[3] Sie gab wohl den Anstoß für Hölderlin, seinen schon länger gefassten Plan des Weggehens umzusetzen.

Die Homburger Landgrafenfamilie

Als Hölderlin Ende September 1798 zu seinem ersten Aufenthalt nach Homburg kam, lebten im Schloss von der landgräflichen Familie nur die Landgräfin Caroline und ihre Töchter Auguste (*1776) und Marianne (*1785, heiratete 1804 den jüngeren Bruder des preußischen Königs Friedrich Wilhelms III.) sowie die jüngsten Söhne (Ferdinand *1783 und Leopold *1787). Amalie (*1774, seit 1792 verheiratet mit Friedrich von Anhalt-Dessau)[4] weilte von Anfang März bis zum 20. Mai 1800 im Homburger Schloss. Die vier älteren Landgrafensöhne standen in österreichischen und preußischen Diensten im Feld gegen die Franzosen. Der Landgraf hielt sich wegen der französischen Besatzer von 1798 bis 1800 zumeist in Schlangenbad

2 Aus der umfangreichen Literatur: Ursula Brauer, Hölderlin und Susette Gontard, Hamburg 2002 (m.w.N.).

3 Brief vom 28.9./5.10.1798; Berthold Hack, Hölderlin in Homburg. Seine Briefe aus den Jahren 1798 bis 1800 und die Briefe der Susette Gontard an Hölderlin, Frankfurt am Main 1979, S. 193–199, hier S. 197.

4 Ihr widmete Hölderlin die Ode „An eine Fürstin von Dessau"; vgl. Werner Kirchner, Prinzessin Amalie von Anhalt-Dessau und Hölderlin, in: Hölderlin-Jahrbuch 1958–1960, S. 55–71.

oder in seinem Ausweichquartier in Frankfurt auf.[5] Landgräfin Caroline hielt in Schloss und Regierung die Zügel in der Hand, sie bewunderte Napoleon und pflegte geselligen Verkehr mit den Revolutionsgeneralen, die im Schloss Quartier nahmen. Unterstützung erfuhr sie aus dem Kreis der „Hofdemokraten" um Franz Wilhelm Jung und Wilhelm Ludwig Kämpf, die sich um Vermittlung mit den Franzosen bemühten. Dem Landgrafen konnte Hölderlin erst nach der Begegnung im Herbst 1802 auf dem Reichstag in Regensburg huldigen, zu dem Sinclair ihn mitgenommen hatte. Er tat dies durch die Widmung der Patmos-Hymne, die er durch Sinclair nach Homburg schickte, welcher sie Friedrich V. Ludwig an dessen Geburtstag im Januar 1803 überreichte.[6]

Kurz nach seiner Ankunft in Homburg schrieb Hölderlin im Oktober 1798 an seine Mutter: „Am Hofe hat mein Buch [Hyperion 1] einigermaaßen Glük gemacht und man hat gewünscht, mich kennen zu lernen. Die Familie des Landgrafen besteht aus ächtedeln Menschen, die sich durch ihre Gesinnungen und ihre Lebensart von andern ihrer Klasse ganz auffallend auszeichnen. Ich bleibe übrigens entfernt, aus Vorsicht und um meiner Freiheit willen, mache meine Aufwartung und lasse es dabei bewenden."[7] Seine Aufwartung konnte also damals nur der Landgräfin und der Prinzessin Auguste gelten. Über die geheime Zuneigung, die die damals 21-jährige Prinzessin Auguste zu Hölderlin hegte und über die sie viele Jahre später ihrer am preußischen Hofe lebenden Schwester Marianne schrieb, haben zuerst die Hölderlinforscher Werner Kirchner[8] und Ernst Georg Steinmetz[9] detailliert berichtet. Gerhard Kurz hat die Hölderlin-Verehrung der Auguste unter zeithistorischen und literaturwissenschaftlichen Aspekten analysiert und ihre Lektüre des Hyperion als wichtiges Beispiel für die neue Lektüreweise seit der Mitte des 18. Jahrhunderts bezeichnet.[10] Hier soll diese Beziehung kurz nachgezeichnet und in den Zusammenhang der frühen Hölderlin-Rezeption gestellt werden.

„Wie hattest du Hölderlin geliebt?" – Auguste und Marianne

Man hatte am Hofe also schon den Ostern 1797 erschienenen ersten Band des Briefromans „Hyperion oder der Eremit in Griechenland"[11] gelesen, möglicherweise Sinclairs (inzwischen verschollenes) Widmungsexemplar, gewiss hatte man durch diesen von dem Verfasser gehört. Übrigens hatte Hölderlin auch schon in seiner Frankfurter Zeit öfters Homburg und auch den Taunus besucht.[12]

5 Er kehrte erst nach Homburg zurück, nachdem Sinclair am 14.9.1800 einen formellen Friedensvertrag zwischen Frankreich und Hessen-Homburg abgeschlossen hatte. Zu den biografischen Daten der Genannten siehe Barbara Dölemeyer, Landgrafen und Landgräfinnen von Hessen-Homburg, in: Haus Hessen. Biografisches Lexikon, hg. von Eckhart G. Franz, Darmstadt 2012.

6 Werner Kirchner, Hölderlins Patmos-Hymne. Dem Landgrafen überreichte Handschrift, in: Hölderlin. Aufsätze zu seiner Homburger Zeit, hg. von Alfred Kelletat, Göttingen 1967, S. 57–68.

7 Hölderlin an die Mutter 10.10.1798, Stuttgarter Hölderlin-Ausgabe: Hölderlin – Sämtliche Werke, Große Stuttgarter Ausgabe, 8 in 15 Bänden, Stuttgart 1943–1985 [StA] VI, 1, Nr. 165, S. 284.

8 Werner Kirchner, Das „Testament" der Prinzessin Auguste von Hessen-Homburg, in: Hölderlin-Jahrbuch 1951, S. 68–120; Neudruck in: ders., Hölderlin (wie Anm. 6), S. 69–123. Kirchner entdeckte das Schriftstück im Fischbacher Archiv im Hessischen Staatsarchiv Darmstadt [HStAD].

9 Ernst Georg Steinmetz, Hölderlin und Homburg, in: Mitteilungen des Vereins für Geschichte und Landeskunde Bad Homburg v. d. Höhe 20 (1950), bes. S. 28–42.

10 Gerhard Kurz, „Hyperion" auf dem Fenster. Auguste von Hessen-Homburg und Hölderlin, in: Homburg vor der Höhe in der deutschen Geistesgeschichte, Stuttgart 1981, S. 48–66.

11 Erster Band, Tübingen 1797, Zweiter Band, Tübingen 1799. Hier zitiert nach der Faksimile-Ausgabe des Verlags Stroemfeld/Roter Stern, Basel/Frankfurt am Main 1992.

12 Beck/Raabe (wie Anm. 1), S. 43, S. 47; Brief Hölderlins an die Schwester Mitte/Ende April 1797, StA V 1, Nr. 138 S. 238 ff.

Auguste Friederike von Hessen-Homburg, verheiratete Erbgroßherzogin von Mecklenburg-Schwerin (VSG).

Maria Anna Amalia (Marianne) von Hessen-Homburg, verheiratete Prinzessin von Preußen (Städtisches Historisches Museum).

Hölderlin widmete der Prinzessin zu ihrem 23. Geburtstag die Ode „Der Prinzessin Auguste von Homburg. Den 28 ten Nov. 1799".[13]

Noch freundlichzögernd scheidet vom Auge dir
Das Jahr, und in hesperischer Milde glänzt
Der Winterhimmel über deinen Gärten, den dichtrischen, immergrünen.

Und da ich deines Festes gedacht' und sann,
Was ich dir dankend reichte, da weilten noch
Am Pfade Blumen, daß sie dir zur
Blühenden Krone, du Edle, würden.
[…]
Doch herrlicht mir dein Nahme das Lied; dein Fest
Augusta! Durft' ich feiern; Beruf ist mirs,
Zu rühmen Höhers, darum gab die Sprache der Gott und den Dank ins Herz mir.

O daß von diesem freudigen Tage mir
Auch meine Zeit beginne, daß endlich auch
Mir ein Gesang in deinen Hainen,
Edle! Gedeihe, der deiner werth sei.

Zusammen mit der Ode schenkte der Dichter Auguste die Handschrift seines „Gesang des

13 StA I, S. 311 f.; Friedrich Hölderlin, Sämtliche Werke und Briefe, hg. von Michael Knaupp, I-III, Darmstadt WBG 1998 (München 1992) [MA] I, S. 248 f.; Kurz, Hyperion (wie Anm. 10), S. 60 ff.

Deutschen".[14] Die Geburtstagsode hielt sie zeitlebens geheim, der „Gesang des Deutschen" findet sich in ihrer Abschrift unter dem Nachlass ihres Vaters.[15] Außerdem hat Hölderlin ihr einen oder sogar beide Bände des „Hyperion" als Widmungsexemplare zugeeignet.[16] Den ersten 1797 erschienenen Band hatte sie – wie erwähnt – schon vor Hölderlins Aufenthalt in Homburg gelesen. In ihrer Abschrift ist auch ein Widmungsblatt mit folgendem Text überliefert:[17]

> *„Gefunden auf der Decke Hyperions*
> *Von dem Verfasser selbst geschrieben*
> *Meist haben sich Dichter zu Anfang*
> *oder zu Ende einer Weltperiode gebildet. Mit Gesang steigen die Völker*
> *aus dem Himmel ihrer Kindheit ins*
> *thätige Leben, ins Land der Kultur. Mit*
> *Gesang kehren sie von da zurück ins*
> *ursprüngliche Leben. Die Kunst ist der*
> *Übergang aus der Natur zur Bildung,*
> *und aus der Bildung zur Natur."*

Hier ist allerdings unklar, auf welchen Band des Hyperion sich diese Widmung bezieht. Jedenfalls befindet sich im Nachlass der Auguste in der Landesbibliothek Mecklenburg-Vorpommern ein Exemplar des zweiten Bandes des Hyperion von 1799 mit der eigenhändigen Widmung des Dichters, das bislang in der Forschung eher unbeachtet blieb.[18]

Die Zeilen „Den deutschen Frauen danket!/ Sie haben uns/ Der Götterbilder freundlichen Geist/ bewahrt." stammen aus dem „Gesang des Deutschen". So kann man die Vermutung äußern, dass Hölderlin diesen Band zusammen mit den beiden Gedichten der Prinzessin überreichte oder übersandte.

Auguste dankte Hölderlin mit folgenden Zeilen:

„Die Empfindungen der Dankbarkeit bei Erhaltung Ihrer Geschenke nötigen mich Ihnen diese Zeilen zu senden, auch der Wunsch begleitet sie, Ihres schmeichelhaften Lieds nicht unwürdig zu sein: doch das bin ich nicht.- Ihre Laufbahn ist begonnen, so schön und sicher begonnen, daß sie keiner Ermunterung bedarf: nur meine wahre Freude an Ihre Siege und Fortschritte wird Sie immer begleiten".[19]

Der „Hyperion hell grün eingebunden"

Das gezeigte Widmungsexemplar der Auguste ist mit einem heute eher olivgrün erscheinenden, ziemlich verblichenen Einband versehen, der die Vermutung zulässt, es handele sich hier um das Exemplar, von dem Prinzessin Marianne mehrfach schreibt, so 1817 an Auguste: „Ich sehe noch den Hyperion hell grün eingebunden auf Deinem schattigen Fenster liegen. Hölderlin gefiel mir sehr wohl [...]".[20] Dies führt uns nun zu der Korrespondenz zwischen den Landgrafentöchtern Marianne und Auguste in den Jahren nach 1816. Im Sommer 1816 hielten sich zur Feier des 50-jährigen Regierungsjubiläums des Landgrafen Friedrichs V. Ludwig, die gekrönt war durch die jüngst errungene Souveränität, alle noch lebenden Landgrafensöhne und die drei Töchter Amalie, Auguste und Marianne in Homburg auf. Das festliche Zusammensein bot viele Gelegenheiten zu familiärem

14 MA I, S. 246–248.
15 Kirchner, Testament, Hölderlin-Jahrbuch (wie Anm. 8), S. 104–108, mit Überlegungen zu den möglichen politischen Implikationen; Steinmetz, Hölderlin und Homburg (wie Anm. 9), S. 29.
16 Kurz, Hyperion (wie Anm. 10), S. 60.
17 StA III, 575 f.; MA III, S. 317 (mit der Angabe, es sei Sinclairs Widmungsexemplar gemeint); siehe auch Bernd Schattinger, Die Schweriner Hölderlin-Handschriften, in: Zentralblatt für Bibliothekswesen 1988, 5, S. 197–202.
18 Landesbibliothek Mecklenburg-Vorpommern Günther Uecker, Nachlass der Erbgroßherzogin Auguste LBMV GU, NL 06, o.S.; MA III, S. 317 (ohne weitere Anmerkungen).
19 Auguste an Hölderlin, StA VII,1, S. 149.
20 Brief als Antwort auf Augustes „Testament", 2., 3. und 4.3.1817. Mariannes Briefe an Auguste: HStAD, D 11; Augustes „Testament" sowie Briefe an Marianne: ebenda, Fischbacher Archiv.

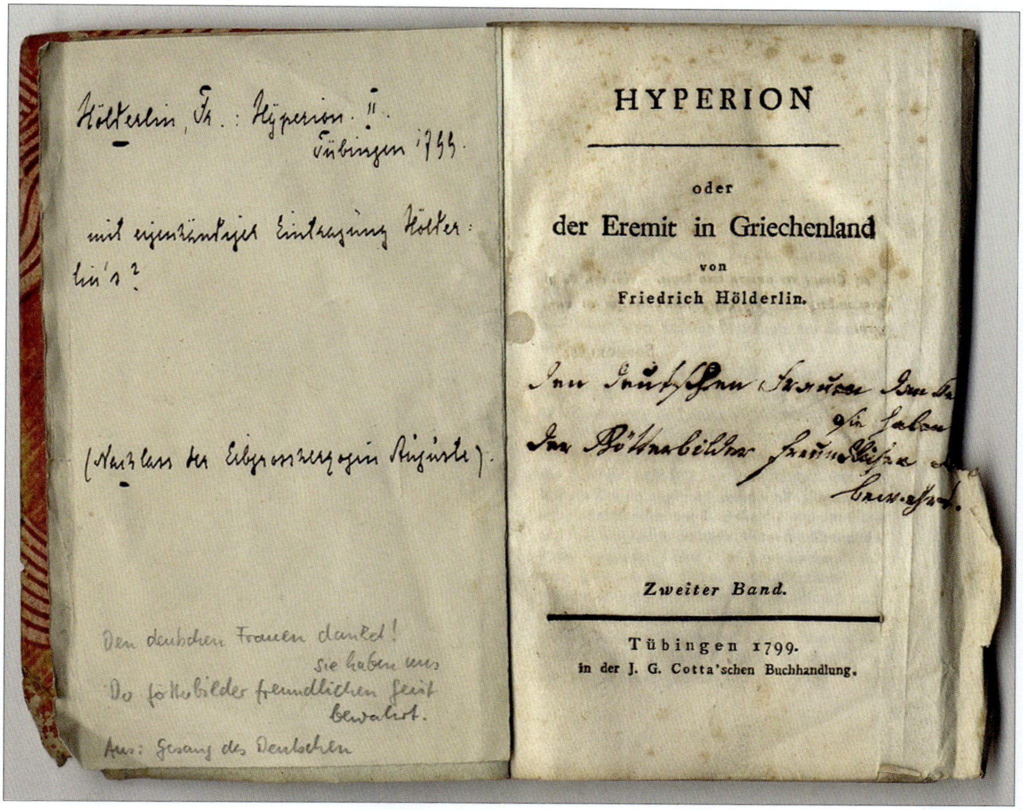

Widmungsexemplar für Auguste, Landesbibliothek Mecklenburg-Vorpommern.

Austausch, und bei einem der Spaziergänge im Schlosspark kam es zu einem vertrauten Gespräch zwischen Marianne und Auguste, das der preußischen Prinzessin nach ihrer Rückkehr nach Berlin offenbar nicht aus dem Kopf ging. In Briefen geht sie der Erinnerung an die Zeit in Homburg nach: „Ich gedenke an unsern hübschen nächtlichen Spaziergang im Bosquet, der mir so unaussprechlich lieb war […]“[21] und wagt schließlich, die Schwester auch nach ihrer Beziehung zu Hölderlin zu fragen: „Wage ich zuviel, wenn ich nun noch um etwas bitte, nachdem du mir soviel gegeben hast, liebe Schwester, und du das einmal ausgesprochen hast, so darf ich vielleicht? Wo nicht, so antworte nicht darauf. Wie hattest du Hölderlin geliebt? Wie tausendmal schwebte mirs in jener Nacht beim Spaziergang auf den Lippen.“[22] Auguste sandte ihrer Schwester ein ausführliches Schreiben, das sie selbst als ihr „Testament“ bezeichnete und das eine Art Lebensbekenntnis enthält. Dreimal hatte sie versucht, „durch selbst gewählte Thätigkeit“ aus dem ihr vorgezeichneten Leben „auszubrechen“, einmal, als sie plante, unter angenommenem Namen als Malerin in Paris ihren Unterhalt zu ver-

21 8.–14. Nov.1816; auszugsweise gedruckt: Kirchner, Testament (wie Anm. 8).

22 Marianne an Auguste 19.–20.12.1816.

My beloved and happy Home. Chateau de Hombourg du coté du Jardin, Album Landgräfin Elizabeths 1825–1829, VSG.

dienen.

Dann, als sie sich sozialer Arbeit widmen wollte, auf einem Dorf, der Erziehung von Kindern gewidmet, und schließlich, als sie über eine Heirat mit ihrem Onkel Christian von Hessen-Darmstadt nachdachte. Pietistische Frömmigkeit und Kunstliebe waren die starken Triebe für diese Ausbruchsversuche aus „Classe" und Geschlecht, die aber in Resignation endeten. In einem Brief an ihren Vater überlässt sie die Kraft einer anderen „de frayer un chemin à notre sexe".[23]

In dieser Art Rechenschaftsbericht über ihr Leben und ihre Träume geht sie rückblickend auch auf ihre Beziehung zu Hölderlin ein. In einer für sie bestimmenden Lebenssituation las die tief religiöse, kunstsinnige und literarisch Interessierte den ersten Band des Hyperion und schreibt über ihre Gefühle: „Was ich da erkannt hatte [...] das fand ich versinnlicht [...] im Hyperion, der mir in die Hände fiel." Sie las den Roman viele Male, und für sie wurde der Verfasser „eins mit dem Inhalte".[24] Sie geht in der Welt des Hyperion auf, hält aber vom realen Hölderlin Abstand, vielleicht um ihn sich als „idealische Person" zu wahren. Sie habe ihn selten gesehen, kaum je mit ihm gesprochen, wenn sie etwas

23 Kurz, Hyperion (wie Anm. 10), S. 54.

24 Kirchner, Testament, Hölderlin-Jahrbuch (wie Anm. 8), S. 80.

von ihm erfahren wollte, habe sie sich an Sinclair gehalten.

Marianne erhielt das „Testament" am 2. März 1817 und antwortete mit einem langen Brief, der auch ihre eigenen Jugenderinnerungen an die Zeit um 1800 in Homburg reflektierte und in dem das o. e. Hyperion-Exemplar als Moment eine wichtige Rolle spielte. Noch eine weitere dieser Erinnerungen sei hier angeführt: Als Georg Wilhelm Hegel 1830 als Rektor der Berliner Universität bei Prinz Wilhelm und Prinzessin Marianne eingeladen war, hielt sie in ihrem Tagebuch fest:[25]

„[…] da fing er von Hölderlin an, der für die Welt verschollen ist – von seinem Buch Hyperion – alles das hatte époque in meiner Kindheit mir gemacht wegen Schwester Auguste in Beziehung auf sie – und da empfand ich auf einmal beim Klang dieser Nahmen eine wahre Freude […] Es war eine Art Erinnerung erweckt wie sonst als durch einen Geruch oder Melodie oder Ton. Ich sah auf einmal das Buch Hyperion, wie es grün eingebunden lag auf dem Fenster der Schwester Auguste, und die schönen Weinranken am Fenster, den Sonnenschein hindurch, den kühlen Schatten in den dunklen Kastanien allén vor dem Fenster, hörte die Vögel – kurz die ganze Vergangenheit ging mir auf in dem befreundeten Nahmen."

Heute noch kann man sich bei einem Blick aus einem Fenster des Königsflügels des Homburger Schlosses in die Kastanienallee, die (wieder) zum Eingang der Dorotheenstraße führt, diese Situation vergegenwärtigen. Laut Inventar von 1772 befanden sich die Zimmer der landgräflichen Kinder im zweiten Obergeschoss des Eckpavillons.[26]

Auch nach Hölderlins Weggang von Homburg im Juni 1800 dauerte Augustes Interesse an, was u.a. durch die Abschriften, die sie von seinen Gedichten für sich fertigte, bezeugt ist (dazu sogleich). Bekannt ist und von ihr selbst 1864 in einem Schreiben an Johann Georg Hamel festgehalten, dass sie dem kranken Dichter ein Klavier schenkte, um „ihm eine Erheiterung zu verschaffen". Sie erinnerte sich nicht genau, wann, und meinte „um 1800".[27]

Bevor Hölderlin 1804 zum zweiten Mal nach Homburg kam, mühte er sich, zum Beweis seiner Dankbarkeit für das Wohlwollen der Landgrafenfamilie, an einem Gedicht für Auguste, welches aber – wegen seiner Krank-

Blick aus dem Fenster in die Kastanienallee (Foto P. Vornholt).

25 Marianne Tagebuch, 6.3.1830, zit. bei Kirchner, Testament, Hölderlin-Jahrbuch (wie Anm. 8), S. 121.

26 Freundlicher Hinweis Nils Wetter.

27 Abdruck bei Kirchner, Testament, Hölderlin-Jahrbuch (wie Anm. 8), S. 119.

heit – nicht mehr zustande kam. Jedoch widmete er ihr seine Übersetzung der Trauerspiele des Sophokles. In dem 1804 erschienenen Band[28] findet sich die gedruckte Widmung:

„Der Prinzessin Auguste von Homburg
Sie haben mich vor Jahren mit einer gütigen Zuschrift ermuntert, und ich bin Ihnen indessen das Wort schuldig geblieben. Jetzt hab' ich, da ein Dichter bei uns auch sonst etwas zum Nöthigen oder zum Angenehmen thun muß, dieß Geschäft gewählt, weil es zwar in fremden, aber festen und historischen Gesezen gebunden ist. Sonst will ich, wenn es die Zeit giebt, die Eltern unsrer Fürsten und ihre Size und die Engel des heiligen Vaterlands singen.
Hölderlin"

Die Übersetzungen und der Widmungstext stehen im Zusammenhang mit der Hinwendung Hölderlins zu der Befassung und Gestaltung dessen, was ihm das „Vaterländische" ist. Dazu gehört u.a. der Vergleich der verherrlichten Antike mit der Geschichte des „Vaterlandes", mit Figuren der abendländischen Geschichte wie Barbarossa, Heinrich IV. etc.[29]

Bedeutung der Landgrafentöchter für die frühe Hölderlin-Rezeption

Das starke Interesse für den Dichter und die Verzauberung durch sein Werk führten dazu, dass Auguste sich Abschriften von zahlreichen Gedichten Hölderlins machte und sich so eine frühe private Gedichtsammlung anlegte. Sie nahm diese nach ihrer Verheiratung 1818 mit dem Erbgroßherzog von Mecklenburg-Schwerin mit in die neue Heimat. Angesichts der Tatsache, dass Hölderlin nur wenige seiner Werke selbst zum Druck befördern konnte, war es wichtig, dass Freunde und Bewunderer seines Schaffens früh begannen, Ungedrucktes zu sammeln, und sich für eine Veröffentlichung einsetzten. Zu diesen gehörte Sinclair, der aber bekanntlich bereits 1815 starb, und so setzten andere seine Bemühungen fort, darunter Johannes Schulze, Herausgeber der Schriften Winckelmanns, der damals in Diensten des Großherzogtums Frankfurt stand, zu ihnen stieß der junge Frankfurter Heinrich von Diest, ein begeisterter Verehrer Hölderlins. Nach dem Ende der Befreiungskriege trafen Schulze und Diest in Berlin zusammen, wo sich ein Kreis von Bewunderern des Dichters in der Sammelaufgabe zusammenfand, unter ihnen Prinzessin Marianne. Diest war es auch zu verdanken, dass 1822 eine zweite Auflage des Hyperion gedruckt wurde. Als es um die Sammlung ungedruckter Gedichte Hölderlins ging, fragte Marianne auf Bitten Diests[30] ihre Schwester nach ungedruckten Gedichten und erhielt von ihr für die geplante erste Ausgabe der Werke Hölderlins Abschriften der bisher ungedruckten Werke „An Eduard", „Das Ahnenbild", „Der gefesselte Strom", „Dichtermuth", „Natur und Kunst" sowie „Der blinde Sänger", nicht aber ihre Geburtstagsode und den „Gesang des Deutschen". Die Sammlung der Auguste umfasste außerdem ihre Abschriften von 34 gedruckten Gedichten. Durch Diests Tod unterbrochen, kam die erste Ausgabe der Hölderlin-Gedichte erst 1826 durch Ludwig Uhland und Gustav Schwab zustande.[31] An dieser frühen Würdigung des Dichters hatten die Homburger Landgrafentöchter Marianne und Auguste somit einen wichtigen Anteil.

---

28 Die Trauerspiele des Sophokles übersetzt von Friedrich Hölderlin, Erster Band, Frankfurt am Main, 1804, Ödipus der Tyrann, Städtisches historisches Museum Bad Homburg, GK 4928, S. 712–1.

29 Kurz, Hyperion (wie Anm. 10), S. 65 f.

30 Steinmetz, Hölderlin und Homburg (wie Anm. 9), S. 39–42; Johann Kreuzer, Hölderlin Handbuch. Leben – Werk – Wirkung, Stuttgart/Weimar 2011, S. 1–2.

31 Gedichte von Friedrich Hoelderlin, Stuttgart und Tübingen 1826.

Matthias Setzer

„Was bleibet aber, stiften die Dichter!"

Der Friedrich Hölderlin-Preis

In seinem möglicherweise letzten selbst vollendeten Gedicht schließt Friedrich Hölderlin mit dem Vers: „Was bleibet aber, stiften die Dichter!"[1]

Damit erhebt Hölderlin „Dichter" am Ende der Aufklärung zu Führern und Propheten, die den Menschen in finsteren Zeiten von einer besseren Welt künden. Welcher Dichter könnte mit seinem Namen mehr einem Preis für Dichter verbunden sein als der Friedrich Hölderlins?

Natürlich gibt es einige Städte, die ihren Namen und ihre Geschichte in einem engen Zusammenhang mit Friedrich Hölderlin sehen. Gerade in den klassischen Jubiläumsjahren seines Geburts- und Todestages rückt Friedrich Hölderlin in den Mittelpunkt eines breiten Interesses der Öffentlichkeit. Dies gilt natürlich auch für den Literaturpreis, der im Namen des Dichters vergeben wird.

In Bad Homburg kommt ein bemerkenswerter Aspekt hinzu. Als im Jahre 1974 der Abriss des Hauses von Charles Frédéric Calamés[2], in dem Hölderlin zu Beginn seines zweiten Aufenthaltes in Homburg gewohnt hatte, zur Diskussion stand, begannen auch der Dichter und sein Angedenken in den Mittelpunkt öffentlicher Wahrnehmung zu rücken. Einer der wenigen Orte, die mit dem Aufenthalt des Dichters in Homburg in einem Zusammenhang standen, drohte, für immer verloren zu sein. Es entstand eine Bürgerinitiative, eine Homburger Sektion der Hölderlingesellschaft wurde gegründet, und die Hölderlin-Gesellschaft selbst fasste als Tagungsort einer Jahreshauptversammlung Bad Homburg ins Auge. Dennoch: Trotz großer Widerstände musste das letzte erhaltene Haus, in dem Hölderlin gelebt hatte, einem Neubau weichen. Die beiden Gebäude in der Haingasse[3], in denen Hölderlin in Homburg Quartier genommen hatte, wurden bereits zuvor im Zuge der Stadtentwicklung abgerissen.

Vor dem Hintergrund, dass Bad Homburg eigentlich keinen originären Ort hat, der an den Dichter erinnert, konnte sich eine Erinnerungskultur vor allem im Bereich des immateriellen Erbes gründen.[4]

Kleiner historischer Rückblick

Dichter und ihr Werk auszuzeichnen, ist keineswegs eine neuzeitliche Idee. Vielmehr finden sich vergleichbare Rituale seit der Antike in unterschiedlichen europäischen Kulturkreisen bis hin zum jetztzeitlichen Poetry-Slam.

Spätestens seit dem 6. Jahrhundert vor Christus war es eine Selbstverständlichkeit, dass Dichter Preise erhielten. Im Rahmen der Dionysien, den Festspielen zu Ehren des Gottes Dionysos, traten die Dichter in einer kultischen Handlung gegeneinander an. Der Vor-

---

1 „Andenken", in: Friedrich Hölderlin: Sämtliche Werke. Bd. 2, hrsg. von Friedrich Beißner. Stuttgart 1951, S. 188f.).

2 Heute: Dorotheenstraße 36.

3 Heute: Haingasse 36 und 38.

4 Siehe: https://www.zum.de/wettbewerbe/sdg99/Deussen/, aktualisiert am 31.1.2000.

trag der Dichtung und die Auszeichnung der Vortragenden sind ursprünglich also in einem religiösen Zusammenhang zu sehen, in dem sich Tragödie und Komödie entwickelten. Die Inhalte waren den Zuhörern, die zugleich Preisrichter waren, bekannt.

Zu den berühmtesten Preisträgern der Antike zählen Aischylos und Sophokles, die bei den jährlichen Dichterwettstreiten (Agon) der Stadt Athen mehrmals den Sieg errangen.

Der immergrüne Lorbeerkranz war die Auszeichnung für den Sieger. Mit dieser Auszeichnung sollte der Dichter als „poeta laureatus" unvergessen bleiben.

Auch in Zeiten von vor allem mündlicher literarischer Überlieferung im frühen und Hochmittelalter gab es Sängerwettstreite. Zu den bekanntesten gehört der auf der Wartburg, der im Jahre 1207 stattgefunden haben soll und später in Umsetzungen von E.T.A. Hoffmann und Richard Wagner dichterisch und musikalisch kunstvoll gestaltet wurde.

Ist es legitim, noch heute Literaturpreise zu vergeben?

Natürlich hat ein Wettbewerb um die überragende schriftstellerische Leistung seine Ambivalenzen. Das Schreiben ist eben keineswegs nur ein Handwerk, wie es Goethe bei seiner Qualifizierung des Meistersangs und der Leistung des Schuhmachermeisters Hans Sachs in einem Knittelvers auf den Punkt brachte:

Der Hans Sachs war ein Schuh-
Macher und Poet dazu.

Für eine handwerkliche Leistung fachliche und ästhetische Beurteilungskriterien zu erstellen, scheint keineswegs abwegig. Aber für moderne Dichtung?

Einerseits scheint es bedenklich, eigene, sehr persönliche Gefühle, Einschätzungen, Meinungen oder Werte, denen der Autor in einer oft ebenso individuellen wie beeindruckenden Sprache Gestalt gibt, einem vor allem im Sport üblichen Ranking zu unterziehen. Andererseits darf, ja muss man ein literarisches Werk durchaus losgelöst und unabhängig vom Autor beurteilen. Zudem kann ein solcher Preis dem Autor vorübergehend die materielle Existenz sichern oder als Sprungbrett für eine weitere literarische Karriere dienen.

Solche Überlegungen waren schließlich Anlass für Rolf Rothmann, anstelle einer Dankesrede bei der Verleihung des Friedrich Hölderlin-Preises an ihn im Jahre 2013 die eigens geschriebene Erzählung „Als ich eine Sonate war" vorzutragen.[5]

Bad Homburg beschließt, einen Literaturpreis zu vergeben

In seiner Sitzung vom 11. März 1982 hatte der Kulturausschuss der Stadt Bad Homburg beschlossen, der Stadtverordnetenversammlung die Vergabe eines Literaturpreises zu empfehlen. Zu diesem Zeitpunkt ging man noch davon aus, dass dieser Preis im zweijährigen Rhythmus vergeben werden solle. Am 23. April 1982 erließ der Magistrat Richtlinien für die Verleihung des Preises, die natürlich auch die Grundlage für die Arbeit der Jury sein sollten. Auch eine mögliche Teilung des Preises war vorgesehen.

Anders als zum Beispiel bei der Gruppe 47 oder dem Ingeborg-Bachmann-Preis sollte nicht das anwesende Publikum, sondern eine Jury den Auszuzeichnenden ermitteln. Der Hauptpreis sollte mit 10.000 DM dotiert sein. Ein Förderpreis war zunächst nicht vorgesehen, und auch die Auswahl und Zusammensetzung der Jury war zunächst noch offen; ebenso die Frage, wer den Vorsitz übernehmen sollte.

5 Ralf Rothmann: Als ich eine Sonate war, in: Friedrich Hölderlin-Preis 2013, Reden zur Preisverleihung, 2013 o.O.

Sehr schnell klärte man die ersten Punkte: Der Jury sollten ein Vertreter der Hölderlin-Gesellschaft, des Freien Deutschen Hochstiftes, der Johann Wolfgang Goethe-Universität, ein weiterer Fachmann aus dem Bereich der Neueren Literatur und der vorjährige Preisträger angehören. Die Stadt sollte mit zwei Personen vertreten sein und die Jury jeweils neu berufen werden; wiederholte Berufungen sollten möglich sein.

Schließlich traf der Magistrat eine Auswahl an möglichen Personen, die einem Who is Who der deutschen Geistesgeschichte gleichkam: Ihr gehörten die Professoren Wolfgang Binder, Norbert Altenhofer, Arthur Henkel und Marcel Reich-Ranicki an, dazu kamen der Schriftsteller Peter Härtling und Oberbürgermeister Wolfgang Assmann.

In der ersten Jurysitzung wurden Marcel Reich-Ranicki zum Vorsitzenden, Norbert Altenhofer zu seinem Stellvertreter gewählt.

Sehr schnell war sich die Jury darüber einig, dass der Preis mit 10.000 DM zu niedrig dotiert sei. Reich-Ranicki führte an, dass sich die Bedeutung eines derartigen Preises an dessen Dotierung orientiere und andere Literaturpreise mit deutlich höheren Geldzuwendungen ausgestattet seien.

Bereits in der ersten Sitzung wurden wichtige und wegweisende Beschlüsse getroffen. Indem die Mitglieder der Jury auf eine Honorierung verzichteten, konnte das vorgesehene Preisgeld auf 15.000 DM erhöht werden. Zudem wurde angeregt, auch einen Förderpreis auszuloben und diesen mit 3.000 DM auszustatten.[6] Später wurde der Betrag auf 25.000 DM erhöht. Heute erhält der Preisträger 20.000 €, der Förderpreisträger 7.500 €.

Weitere grundlegende Festlegungen waren, Autoren auszuschließen, die bereits mit einem der bedeutenden Literaturpreise ausgezeichnet worden waren; man wollte unbedingt vermeiden, dass serienprämierte Autoren wie „Grass oder Böll" noch eine weitere Auszeichnung sammeln würden. Vielmehr war es Konsens, lesenswerte Autoren, die noch nicht im Fokus der Literaturkritik standen, einem breiteren Publikum bekannt zu machen. Zudem begrenzte man die Auswahl auf den Bereich deutschsprachiger Literatur und legte fest, nicht ein einzelnes oder bestimmtes Werk, sondern das gesamte Oeuvre eines Autors zu würdigen.

Zu den ersten Kandidaten für den Hauptpreis zählten Klaus Demus, Sarah Kirsch und Herrmann Bürger, für den Förderpreis Rainer René Müller und Peter Maiwald.

Mit einem Geldbetrag von zunächst 100.000 DM, die Dr. Hermann Jannsen in Erinnerung an seine verstorbene Frau Cläre Jannsen spendete, konnte der Grundstock für die finanzielle Ausstattung des Preises gelegt werden.

Der Preis als „geistige Stadtentwicklung"

In seiner Begrüßung beim Festakt zur Verleihung des ersten Hölderlinpreises hatte Oberbürgermeister Wolfgang Assmann den Begriff der „Geistigen Stadtentwicklung" geprägt: „Ob sich Menschen in einer Stadt wohlfühlen, ob sie hier Heimat finden, hängt nicht nur vom Funktionieren der Abwasserversorgung, von der Breite der Straßen und der Schönheit öffentlicher Gebäude ab, nein, es wird ganz wesentlich bestimmt von dem geistigen Klima, von der Aufgeschlossenheit, von der Atmosphäre einer Stadt. Dazu gehört auch ein bewußtes Ja zur Kultur, zur Kultur, nicht bloß als Verzierung für den Feierabend. Ein solches Bekenntnis zur Kultur, zu einer geistigen Stadtentwicklung, darf nicht einfach eingespart werden, wenn die Kassen leer sind. Kultur, Kunst, hier heute Abend Literatur, sind Ausdrucks-

6 Protokoll der Jurysitzung vom 3.2.1983 und Richtlinien für die Vergabe des Preises.

formen unserer Zeit, unserer Befindlichkeit und Bewußtseinslage."[7]

Wie begründet die Jury ihre Entscheidung?

Die Begründungen für die Entscheidung für einen bestimmten Autor sind vielschichtig und facettenreich und liefern die Parameter für ein bemerkenswertes Spannungsfeld, in dem sich herausragende Literatur tummelt: „Elementare Sprachphantasie", „passionierter Umgang mit der Tradition", „Hintergründiger Humor", „ergreifende Kenntnis menschlichen Leidens"[8], aber auch „wache Zeitgenossenschaft", „durch eine Fülle von Bildern, die uns die Gegenwart wieder fremd sein lässt", „Poesie ohne Beschönigung"[9], „eigenwillig und widerborstig", „artistische Bewusstheit", „leidenschaftliches Temperament"[10], die Deutung „großer deutscher Dichter vor dem Hintergrund ihrer Epoche"[11], „wesentlich(e) Anstöße für die Lyrik der Gegenwart"[12], „Formenvielfalt und Musikalität [...] vom Derben bis zum Zärtlichen", Vereinigung des „Erbes Hölderlins und Heines"[13], „illusionslose Sichtauf die Gegenwart"[14], „sprachliche Kühnheit", „eindringliche, lyrische Einfachheit"[15], „experimentelle Sprachspiele"[16], „exemplarische Stoffe und elementare Sprachbilder"[17], „scharfsichtig und künstlerisch beeindruckende Darstellung der Sehnsüchte und Ängste, der Not und Leidenschaft des Individuums in unserer Zeit"[18], „Gespür für die geistige und seelische Befindlichkeit unserer Zeit"[19], „Leser in den fiktionalen Welten Anlässe finden, ihre eigene Welt zu bedenken"[20], „komplexe, hoch artifizielle Einfachheit"[21], die „ tiefernste und kompromisslose Auseinandersetzung mit der conditio humana"[22], „die Präzision des Blicks und der Sprache"[23], der Umgang mit den Fragen, „was wir sind und was wir wirklich über uns wissen"[24], aber auch „intensive Auseinandersetzung mit dem Erbe Hölderlins"[25].

Der Preis und sein Namensgeber

Aber auch der Dichter Friedrich Hölderlin selbst begegnet uns in der Geschichte des Hölderlinpreises immer wieder. Wolf Biermann hatte in einer Anspielung auf die Rezeption von Klopstocks Gelehrtenrepublik betont: „Wir ehren ihn [Hölderlin] am besten, wenn wir ihn kennen." Und er nahm anlässlich der Preisverleihung die Gelegenheit wahr, wichtige Texte und Textpassagen Hölderlins vorzutragen.[26] Ganz anders Günter Kunert, dem der Hölderlinpreis zwei Jahre später zuerkannt wurde. Er gab unumwunden zu, dass Hölderlin für ihn lange Zeit kein Vorbild, sondern eher ein Wort mit zehn Buchstaben aus einem Kreuzworträtsel gewesen sei.[27]

Andererseits gibt es in der Geschichte des Hölderlinpreises natürlich auch eine Reihe von Autorinnen und Autoren, die sich in ihrem eigenen Werk immer wieder auf Friedrich Hölderlin beziehen. Zu ihnen zählen zum Beispiel die Lyrikerin Friederike Mayröcker und selbst der Lyriker Ernst Jandl.

7 Friedrich Hölderlin-Preis, Reden zur Preisverleihung (FHP), 1983, S. 9.
8 FHP, 1983, Hermann Burger, S. 31.
9 FHP, 1984, Sarah Kirsch, S. 43.
10 FHP, 1995, Ulla Hahn, S. 36.
11 FHP, 1987, Peter Härtling, S. 34, gemeint sind Hölderlin, Lenau und Mörike.
12 FHP, 1988, Karl Krolow, S. 41.
13 FHP, 1989, Wolf Biermann, S. 31.
14 FHP, 1990, Rolf Haufs, S. 45.
15 FHP, 1993, Friederike Mayröcker, S. 3.
16 FHP, 1994, Ludwig Harich, S. 30.
17 FHP, 1997, Christoph Ransmayr, S. 34.
18 FHP, 2001, Dieter Wellershoff, S. 44.
19 FHP, 2002, Robert Menasse, S. 34.
20 FHP, 2003, Monika Maron S.38.
21 FHP, 2014, Peter Stamm, S. 25.
22 FHP, 2016, Christoph Peters, S. 36.
23 FHP, 2015, Michael Kleeberg, S. 36.
24 FHP, 2017, Eva Menasse, S. 28.
25 FHP, 1993, Friederike Mayröcker, S. 36.
26 FAZ, 9.6.1989.
27 FAZ, 10.6.1991.

Gerade in der Komplexität und Individualität des Umgangs mit Sprache, Metaphorik und Assoziationen entzieht sich Friedrich Hölderlin dem Verständnis vieler Leser. Gleichzeit wurde er von bedeutenden Autoren, Künstlern und Kritikern auf unerreichte Höhenkämme gehoben. In seiner Würdigung hatte Marcel Reich-Ranicki hervorgehoben, was noch heute Geltung hat: Um ihm gerecht zu werden, müsse man Friedrich Hölderlin von seinem marmornen Sockel auf die Erde holen! – Einer, der das tat, war Peter Härtling.[28] Dass dies Härtling in seiner Hölderlinbiografie gelang, bezeugt Wolfgang Assmann, der bestätigte, „Ich verdanke Peter Härtling meinen persönlichen Zugang zu Hölderlin".[29]

Im Jahr 2011 wurde Arno Geiger der Hölderlinpreis zugesprochen, hier mit dem damaligen Oberbürgermeister Michael Korwisi (Foto: © Jochen Reichwein).

Kann die Auswahl des Preisträgers ein Skandal sein?

Die Auswahl des Preisträgers durch die Jury traf nicht immer auf ein ungeteiltes Echo.

So rief der Juryvorsitzende Marcel Reich-Ranicki 1989 provokant aus: „Geht es hier mit rechten Dingen zu oder handelt es sich um einen Skandal?"[30] Mit seinen Worten, er sei nach der Zwangsaussiedelung aus der DDR in die Bundesrepublik vom Regen in die Jauche gekommen, konnte Wolf Biermann kaum auf unumwundene Zustimmung stoßen. Und auch Oberbürgermeister Wolfgang Assmann machte aus seiner Meinung keinen Hehl: „Wer die Bundesrepublik als Jauche beschreibt und sich sogleich häuslich in ihr einrichtet, läßt nicht nur Zweifel an seinem Geschmack aufkommen."[31] Mit seiner Argumentation, man habe nicht den Politiker, sondern den Dichter mit der Auszeichnung gewürdigt, hatte Assmann dann zwar eine interessante Frage hinsichtlich der Rolle eines Dichters in der Gesellschaft gestellt, aber gleichzeitig eine Retourkutsche des Barden provoziert, der diese Rollenteilung eines Menschen nicht akzeptieren wollte und diese als „mörderische Chirurgie"[32] qualifizierte. Dies ist natürlich ganz im Sinne Friedrich Hölderlins, der den Dichter in finsteren Zeiten als kulturellen Führer sah.

Als Ernst Jandl 1995 der Friedrich Hölderlin-Preis zuerkannt wurde, war es schon unwahrscheinlich geworden, dass dessen hemmungsloser Umgang mit der Stellung von Buchstaben und Silben zwischen Komik, Absurdität und unbarmherzigem Entlarven der semantischen Qualität von Worten und Begriffen wie 1957 zu einem Eklat führen könnte.

Eine besondere Würdigung durch den Friedrich Hölderlin-Preis erfuhr auch der herausragende Satiriker und Klavierhumorist Georg Kreisler, der im hohen Alter und kurz vor seinem Tod die Auszeichnung erhielt.

Einige der Förderpreisträger sind mittlerweile renommierte Autoren, wie Uwe Kolbe, Judith Schalansky und Julie Zeh. Der bislang erste Förderpreisträger, der schließlich auch

28 FHP, 1987, S. 23.
29 Daselbst, S. 8.
30 FHP, Reden 1989, S. 19.
31 Daselbst, S. 5.
32 Daselbst, S. 32.

Verleihung des Hölderlinpreises 2018 in der Schlosskirche: Eva Menasse (Vorjahrespreisträgerin), Alina Herbing (Förderpreisträgerin), Daniel Kehlmann (Hölderlinpreisträger), Stadtverordnetenvorsteher Dr. Alfred Etzrodt, Oberbürgermeister Alexander Hetjes (v.l.n.r.) (Foto: © Jochen Reichwein).

zum Träger des Hauptpreises wurde, ist Arno Geiger.

Marcel Reich-Ranicki prägt den Preis

Eine entscheidende Rolle in der Jury kommt ganz sicherlich Marcel Reich-Ranicki zu, der von Anfang an Vorsitzender war und dieses Amt bis ins Jahr 1995 behielt.

Über Jahrzehnte hinweg hatte es der vielleicht renommierteste Literaturkritiker in der Geschichte der Bundesrepublik Deutschland unternommen, mit seinen messerscharfen und kompromisslos vorgetragenen Urteilen Literatur als herausragend oder minderwertig darzustellen. Dazwischen blieb oft wenig Platz. Für ihn gab es meist nur „gute" oder „schlechte" Literatur.

In einer Kritikerbefragung antwortete Reich-Ranicki auf die Frage, warum gleich drei Frauen hintereinander den Friedrich Hölderlin-Preis zuerkannt bekommen hatten, in seiner typischen Manier ebenso provokant wie plakativ und schlicht: „Weil derzeit die Frauen bessere Gedichte schreiben"[33].

In der Öffentlichkeit wurde Reich-Ranicki so dominant wahrgenommen, dass Wolfgang Assmann in seiner Begrüßung zum Festakt unterstrich: „Damit es niemand vergißt: nicht Marcel Reich-Ranicki vergibt den Friedrich Hölderlin-Preis, sondern dies geschieht durch eine unabhängige Jury [...]"[34].

Und doch: Seinen großen Ruf verdankt Marcel Reich-Ranicki nicht zuletzt seinem kompromisslosen, leidenschaftlichen, oft hoch kompetenten und weitschauenden Einsatz für gute Literatur.

Der Rezensent hatte 1987 eingestanden, „Nein, ich liebe ihn nicht, diesen Hölderlin!"

33 Zit. n. FHP, Begrüßung von Wolfgang Assmann, 1986, S. 7.

34 FHP, 1990, S. 8.

Hölderlinpreis 2019: Jury-Mitglied Prof. Dr. Heinz Drügh, Jury-Vorsitzende Sandra Kegel (FAZ), Stadtverordnetenvorsteher Dr. Alfred Etzrodt, Preisträgerin Anke Stelling und Oberbürgermeister Alexander Hetjes (v.l.n.r.) (Foto: © Jochen Reichwein).

– auch, wenn einige der Gedichte Hölderlins in seiner Einschätzung literarisch unerreicht seien. Für ihn war Friedrich Hölderlin genial, doch leider weltfremd und, mehr noch, lebensunfähig. Er selbst hatte ja an seinen Freund Neuffer geschrieben, er habe sich „in dies arme, geist- und ordnungslose Jahrhundert verirrt“[35].

Marcel Reich-Ranicki selbst erhielt die Auszeichnung für seine herausragende Leistung als Kritiker, Essayist und Herausgeber wegweisender Anthologien.

Reich-Ranicki blieb bis 1995 Vorsitzender der Jury, also bis zum Vorjahr der Verleihung des Preises an Martin Walser. Das ist bemerkenswert, denn Walser und Reich-Ranicki verband eine langjährige, elementare Feindschaft!

1996 begann Jochen Hieber seine Arbeit in der Jury, deren Vorsitzender er bis 2013 blieb. Auf ihn folgten Gerhard Kurz und seit 2016 Sandra Kegel.

Orte der Preisverleihung

Der Friedrich Hölderlin-Preis wurde zunächst im Stadthaus und im Landgraf Friedrich Saal, später, seit der Verleihung des Preises 1995 an Marcel Reich-Ranicki, im großen Kurtheater verliehen. Nach über 20 Jahren schien das Kurtheater letztlich zu antiquiert, plüschig, unpersönlich und dem Friedrich Hölderlin-Preis nicht mehr angemessen. Und so suchte man nach einem neuen Domizil. 2016 war dies zunächst das Kulturzentrum Englische Kirche; seit 2017 wird der Preis in der Schlosskirche verliehen. Hier befindet sich auch die Landgrafengruft, die mit den von Horst Hoheisel in Bronze gestalteten ersten Zeilen von Hölderlins Gedicht „Patmos“, das dem Landgrafen Friedrich zugeeignet worden war, verschlossen ist.

35 16.02.1797 an Neuffer.

Auch die musikalische Umrahmung des Festaktes unterlag einem Wandel. In den ersten Jahren oblag dem klassischen Streichquartett die musikalische Umrahmung des Zeremoniells zur Preisverleihung; das änderte sich 1995 mit der Verleihung an den Jazzliebhaber Ernst Jandl, bei der die Formation „Cercle" zu seinen Ehren aufspielte. Eine Rolle spielten später auch Vertonungen von Werken Friedrich Hölderlins. Seit einigen Jahren aber stehen Weltmusik und Cross-overs unterschiedlichster Formationen auf dem Programm.

Nicht der einzige Friedrich Hölderlin-Preis

Der Preis der Stadt Bad Homburg ist nicht der einzige Friedrich Hölderlin-Preis, der verliehen wird. Seit dem Jahr 1989 vergeben auch Stadt und Universität Tübingen im Zweijahresrhythmus einen Friedrich Hölderlin-Preis, der mit 10.000 € dotiert ist. Damit gibt es die besondere Situation, dass gleich zwei Literaturpreise im Namen eines Dichters vergeben werden. Außergewöhnlich ist dies jedoch nicht. Im Namen von Friedrich Schiller und Johann Wolfgang Goethe werden deutlich mehr Preise verliehen.[36]

Preisträger und Förderpreisträger

Das Spektrum der Ausgezeichneten ist breit: Die Autorinnen und Autoren stammen aus Deutschland, der Schweiz und Österreich. Ausgezeichnet wurden die Verfasser unterschiedlichster lyrischer, epischer und dramatischer Textsorten: Was sie vereint, ist ihre überzeugende und überragende schriftstellerische Leistung.

- 1983: Hermann Burger, Förderpreis: Peter Maiwald
- 1984: Sarah Kirsch, Förderpreis: Marcel Konrad
- 1985: Ulla Hahn, Förderpreis: Dante Andrea Franzetti
- 1986: Elisabeth Borchers, Förderpreis: Klaus Hensel
- 1987: Peter Härtling, Förderpreis: Uwe Kolbe
- 1988: Karl Krolow, Förderpreis: Werner Söllner
- 1989: Wolf Biermann, Förderpreis: Sabine Techel
- 1990: Rolf Haufs, Förderpreis: Jan Koneffke
- 1991: Günter Kunert, Förderpreis: Lioba Happel
- 1992: Hilde Domin, Förderpreis: Barbara Köhler
- 1993: Friederike Mayröcker, Förderpreis: Zehra Cirak
- 1994: Ludwig Harig, Förderpreis: Norbert Gstrein
- 1995: Ernst Jandl, Förderpreis: Sabine Küchler
- 1996: Martin Walser, Förderpreis: Raoul Schrott
- 1997: Doris Runge, Förderpreis: Walle Sayer
- 1998: Christoph Ransmayr, Förderpreis: Katrin Askan
- 1999: Reiner Kunze, Förderpreis: Karl-Heinz Ott
- 2000: Marcel Reich-Ranicki, Förderpreis: Jörg Bernig
- 2001: Dieter Wellershoff, Förderpreis: Ulrike Draesner
- 2002: Robert Menasse, Förderpreis: Julia Schoch
- 2003: Monika Maron, Förderpreis: Juli Zeh

36 In Deutschland werden rund 1.200 Literaturpreise vergeben. Zu den bedeutendsten zählen neben dem Friedrich Hölderlin-Preis der Georg-Büchner-Preis (50.000 €), der Deutsche Buchpreis (25.000 €) und der Ingeborg-Bachmann-Preis (25.000 €). Wesentlich höher dotiert sind der Premio Cervantes (125.000 €) für spanischsprachige Literatur, der dänische Hans-Christian-Andersen-Preis (62.000 €) und der Nobelpreis für Literatur (851.000 €).

Urkunde und Medaillen zum Hölderlinpreis (Foto: © Jochen Reichwein).

- 2004: Johannes Kühn, Förderpreis: Gregor Sander
- 2005: Durs Grünbein, Förderpreis: Arno Geiger
- 2006: Rüdiger Safranski, Förderpreis: Beate Rothmaier
- 2007: Urs Widmer, Förderpreis: Nadja Einzmann
- 2008: Ror Wolf, Förderpreis: Hendrik Jackson
- 2009: Judith Hermann, Förderpreis: Lena Gorelik
- 2010: Georg Kreisler, Förderpreis: Eva Baronsky
- 2011: Arno Geiger, Förderpreis: Daniela Seel
- 2012: Klaus Merz, Förderpreis: Judith Schalansky
- 2013: Ralf Rothmann, Förderpreis: Arno Camenisch
- 2014: Peter Stamm, Förderpreis: Nellja Veremej
- 2015: Michael Kleeberg, Förderpreis: Teresa Präauer
- 2016: Christoph Peters, Förderpreis: Per Leo
- 2017: Eva Menasse, Förderpreis Nele Pollatschek
- 2018: Daniel Kehlmann, Förderpreis: Alina Herbing
- 2019: Anke Stelling, Förderpreis: Eckhart Nickel

First cut is the deepest

Der Förderpreis zum Friedrich Hölderlin-Preis: Was so ein Preis vermag!

Mit dem Roman *Schöne Freunde,* der 2002 erschien, war mir in meinen Augen ein herausragendes Buch gelungen. Doch nachdem sich bereits die ersten beiden Romane schlecht verkauft hatten, verkaufte sich *Schöne Freunde* noch schlechter. Es war beängstigend, wie ruhig es um mich blieb. Zwar schrieb der bedeutende österreichische Literaturkritiker Wendelin Schmidt-Dengler über *Schöne Freunde:* „Die Kritik wird ihre Mühe mit diesem Buch haben, vergisst dabei jedoch, dass sie zehn Jahre dafür brauchen wird, um dorthin zu kommen, wo dieses Buch schon ist.“ Aber auch dieses Lob verhallte. Keine Verkäufe. Keine Veranstaltungen. Keine Taschenbuchrechte. Nur gespenstische Stille.

So freute mich das Lob einerseits, andererseits wurmte es mich. Denn ich steckte fest, ganz fraglos. Selbst im Verlag ließ man mich spüren, dass man nicht mehr mit mir rechnete. Und auch ich selbst spürte, dass langsam etwas aus mir herausgesogen wurde, eine alte Fähigkeit zu widerstehen. Ewig würde ich nicht durchhalten, auch nicht durchhalten wollen, das war mir klar.

Zwischen zwanzig und fünfunddreißig stellt sich ein junger Mensch auf eigene Füße. Eine Zeitlang ist es ganz schön, in der Luft spazieren zu gehen. Wie im Comic. Nur dass im Leben, was im Comic lustig ist, mit echtem Schrecken einhergeht. In dem Moment, in dem du – sagen wir, mit fünfunddreißig – realisierst, dass du in der Luft spazieren gehst, beginnst du zu fallen. Und dann weit unten, sehr weit unten, zerschellen deine Träume.

Ich hatte den Dreißiger jetzt deutlich überschritten. Ich hatte wenig falsche Hoffnungen und beschloss, nochmals alles auf eine Karte zu setzen. Ich begann mit dem Schreiben an *Es geht uns gut.* Eine sehr herausfordernde Arbeit, zumal mir klar war, dass ich aufpassen musste, wenn ich meine Stellung als verkrachter Künstler mit diesem Buch

Schöne Freunde erschien 2002 im Carl Hanser Verlag.

Es geht uns gut erschien 2005 im Carl Hanser Verlag.

nicht endgültig besiegeln wollte. Ja, gut, um ein Sprichwort zu benützen: „Der Nordwind macht die Wikinger."

Im Frühling 2005, ich war gerade dabei, *Es geht uns gut* abzuschließen, bekam ich einen Anruf aus Bad Homburg mit der Nachricht, dass ich den Förderpreis zum Friedrich Hölderlin-Preis erhalte, nicht zuletzt für *Schöne Freunde*.

Autorensignatur von Arno Geiger anlässlich seiner Lesung im Kulturspeicher in Bad Homburg.

Ich seh' mich noch heute in meiner winzigen Hinterhofwohnung stehen, in der Küche, in der sich, unmittelbar neben dem Kühlschrank, auch die Dusche befand (das Klo auf dem Gang teilte ich mit den Nachbarn). Und ich weiß noch, wie unglaublich glücklich ich war und wie ich, von heute auf morgen, das Gefühl hatte, dass ich vielleicht doch würde bestehen können. Ich hatte jetzt meinen ersten Preis erhalten! Den Förderpreis zum Friedrich Hölderlin-Preis! First cut is the deepest, wie es im Englischen heißt, der erste Schnitt ist der tiefste. Für mich ein Einschnitt von ungeheurer Wichtigkeit. Lob, Anerkennung! Was so ein Preis vermag!

Ich sammelte nochmals alle Kräfte und beendete *Es geht uns gut*.

Bäuerliches Herbstlied

aus dem Regen
kommen sie
die Oktoberbauern

vor treibenden Schauern
dem grauen Gebirg
auf tobenden Maschinen

kommen von ferneren
Ackerstücken
satt gefügt im Relief

kommen rollend tobend
auf asphaltierter Bahn
frontal auf Winter zu

Olaf Velte

Landkarte

da sind Dörfer auf der
Landkarte
Höhenzug und Wasserlauf
das steile Gebirg
obendrauf

Olaf Velte

Keller

soll ich Gesteinsformationen
aufzählen
den Bau des Siedlungsrückens
all diese Spitzfindigkeiten

es gibt Quellen
älter als die Welt als
des Schreibers
dumme Hand

aus dem Räuspern
des Zimmermannes eine
Welt deuten

tiefer hinblicken
in die Keller der ewigen
Schlimmauer

Olaf Velte

Über die Weil

so viele Waldwege
durch dieses
unselige Land

über Grenzstreifen
Markschläge
springen

den Glauben
wechseln
fröhlich und tadellos

Ruinen
ein Mauermosaik
ein Niederknien

unterm Wind
in all die wilden
Friedhöfe

Olaf Velte

Peter Lückemeier

Zierde der Landlust

Der Taunus in Fotos und Versen

Die Fotografin Cornelia Sick hatte es nicht leicht. Ihre Aufgabe war es, Gedichte über den Taunus, die ich ausgesucht hatte, fotografisch in Szene zu setzen. Daraus ist 2019 ein Buch entstanden – der Taunus in Vers und Foto. Doch die gute Idee stieß nicht selten auf den Widerstand der Wirklichkeit. Alois Henninger beispielsweise bedichtete einst die Krebsmühle:

Bei Weiskirchen, wo durch Erlen
Ursels Silberbach sich windet,
Und mit ihren bunten Perlen
Die Forelle Schatten findet,
Krebse aber sich im Kühle
Nähren in gar großer Zahl,
Blicket freundlich die Krebsmühle
Auf das schöne Wiesenthal.

Doch die Krebsmühle ist heute ein eher prosaischer Ort. Cornelia Sick stieß mit ihrer Kamera auf Hüpfburgen, Satellitenschüsseln und ein Fahrradgeschäft. Oder der Wingertsberg: Einst hatte Georg Schudt in Versform beschrieben, wie lieblich und reizend schön sein liebes Homburg von hier aus zu sehen war:

Wie liegt mein liebes Homburg
dort vor mir reizend schön,
Umkränzt in weiten Bogen
von blauen Bergeshöhn!
Zu meinen Füßen aber ziehet
hin ein Wiesengrund;
Ihn hat so reich geschmücket
Kunst mit Natur im Bund.

Cornelia Sick aber sah von hier aus den Kurpark nicht – alles zugebaut! Frau Sick, die sonst vor allem für den Regionalteil der Frankfurter Allgemeinen Zeitung fotografiert, wusste sich dennoch in fast jedem Fall zu helfen. Okriftel, heute ein Hattersheimer Stadtteil, wurde eben nicht vom Flussufer aus aufgenommen, sondern von oben herab, von einem Hochhaus. Und die Drei Linden bei Neuenhain, einst geradezu ehrfurchtsvoll besungen von einem Autor, von dem lediglich diese Initialen genannt sind: K.H.v. R.

Drei Linden auf dem Berge
in alter, heil'ger Zahl,
Die schauen wie auf Zwerge
hinab in's weite Tal;
Die geben kühlen Schatten
dem Wanderer zur Rast,
Und über Au'n und Matten
schweift der willkommne Gast.

Diese drei Bäume wurden ganz aus der Nähe fotografiert, denn heutzutage befinden sie sich mitten in einem Wohngebiet.

Die Mehrzahl der Gedichte, die den Taunus zum Inhalt oder Anlass haben, ließ sich allerdings lichtbildnerisch wunderbar in Szene setzen. Sodass sich das Endprodukt, unser gemeinsamer Band „Zierde der Landlust

Bewegt: Der Urselbach (Foto: Cornelia Sick).

Schon von Goethe besungen: Der weiße Turm am Schloss von Bad Homburg (Foto: Cornelia Sick).

– Der Taunus in Vers und Bild" (Societäts-Verlag, Frankfurt) zu einer Art unausgesprochener Werbebotschaft für eines der schönsten deutschen Mittelgebirge formen ließ.

Zu den Szenerien, die sich mühelos fotografisch ins Heute übertragen ließen, zählt Goethes „Pilgers Morgenlied / An Lila". Denn jener „Weiße Turm", den Goethe in diesen Versen erwähnt, reckt sich damals wie heute weithin sichtbar als ein Homburger Erkennungssymbol in die Höhe, und auch damals – Goethes Verse stammen aus dem Jahr 1772 – stand er schon lange dort, nämlich seit 1354. Hinter „Lila" steckt Luise von Ziegler, eine junge Hofdame aus dem Kreise der „Empfindsamen", einem literarischen Zirkel, dem auch Herder, Merck und Goethe angehörten (der spätere Dichterfürst war nachweislich viermal in Homburg). Man gab sich Namen: Goethe wurde zum Wanderer oder Pilger, Luise zu Lila. Es ist die Zeit des Sturm und Drang, die Zeit der großen Gefühle, die Richard Friedenthal in seiner Goethe-Biografie so beschreibt: „Man wandelt Arm in Arm, umarmt sich, küsst sich – oft nur brieflich –, Tränen fließen bei jeder Gelegenheit, und die Brust bebt hoch hinauf." Man darf deshalb wohl auch die „ew'gen Flammen", die Lila in das Herz des jungen Dichters brannte, für löschbar halten.

Öfter als Goethe kommt ein anderer Frankfurter Meister in dem Buche vor. Gleich sieben Gedichte Friedrich Stoltzes habe ich in die Sammlung aufgenommen. Das liegt zum einen daran, dass ich ein großer Stoltze-Fan bin (und 2016 ein Buch mit seiner schönsten Lyrik und Prosa unter dem naheliegenden Titel „Wie kann nor e Mensch net von Frankfort sei" herausgeben durfte), sondern weil Stoltze ein Freund des Taunus war, den er häufig aufsuchte und zum Gegenstand seiner Kunst machte. Das entzückendste Produkt dieser Begeisterung ist für meinen Geschmack die

Anlass für zahlreiche Verse: Taunuslandschaft in Dämmerung (Foto: Cornelia Sick).

zärtliche Hymne an Lorsbach, seit 1972 ein Hofheimer Stadtteil:

Dörfchen, wie malerisch
Liegst du im Pfad!
Mühle, wie prahlerisch
Rauscht dir's vom Rad!
Kirchlein, wie bäuerlich
Bist du gebaut!
Glöckchen, wie feierlich
Klinget dein Laut!
Gärtchen an jedem Haus
Ländlich zu schau'n;
Blüten drein, Blüten draus,
Blüten am Zaun.
Es schlingt der Rebensaft
Sich um's Spalier;
Rebenlaub eingefaßt
Fenster und Tür.

Ein typischer Stoltze! Heiter, aufgeräumt und handwerklich perfekt. Stoltze (1816–1891) war nicht nur ein bescheidener, liebenswürdiger Mensch, Ehemann, Familienvater und Taunusfreund, sondern auch ein Könner wie sein Zeitgenosse Wilhelm Busch (1832–1908). Bei beiden holpert und stolpert nichts, beide sind sehr musikalische Meister des Versmaßes. Zwar hat Busch ja mal vorübergehend in Frankfurt gelebt, aber zum Taunus fiel ihm leider nichts ein.

Zwei andere Autoren kommen in dem Taunusbuch je dreimal zu Wort. Das sind die schon genannten Alois Henninger und Georg Schudt. Dr. Aloys (auch Alois) Henninger ist ein Mann mit einem vielseitigen, interessanten Lebenslauf. Er war Lehrer und Schriftsteller, hat 1850 die Lokalzeitung „Taunuswächter" gegründet, die zweimal wöchentlich erschien, er war der Herausgeber der Sammlung „Nassau in seinen Sagen, Geschichten und Liedern fremder und eigner Dichtung", und vor allem zählte er – Berufsverbot als Lehrer inklusive – zu den freiheitliebenden Revolutionären von 1848. Als Dichter erwarb er sich den Ehrentitel „Nassaus Uhland", er selber nannte sich auch „der Taunide".

Georg Schudt (1830–1890) war Besitzer einer Buchdruckerei und Herausgeber des „Taunusboten". Er muss auch sonst am Leben in Homburg regen Anteil genommen haben, schließlich ist er verbrieft als Mitbegründer des Turnvereins, des Taunusklubs und der Freiwilligen Feuerwehr. Schudts dichterisches Vermögen:

Im Sommer trägt er gerne
Ein Jagdkleid, hoffnungsgrün;
Im Winter wirft er über
Einen weißen Hermelin.

stieß an seine Grenzen. Unbedingt zu loben an ihm sind aber seine Heimatbegeisterung und eine ungekünstelte Liebe zu den Naturschönheiten seiner unmittelbaren Erfahrungswelt, beides drückt sich in den Gedichten auf den Wingertsberg, den Altkönig und den Kurgarten seiner Heimatstadt aus.

Den Titel des Buches („Zierde der Landlust") haben der Verlagsleiter des Societäts-Verlags Dr. René Heinen und ich dem Gedicht „Taunus" entnommen. Es stammt aus der Feder des Goethe-Freundes Johann Isaac von Gerning (1767–1837), der von Beruf Diplomat war und sich als Bewunderer von Ovid und Horaz bei seiner dichterischen Arbeit ebenfalls an antiken Versmaßen orientierte, so auch hier:

Taunus! Dir und deinem Gefild'
ertöne
Preisgesang, im Wonnegefühl des
Dankes;
Dir, der Schöpfung Liebling, der Heil-
kraft Spender,
Zierde der Landlust.

Nur nebenbei sei erwähnt, dass der Apostroph hier in „Gefild'" so angewendet wird wie heute, dass er nämlich nur für ein ausgefallenes E steht („Gefilde"). Die Schreibweise im Buch folgt immer dem vorgefundenen Original. Also heißt Kuss noch „Kuß", Tal „Thal" und Efeu „Epheu". Und wenn der Dichter „an's" schrieb, dann soll es so bleiben, auch wenn wir das Hochkomma heute als sogenannten Idioten-Apostroph an den unmöglichsten Stellen finden.

Wer die Autorenliste der im Bildband gesammelten Gedichte betrachtet, dem wird schnell auffallen, dass die allermeisten dem 19. Jahrhundert entstammen. Auch später wurde der Taunus immer mal wieder besungen, doch breiten wir über die Qualität der Verse – vor allem derer, die sich reimen – lieber den Mantel taktvollen Schweigens. Deshalb habe ich bei der Auswahl einen weiten Sprung in die Gegenwart gemacht. Und bin beim 1960 geborenen Olaf Velte gelandet. Er ist nicht nur 1960 in Bad Homburg geboren und lebt als Schriftsteller, Journalist und Schafzüchter in Wehrheim, sondern ist in seinen zahlreichen Gedichtbänden mit seinen Beobachtungen stets der Heimat, dem Taunus, verbunden geblieben.

Bahnhof Grävenwiesbach

wie zum letzten Mal
über die Wiesen gehen
spät im Herbst

die Maulwurfshügel zählen
im poetischen Krümelsack
das kleine Hartgeld

die Züge bis nach Grävenwiesbach
fahren lassen
vor ein leeres Haus

wo tote Männer jenseits
aller Waldungen
ihre Ernte ausleeren

bei des Köhlers Überrest
Wegweiser und Schusswunde
suchen

nach lebenslanger Arbeit
nun aufwachen
einen Zug besteigen

mit letzter Fracht
schwer von Quarzit
in einen Tunnel rollen

Neues und Altes also ergänzen sich in diesem Buch recht reizvoll. Und vor allem sind es die Fotos von Cornelia Sick, die den Versen einen zusätzlichen optischen Reiz verleihen. Wenn Texte und Fotos den Leserinnen und Lesern, gern auch denen aus anderen deutschen Landen, einen Eindruck von der Vielfalt und Schönheit des Taunus vermitteln, dann hat sich der Zweck dieses Bandes erfüllt. Er ist eine Einladung, Bekanntes und Vertrautes mit neuen Augen zu betrachten.

Grillen & Chillen im
FREIZEITPARK
LOCHMÜHLE
www.lochmuehle.de
Auch auf

Peter Maresch

Der „germanische" Feldberg

Literarisch-politische Mythenbildung um den höchsten Gipfel des Taunus

Selten lässt sich die Geburtsstunde eines Mythos genau festhalten: Beim Großen Feldberg war es die Freiheitsfeier am 18. Oktober 1814. Die napoleonischen Truppen waren über den Rhein zurückgetrieben und geschlagen worden. Ehemalige Landsturmsoldaten und Bürger um den Dichter Ernst Moritz Arndt organisierten auf der Kuppe eine Freiheitsfeier, die auf starke Resonanz stieß. Der Frankfurter Arzt Christian Ernst Neeff warb kurz vorher mit einer Rede in Frankfurt für die Feier, die bald auch als Druck Verbreitung fand:

„Droben, auf unserm herrlichen Nachbarn, dem Feldberg, liegt eine Felskuppe, von uralter Zeit her das Lager Brynhildis genannt. Es ist aus der dichterischen Sage unseres Volkes bekannt, wie diese königliche Heldin in Mitten des Flammenzaunes Wafurloga schlummerte, des tapferen Bräutigams harrend [...]"[1]

Mit diesen Zeilen war der Feldberg für ein breites Publikum im wahrsten Sinne des Wortes „eingenordet" worden, in eine Traditionslinie mit der nordisch-germanischen Mythologie gebracht.

Neeff war nicht der Urvater der Hypothese, dass der Feldberg zumindest im mythischen Sinne der Schauplatz der Burg war, in dem die legendäre Brunhilde innerhalb der „Waberlohe", eines undurchdringlichen Flammenwalls, schlief. Doch er war der Erste, der öffentlichkeitswirksam den Feldberg als nordisch-germanisch-nationalen Erinnerungsort in Szene setzte – wie es dann immer wieder, bis zum Ende des Zweiten Weltkriegs, geschehen sollte.

In Diskrepanz zu den in dieser Zeit bemühten mythischen Bildern stand, dass der Feldberg zumindest auf der Kuppe bis heute keine archäologischen Befunde erbrachte, die ins germanische Altertum zurückreichen.[2] An seinem Nordhang finden sich Reste des Limes und einiger Wachttürme – diese Bauwerke waren aber den Römern zuzurechnen, denen im Feldberg-Narrativ die Rolle des Gegenspielers zukam.

Es ist wohl vielmehr so, dass es den Dichtern, Geschichtsschreibern etc., welche die mythische Vergangenheit des Feldberges beschworen, um die Projektion von Ideen ging. Wortwörtlich die Basis für diese historisch-mythischen Ideen war ein wuchtiger Quarzitbrocken.

Am Anfang war der Brunhildisfelsen

Für den Besucher des Jahres 1814 wirkte der Brunhildisfelsen vermutlich majestätischer als heute, wo er durch das im Süden des Gipfelplateaus liegende Gebäudeensemble fast ein

1 Zitiert nach Bode, Helmut: Das Feldberg-Buch, Frankfurt am Main, S. 86.

2 Nicht wenige Autoren wollten aber in Vertiefungen auf der Oberfläche des Brunhildisfelsens Opferschalen und -rinnen erkennen. Ausführlich äußerte sich dazu August von Cohausen, welcher solche Theorien ablehnte und einen geologischen Ursprung annahm. Siehe Cohausen, zitiert nach Bode, Das Feldberg-Buch, S. 139/140.

Der Brunhildisfelsen aus Sicht des romantischen Malers Christian Georg Schütz (KrA_HG Slg. 9, FBG 29).

wenig ins Abseits gerückt ist. Schon damals war der Feldberg zusammen mit dem Altkönig einer der wenigen unbewaldeten Gipfel im Taunus. Der Aufstieg war strapazenreicher, das Gefühl, einen Gipfel erklommen zu haben, sicherlich erhebender.

Dennoch wäre wohl der Feldberg nie als Schauplatz der altnordischen Sage in Betracht gezogen worden, wäre besagter Felsen nicht schon sehr früh erwähnt worden. In einer Urkunde aus dem Jahre 1043 (der sogenannten Bardo-Urkunde), welche die Grenze des Schloßborner Kirchsprengels beschreibt, ist die Rede von einem „in medium montem Veltberc ad eum lapidem vulgo dicitur lectulus Brunhilde“, also „einem Stein, genannt Bett der Brunhilde, mitten auf dem Feldberg gelegen.“

Diese Urkunde war vermutlich lange in Vergessenheit geraten. Zumindest im 18. Jahrhundert kursierte auch der Name Venusstein für den Felsen.[3]

Als Wiederentdecker der Bardo-Urkunde kann Elias Neuhof gelten, der Homburger Regierungsrat und bedeutende frühe Saalburg-Forscher. In „Nachricht von den Althertümern in der Gegend und auf dem Gebürge bey Homburg vor der Höhe“ zog er als Erster wieder die Verbindung zwischen Urkunde und Stein.[4]

Er identifizierte die „Brunhilde“ des Felsens noch nicht mit der Brunhilde aus der Sage. Dies geschah erst in der deutschen Übersetzung der „Historie af Danmark“ des frühen dänischen Historikers Peter Frederik Suhm (1728–1798). In einer Fußnote wird auf Neuhof verwiesen und der Feldberg mit dem „Hindarfjall“, dem mythischen Bergwohnsitz der Brunhilde, gleichgesetzt. Weiter heißt es:

„Sonderbar übrigens, wie die Dichter ihre Helden immer in entfernte Länder setzen. Die nämliche Brynhilde, welche die nordischen Skalden zu einer sächsischen Königstochter machen, heißen unsere schwäbischen Dichter die Prunhilde von Island.“[5] Diese Fußnote ist erst vom Übersetzer Suhms, Friedrich David Gräter, beigefügt worden. Der in Schwäbisch Hall lebende Lehrer und Skandinavist (1768–1830) kann somit als Vater aller Germanentheorien um den Feldberg gesehen werden. Bis dahin vertraten Gelehrte wie etwa Johann Ludwig Christ oder Johann Heinrich Faber die Ansicht, der Name gehe auf eine Sage um Hildegard von Bingen zurück. Über die Zeiten habe sich deren Name verändert zu Brunhilde.[6]

Der Brunhilden-Mythos

Brunhilde ist eine Gestalt, die uns gleich in mehreren nordischen Sagenzyklen begegnet. Die in Deutschland heute „populärste“ Brunhilde ist ihre Repräsentation im hochmittelal-

3 Hüsgen, Heinrich Sebastian: Verrätherische Briefe von Historie und Kunst, Frankfurt 1776, S. 25.

4 Neuhof, Elias: Nachricht von den Alterthümern in der Gegend auf dem Gebürge bey Homburg vor der Höhe, 2. Auflage, Homburg 1780, S. 6.

5 Suhm, Peter Friedrich von: Geschichte der Dänen. Aus dem Dänischen übertragen von F.D. Gräter, Leipzig 1803, Fußnote auf S. 405.

6 Christ und Faber zitiert nach Bode, Das Feldberg-Buch, S. 42 und 55.

Siegfried erweckt die auf dem Feldberg schlafende Brunhilde – dieses Motiv ist in etlichen Variationen auf Ansichtskarten um 1900 zu finden (KrA_HG, Slg. 9, FBG 15).

terlichen „Nibelungenlied": Die starke, aber rachsüchtige Königin, die durch Täuschung in eine Ehe mit dem Nibelungenkönig Gunther gezwungen wurde und mit ihrer Rache an Siegfried den Untergang der Nibelungen einleitet.

Die „Feldberg-Brunhilde" entspricht jedoch der Figur, wie sie in den nordischen Legendensammlungen der Lieder-Edda, Snorra Edda und der Völsunga Saga geschildert wird: die Walküre, die auf dem „Hindarfjall", einem Berg, inmitten der „vafrlogi" (zu Deutsch: Waberlohe) nach einer Bestrafung durch Odin in ewigem Schlaf liegt. Erst dem Held Sigurd/Siegfried gelingt es, den Wall zu durchqueren und Brunhilde zu erwecken.

Nach welcher „Brunhilde" der Felsen auf dem Feldberg im Mittelalter benannt war, ist unbekannt. Der Name ist im Mittelalter selten verwendet worden, wobei es allerdings auch eine historisch bezeugte merowingische Königin des 6. Jahrhunderts namens Brunichild (um 540–613) gab. Alle Zuordnungen des Brunhildisfelsens zur Sagengestalt oder dieser Königin müssen ohne weitere mittelalterliche Belege spekulativ bleiben. Auch als Toponym ist der Brunhildenname in unserer Gegend nicht häufig bezeugt. Einen Brunhildenstein gibt es noch auf dem Gipfel der Hohen Kanzel bei Niedernhausen.

Popularisierung der Brunhildensage durch Grimm, Gerning und Neeff

Wenn die Idee, die Brunhildensage der Edda auf dem Feldberg zu verorten, auch im Ursprung von Gräter stammte, so blieb es eine Fußnote in einem Buch, das in Gelehrtenkreisen zirkulierte. Erst die Romantiker popularisierten diese Idee, wie eingangs anhand des von Neeff verfassten Gedichts zur Freiheitsfeier 1814 geschildert.

Jacob Grimm, der ältere der beiden berühmten Brüder, war sehr stark an der deutschen Sage und Mythologie interessiert. Er veröffentlichte 1815 die Schrift „Irmenstraße und Irmensäule. Eine mythologische Abhandlung".[7] Der Versuch, darzulegen, wie sich die Milchstraße in der altgermanischen Mythologie abbildet, ist damals wie heute schwere Kost und interessiert in unserem Zusammenhang nur insoweit, als dass der Feldberg und das Brunhildenbett Erwähnung finden. Grimm verweist darauf, dass in Frankreich etliche Straßen „chaussee de Brunehaut" heißen (besonders die Heerstraße von Amiens über Bavai nach Tongeren) und dass sich „Bett" wie in Brunhildenbett etymologisch auch als ein Begriff für einen Weg oder Straße deuten lässt.

Die Brunhildenstraßen werden in der Regel auf die bereits erwähnte merowingische Königin zurückgeführt. Grimm verneint diese Idee, weil aus seiner Sicht der Brunhildenname noch weit über das Merowingerreich hinaus verbreitet sei, bis nach England. Auch er sieht im Brunhildisfelsen das Bett der Brunhilde inmitten der Waberlohe. Stricto sensu handelt es sich bei dem Grimm'schen Text um eine etymologische Abhandlung, wobei es durchaus möglich ist, dass er den Feldberg einmal besucht hat.

Der große Freundeskreis der Grimms reichte nämlich bis ins Rhein-Main-Gebiet – darunter befand sich auch Johann Isaak von Gerning (1767–1837). Der Kaufmann, Mäzen und Sammler verfasste mehrere Bücher, die in einen vortouristischen Kontext zu stellen sind. Fraglos war Gerning daran interessiert, den Taunus als Landschaft populärer zu machen. Sein Werk „Die Heilquellen des Taunus. In 4 Gesängen" von 1813 ist hingegen ein langes, hymnisches Gedicht. Gerning ergänzte dieses mit umfangreichen erklärenden Fußnoten, die es gleichzeitig zu einem der ersten ausschließlich auf den Taunus bezogenen Geschichtsbücher machen.

Gerning dichtete im zweiten Gesang der Heilquellen:

Oft in der Nacht weh'n Flammen am Felsenbett Brunehildens,
Glühender Andacht voll flehte die Königin hier
Sündliche Neigung weg, und sah, in jedem Erwachen
Ihr Austrasisches Reich, herrlich verbreitet umher,
Bis sie nun ausgebüßt, – der Stein bewahrt die Gestalt noch,
Und der Waller gedenkt ernst der vergangenen Zeit.
Fröhliche Schaaren erklimmen den Berg in heiliger Frühe,
Festlich die Sonne zu schau'n, wann sie dem Osten entsteigt.[8]

Im Gegensatz zu Grimm neigte er eher dazu, das Brunhildenbett mit der historischen Königin Brunichild zu verbinden. Er vertrat – wenn auch nicht immer konsequent – die Ansicht, beim „lectulus Brunhilde" handele es sich nicht um den Felsen, sondern um Gebäude, und behauptete (was sich bis heute nicht verifizieren lässt), bei der Anlage einer französischen Signalstation seien 1810 alte Gemäuer auf dem Plateau gefunden worden.[9]

Der antikebegeisterte Gerning hatte noch mehr Referenzen in petto, um den Feldberg in die germanische Geschichte einzureihen, wie er in einer seiner Fußnoten darlegte:

Der Name Feldberg wird abgeleitet von der feldartigen Fläche des Gipfels,
oder einem Schlachtfeld, auch von der Größe

---

7 Grimm, Jacob: Irmenstraße und Irmensäule. Eine mythologische Abhandlung, Wien 1815.

8 Gerning, Johann Isaak von: Die Heilquellen im Taunus. Ein didactisches Gedicht in vier Gesängen.

9 Gerning, Johann Isaak von: Die Lahn- und Maingegenden von Embs bis Frankfurt: antiquarisch und historisch, Wiesbaden 1821, S. 55.

des Bergs und der umherliegenden Welt, als einem Weltberg; endlich von Velleda, der germanischen Wahrsagerin, und sogar von Valentinian, dem die Allemannen hier auf diesem Kriegsberge, nahe dem Solicinium, die blutige Schlacht geliefert haben sollen.[10]

Veleda ist eine Seherin im 1. Jh. n. Chr., die bei Tacitus erwähnt wird. Solicinium war ein Schlachtort des Jahres 368 n. Chr. Wenn auch die Varusschlacht viel bekannter ist, so suchten unzählige Gelehrte nach Solicinium.

Die Schlacht war der Höhepunkt des letzten großen Vorstoßes römischer Truppen ins rechtsrheinische Gebiet unter Kaiser Valentinian (321–375); potenziell alle rechtsrheinischen Gebirge in Südwestdeutschland kommen für die Verortung infrage. Jahrhundertelang war es sehr populär, den Taunus als Schlachtfeld zwischen Römern und Germanen zu betrachten. Dies lag an den vielen Ringwällen und Römerkastellen im Umkreis des Feldbergs.

Im späteren 19. Jahrhundert – Simrock, Schudt, Henninger

Zu den frühen Kritikern einer historischen Deutung des Brunhildenfelsens gehört Karl Simrock. Der Bonner Dichter ist vor allem als einer der bedeutendsten Übersetzer des Nibelungenlieds ins Neuhochdeutsche bekannt. Er war einer der Erfolgsautoren der späten Biedermeierzeit und trug mit seinen Sagenbearbeitungen und Gedichten fraglos dazu bei, die germanische Sagenwelt in Deutschland populär zu machen.

Sein Blick auf beide Namensdeutungen des Brunhildenfelsens fiel nüchterner aus.

Betreffend die Königin Brunichild schreibt er 1840: „Von der ersten, jener unseligen Frankenkönigin, deren wir bei Worms gedachten, behauptet man, wiewohl ohne Erweis, sie habe oft die Nacht auf diesem Felsen zugebracht und von da bei Sonnenaufgang einen Teil von Ostfranken – Ihr und der Ihrigen Reich – überschaut."[11]

Simrock akzeptierte auch nicht die Deutung des Feldbergs als Schauplatz der Nibelungensage, auch wenn für ihn der Name des Brunhildenfelsens bewusst gewählt war: „Der Name Brunhildenbett, den der Quarzfelsen führt, spielt offenbar auf diese Sage an und bezeichnet ihn als den Ort ihres fünfzigjährigen todesähnlichen Schlummers. Wenn die ‚Wilkinasage' den Schauplatz an das Friesenmeer, in die alte Heimat der Franken, setzt, so hält sie dabei nur die ursprüngliche Gestalt der Sage fest. Als hernach diese mittelrheinischen Gegenden fränkisch wurden, ja den Namen des Frankenlands vorzugsweise zu führen begannen, konnten Brunhildes Bett und Odins Zauberfeuer auf keinen erhabeneren Ort als auf den Gipfel des Feldbergs verlegt werden."[12]

Der Feldberg war im frühen 19. Jahrhundert wegen seines Fernblicks einer der populären Berggipfel im Südwesten, und auch Simrock lobt in diesem Werk ausgiebig die Aussicht. Simrock bemängelt an dieser Stelle auch: „Diesen ziert kein Gebäude, noch immer müssen die Wanderer hinter Brunhildes Bett Schutz suchen."[13]

Nach Simrocks Ansicht sollte ein Haus den Wanderern Schutz bieten – ein Plädoyer für eine touristische Erschließung des Feldbergs. Tatsächlich sollten sich schon wenige Jahre später lokale Größen wie die Turner August Ravenstein und Fritz Emminghaus

10 Ebendort, S. 98.

11 Simrock, Karl: Das malerische und romantische Rheinland, Leipzig 1851, S. 181.

12 Ebendort, S. 184.

13 Ebendort.

Gedenktafel für den Journalisten, Turner und Dichter Georg Schudt in der Dorotheenstraße, Bad Homburg. Er verfasste die umfangreichste Abhandlung zum Brunhildisfelsen.

um den Ausbau des Feldbergs bemühen. Das Feldbergfest wurde ins Leben gerufen – auch mit dem Hintergrund, Bauten auf dem Feldberg zu finanzieren.

Im Vergleich zur vorsichtigen Interpretation von Simrock stand für den jungen Homburger Dichter und Journalisten und späteren Verleger des „Taunusboten," Georg Schudt (1830–1890), fest, dass der Feldberg der historische Aufenthaltsort der Brunichild von Austrien war. Wie kaum ein anderer begeisterte er sich für diese Sichtweise und brachte 1855 eine 60-seitige Schrift heraus, die allein dem Brunhildisfelsen gewidmet war. Anders als Gerning vor ihm behauptete er nicht, auf dem Feldberg seien Spuren einer alten Burg zu finden. Trotzdem war es für ihn ohne Zweifel, dass Brunichild von Austrien eine Residenz auf dem Feldberg besaß: „... so müssen wir annehmen: das Brünhildbette war zwar ursprünglich ein Lust- oder Jagdschlößchen der ‚heillosen' Königin Brünhild (Brunehildis) von Ostfranken oder Austrasien, es ging jedoch später, nach dem Verfall oder der Zerstörung des Schlößchens, dessen Namen und theilweise auch die Sage auf den Felsen über".[14]

Für Schudt stand auch fest, dass sich die Sagenfigur Brunhilde des Nibelungenliedes und der Edda nach dem Vorbild der realen merowingischen Königin entwickelte. Diese Hypothese findet in der Diskussion um den historischen Kern des Nibelungenliedes auch heute noch ihre Unterstützer. Dennoch ist der Schrift von Schudt anzumerken, dass sehr stark der Wunsch, dem Feldberg eine altgermanische Vorgeschichte zu geben, die Feder führt. Um die Datierung des Brunhildisfelsens näher an die historische Brunichild heranzurücken, führt er etwa eine Grenzbeschreibung aus dem Jahr 812 n. Chr. des Klosters Bleidenstadt bei Wiesbaden an, die sich eindeutig auf den Brunhildenstein bei Niedernhausen bezieht.[15]

Bedingt durch die Sagenbegeisterung der Romantiker, entstanden so viele Gedichte und Sammlungen, dass manchmal nicht mehr zu erkennen ist, ob ein Stoff tatsächlich

14 Schudt, Georg: Sagen vom Brünhildbette und Brünhildstein auf dem Feldberg nach Ursprung, Fortbildung und den Beziehungen zur Deutschen und Nordischen Götter- und Heldensage, Homburg v.d. Höhe 1855, S. 8.

15 Ebendort.

aus der Volkssage kommt oder eine romantische Beifügung ist. So ist in einigen Publikationen aus der Zeit Schudts zu lesen, das Grab der Brunhilde befinde sich der Sage nach unter dem Brunhildisfelsen – sicher eine Ausschmückung der bereits etablierten Theorien. Der Oberurseler Dichter Alois Henninger verfasste dazu eine historische Ballade, wie sie typisch für die Zeit war. Die reale Brunichild wurde von ihrem Neffen Chlothar gefangen genommen, und er ließ sie von Pferden zu Tode schleifen. Bei Henninger verwehrt Chlotar ihr das Grab:

„So wills der grause Neffe: Wer in der Erde Schoos bestatte sie,
den treffe der gleichen Strafe Loos.
Und daß kein Grab ihr werde, nicht an geweihtem Ort, nicht in profaner Erde, streut ihr Gebein man fort."

Doch treue Gefolgsleute riskieren die Todesstrafe, um Brunichilds Knochen zu sammeln und heimlich über den Rhein zu schaffen. An ihrem einstigen Lieblingsplatz verschaffen sie ihr ein Grab:

„Da ward von treuen Händen Brunhilden, ungeschaut,
am Fels mit hohen Wänden, ein schmucklos Grab gebaut –
am Fels, der nach der Kunde, wie Du, o Wandrer weißt, von ihr noch diese Stunde Brunhildenfelsen heißt!"[16]

Der späte Feldberg-Mythos – architektonische Projekte und Politisierung. Lauterer und Philipps

Zum Bestandteil vieler früher Feldbergschilderungen gehört dazu, wie schwierig der Gipfel zu erreichen sei. Dies mag uns heute übertrieben vorkommen, aber tatsächlich fehlte lange jede Infrastruktur, selbst, nachdem der Berg nach der Feldbergfeier von 1814 immer populärer als Ausflugsziel geworden war. Erst nach der Gründung der Feldbergfeste und des Taunusklubs nahm der Ausbau des Gipfelplateaus an Fahrt auf; 1860 entstand das erste Gasthaus. Trotzdem zerschlugen sich noch viele Pläne, ehe der Taunusklub 1901 den Aussichtsturm auf dem Feldberg eröffnete. In der Zwischenzeit waren an vielen Stellen in Deutschland Denkmäler entstanden, die auf verschiedene Arten auf die germanische Vorzeit Bezug nahmen – das Hermannsdenkmal im Teutoburgerwald, die Walhalla bei Regensburg oder die Germania bei Rüdesheim. Dass der von den Romantikern geschaffene Germanenmythos um den Feldberg heute keine Rolle mehr spielt, mag damit zu tun haben, dass kein vergleichbarer Erinnerungsort geschaffen werden konnte.

Es ist nicht so, dass es an Ideen gefehlt hätte. Die ambitionierteste davon hatte Ernst Lauterer. Der 1873 in Frankfurt geborene Kaufmann und Schriftsteller (1873–1940) stand ideologisch in einem frühen völkischen Kontext: Er sah sich selbst als Nachfahre der mythischen Völsungen und kann als praktizierender Heide bezeichnet werden. In seinem Buch „Taunusstimmen – ein Buch für Deutsche", 1901, einer Mischung aus Aphorismen, Gedichten und mehr oder weniger ideologischen Texten, sieht er die Errichtung einer Art von Nationalheiligtum auf dem Feldberg als Schlüssel zur Wiedergeburt des Germanentums. Dies wird im letzten Gedicht des Buchs „Abschied" deutlich:

„Lebt wohl, ihr ernsten Berge,
leb' wohl, du trautes Thal,
ich ziehe mit der Lerche
beim ersten Sonnenstrahl.
Träum' sanft von alten Sagen,
du Schirmstatt der Brunhild.
In langen Wintertagen
umgaukle dich ihr Bild.

16 Alois Henninger: „Brunhildens Grab." Komplett wiedergegeben in Schudt, Sagen vom Brünhildenbette ..., S. 48–50.

So träume denn und sinne! –
beim Frühlingssonnenschein
wird deine graue Zinne
von Gold umflossen sein.
Mit Staunen sollst du sehen
viel neuen Heldenruhm,
denn kräftig auferstehen
soll das Germanentum!"[17]

Lauterer wollte – so wörtlich – auf dem Feldberg ein „Olympia" schaffen, ein Nationalheiligtum, mit einem Amphitheater, Versammlungshallen, einer Art Tempel für germanische Altertümer. In einem anderen Hymnus legt er dar, wie er sich siebentägige Festspiele auf dem Feldberg vorstellt: mit Wettkämpfen, feierlichen Wanderungen an den Rhein und den Odenwald und vor allem mit einer Aufführung des „Ring der Nibelungen" des von ihm tief verehrten Richard Wagner.

Lauterers Ausführung wäre fast ein reines Hirngespinst geblieben. Er stieß jedoch auf offene Ohren mit seinen Plänen bei Landrat Ernst Ritter von Marx, der diese 1907 auch im Kreistag des Obertaunuskreises vorstellte.[18] Zur Ausführung kamen diese jedoch nicht – sie fanden bei der preußischen Staatsverwaltung und Kaiser Wilhelm II. keinen Anklang. Auch gehörte der Feldberg damals nicht zum Hochtaunuskreis. Selbst wenn die Pläne in den schwärmerischen Ausführungen Lauterers sehr utopisch klingen, so gibt es doch ein reales Referenzprojekt. In Thale konnte der Zeitgenosse Lauterers, der Schriftsteller und Vorsitzende des Harzklubs Ernst Wachler, seine Vorstellungen durchsetzen und ein Ensemble aus einem Bergtheater und der nach den damaligen Vorstellungen nordisch-germanisch anmutenden Walpurgishalle

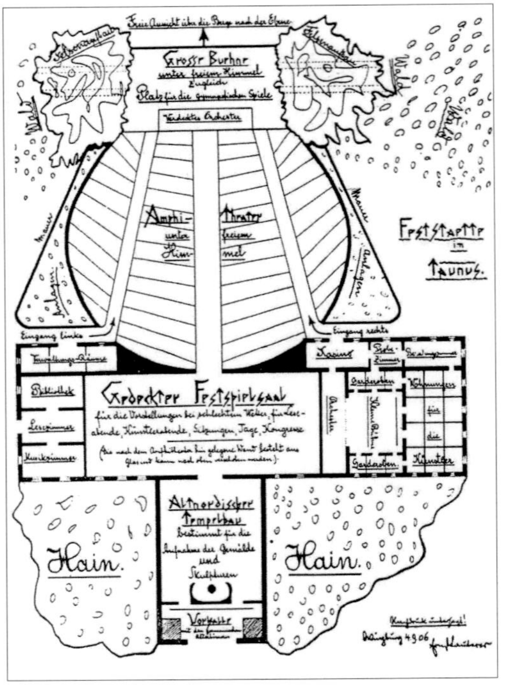

Skizze Ernst Lauterers vom Amphitheater und den anderen Bauten, die er für den Feldberg plante. Aus einem Rundschreiben Lauterers (aus: 100 Jahre Feldbergfest, Frankfurt 1956).

schaffen. Landrat von Marx empfand zwar die Thaler Gebäude als qualitativ nicht genügend, wollte aber gleichwohl den Künstler der Walpurgishalle, Hermann Hendrich, für den Feldberg engagieren.

Tatsächlich hinterließ Lauterer einige Jahre später vermutlich eines der wenigen Relikte, die heute noch an die Germanenverehrung rund um den Feldberg erinnern: Der erfolgreichste Verein bei den Feldberg-Turnfesten erhält seit 1911 das Völsungenhorn, eine prächtige Trophäe nach Art eines germanischen Trinkhorns. Die Beschläge zeigen die Szene, wie Siegfried die in der Waberlohe schlummernde Brunhilde erweckt, und in einem Gedicht darauf werden die Turner angespornt, es dem Sagenhelden gleichzutun. Die Spende des Völsungenhorns erfolgte zwar

17 Lauterer, Ernst: Taunusstimmen. Ein Buch für Deutsche, Frankfurt 1901.

18 Zu dieser Episode siehe Maier, Gregor: Olympia auf dem Feldberg? Das Projekt „Auf zum Taunus!" und sein Kontext. In: Jahrbuch Hochtaunuskreis, Bd. 18 (2010), S. 200–207.

Feldbergfest 1928, eines der ersten nach der französischen Besetzung des Feldbergs. Einige Feldberg-Dichter standen der Turnerschaft nahe oder schufen Werke für sie (KA_HG, Slg. 9, SMI 45).

anonym, doch es gibt starke Hinweise, dass Lauterer der Spender war.[19]

Bei Lauterer zeigen sich bereits starke nationalistische und rassistische Züge. Obwohl er selbst als Industriekaufmann tätig war, lehnte Lauterer die Industrialisierung und Modernisierung seiner Umgebung ab. Lauterer wandte sich auch vom Christentum ab. Sein Buch „Taunusstimmen" enthält mehrere antisemitische Passagen, von denen sich der Verleger Reinhold Mahlau vom Regionalverlag Schirmer & Mahlau gleich im Vorwort distanzierte. Nach dem Ersten Weltkrieg publizierte Lauterer nicht mehr. Wie viele frühe Anhänger völkischer Ideen wandte er sich nach dem Ersten Weltkrieg dem Nationalsozialismus zu. Er pflegte Kontakte zu anderen esoterisch-germanentümelnden Privatgelehrten, wie sie im Umfeld der SS und ihres „Ahnenerbes" zu finden waren. Lauterer fiel möglicherweise persönlich bei Himmler in Ungnade und kam 1939 ins Konzentrationslager Buchenwald, wo er umkam.

Nach dem Ersten Weltkrieg war ein Teil des Rhein-Main-Gebiets, darunter auch der Feldberg, französisch besetzt. Die Feldbergfeste wurden verboten und mussten im unbesetzten Gebiet veranstaltet werden. Nun erfuhr der Feldberg-Mythos eine letzte Umdeutung und Ergänzung: Der schwärmerische Bezug auf die altgermanischen Sagen trat in den Hintergrund, der Feldberg als symbolischer Ort für den Widerstand gegen die äußeren Feinde Deutschlands in den Vordergrund. Nach dem endgültigen Abzug der alliierten Truppen 1930 gab es eine große „Freiheitsfeier" auf dem Feldberg. In einem Beitrag des Höchster Kreisblatts 1930 zeigt sich das veränderte Geschichtsbild:

„Vor 2.000 Jahren lief über seinen Rücken [...] der Limes; er bildete durch zwei Jahrhunderte die Grenze zwischen dem römischen Weltreich und den Gauen unserer

19 Ausführlich zur Person Lauterers Ernst, Eugen: Das Völsungenhorn, die begehrte Siegestrophäe der Feldbergfeste. In: Jahrbuch Hochtaunuskreis 9 (2001), S. 125–133.

germanischen Vorfahren – den Katten. Am Westabhang finden wir das Römerkastell, wenige Kilometer östlich die Saalburg und das Kastell Kapersburg als römische Zwingburgen zur Unterwerfung und Niederhaltung der Germanen [...]. Die feierliche Stille wurde durch die einmarschierenden Kolonnen der Franzosen im Jahre 1918 unterbrochen. Der Feldberg wurde der wichtigste strategische Punkt des besetzten Gebietes und zugleich die am weitesten nach Osten vorgeschobene feindliche Bastion. Auf seinem Rücken etablierte sich eine starke Garnison weißer und farbiger Truppen; vor seinem Turm spannten sie die Antennen ihres Funktelegraphen. Nun ist das alles vorüber. Die Heimat ist endlich wieder freies, deutsches Land".[20]

Nichts mehr von Siegfried und Brunhilde also, sondern der Limes und der Kampf zwischen Römern und Germanen stehen hier im Vordergrund.

1934 wurde – offenbar einmalig – begleitend zum Feldbergfest ein aufwändiges Freilichtspiel veranstaltet, an dem 3.000 Besucher teilgenommen haben sollen. Den Text der Aufführung verfasste Wilhelm Konrad Philipps (1884–1963). Der Lehrer und Schriftsteller hat unter dem Namen „Onkel Kuneroad" heute noch eine gewisse Bekanntheit als Mundartdichter in seiner Heimatstadt Friedberg. Er versuchte offenbar, an der zu Beginn des Dritten Reiches populären Laienspielbewegung teilzuhaben, und verfasste mehrere Theaterstücke – darunter „Das Wölsungenhorn".

Das Stück war zweiteilig: Der erste Teil behandelte die Brunhildensage. Der zweite war nach der Art eines Zwiegesprächs zwischen einigen Turnern und ihrem „Dietwart" gestaltet. Der Dietwart sollte in Sportvereinen die nationalsozialistische Einstellung etablieren und kontrollieren. In dem Stück rekapitulieren die Turner die Geschichte des Feldbergs von den germanischen Anfängen bis zum Dritten Reich – die Feldbergfeier von 1814, das Feldberg-Turnfest ab 1844, aber auch die französische Besetzung wird behandelt. Philipps arbeitete frühere bekannte Gedichte etwa von Friedrich Stoltze oder Ernst Moritz Arndt in den Text ein und erstellte so eine Art Collage der Feldberggeschichte und -lyrik im Geist des Dritten Reiches. Eine plumpe Anbiederung an die neue nationalsozialistische Regierung durchzieht das Gedicht. Immer wieder stellt Philipps die Kleinstaaterei und den Föderalismus der „Einigkeit" in Deutschland gegenüber, die erst Adolf Hitler garantiert habe, etwa in dieser Passage:

„Ein Turner lebhaft:
Und Freiligrath war damals auch dabei.
Die fragten weder nach Rang und Stand,
Ihr Ziel war ein einiges Vaterland!
Ein Turner:
Das war Adolf Hitler vorbehalten!
Der trotzte sieghaft den schlimmsten Gewalten!
Was Freiligrath 1870 im Liede gesungen,
das ist im Dritten Reich errungen:
Schwaben und Preußen Hand in Hand,
der Nord, der Süd ein Heer!
Was ist des Deutschen Vaterland?
Wir fragens heut nicht mehr.
Ein Geist, ein Arm, ein einz'ger Leib
Ein Wille sind wir heut!
Hurra Germania, stolzes Weib, hurra du große Zeit!"[21]

Ist bereits zu Beginn des Theaterstücks von Siegfried als „Retter aus dem Wölsungengeschlecht" die Rede, so gipfelt es im Finale

20 Höchster Kreisblatt, 01.07.1930.

21 Philipps, Wilhelm: Das Wölsungenhorn, ein Feldbergspiel zum 81. Feldbergturnfest am 16./17. Juni 1934, Friedberg 1934.

in einer Art heilsgeschichtlicher Wendung: Adolf Hitler kehrt als geistiger Nachfolger der Sagenhelden zurück:

„Der unbekannte Gefreite aus dem gewaltigen Krieg,
der wurde zum Feldherrn und errang den Sieg:
Adolf Hitler, der getreue Ekkehard,
der heldische Kämpfer mit Wölsungenart!
Er schlug die Feinde mit heiligem Zorn!
Sein Mut und sein Geist lebt im Wölsungenhorn!"

Die Geschichte des Germanenmythos auf dem Feldberg zeichnete oft auch das allgemein in Deutschland vorherrschende Germanenbild nach: von den sehnsuchtsvollen Anfängen der Romantiker, welche die Germanen in ihrer eigenen Welt wiederentdecken und so eine Verbindung zur deutschen Vorzeit schaffen wollten, zur politisierten und nationalistischen Sichtweise, in welcher die Nationalsozialisten selbst das Erbe der Gestalten aus der Sage antreten.

Die Nachkriegsjahre brachten eine schroffe Abkehr von der Germanentümelei des Dritten Reiches. Noch mehr trug zur Entmythologisierung bei: Wintersport und Feldbergrennen leiteten in den 1920er Jahren den Weg zur modernen Freizeitkultur ein, welche den Großen Feldberg heute dominiert. Durch die Umgestaltung des Plateaus, beginnend in den 1930er Jahren mit dem Bau von Parkplätzen und des Funkturms an der Südseite, rückte der Brunhildisfelsen auch optisch in den Hintergrund.

Stefan Soltek

Im Gespräch und Zur Rede gestellt –

Anja Harms und Eberhard Müller-Fries. Bücher und Buchskulpturen

Rauminstallation, Künstlerbücher und Skulpturen in der „Kalevala-Ausstellung" im Klingspor Museum Offenbach, 2014.

Das Buch ist – über Epochen hinweg – den Lesenden so selbstverständlich gewesen, wie es Betrachter*innen nur in einzelnen Untergattungen (Kinderbuch, Fotobuch) wahrnehmen. Die Geschichte der Buchstäblichkeit, die zum Text gerinnt, ist dem Buch so eigen, dass es nur ausnahmsweise den Wunsch transportiert, das im Wort Bezeichnete auch in einer ungeschriebenen Form- und Farbgebung zur Aussage zu bringen. Es hat immer schon einen gehobenen Anspruch vorausgesetzt, dem Buch diese beidseitige Qualität des Textlichen und Bildlichen zuzuführen. Und die so ausgestalteten Werke, ob Kinder-, Sport-, Gartenbücher etc., haben nicht vermocht, über dieses Potenzial dem Buch noch höhere Anerkennung zu bringen. Die Qualität des Gestalterischen wird nur von wenigen Nutzern wirklich erkannt. Häufiger steht zu erwarten, dass das Bildliche als Dekor und tatsächlich eher als störend empfunden wird, wo es um die Herausgabe eines ernsten, literarischen oder wissenschaftlichen Buchs geht. Illustration hat da nur fallweise einen Platz, und der ist dann streng Information unterstützend.

Bis heute bewegen sich solche Bücher, die von der Vorstellung leben, es könne ein künstlerisches Anliegen in ihnen Verwirklichung finden, in einer kleinen Nische. Also nicht Buch als Kunst-Band, sondern als Kunst-Werk.

Und wenig Verständnis besteht dafür, dass von einer solchen Haltung her, die Dinglichkeit, besser die Beweglichkeit des gebundenen Buchs, seitenweise einer bestimmten Regieführung unterworfen werden kann, um Aussagen zu pointieren. Sie überraschend zu portionieren, proportionieren, zu propagieren.

Das Buch gibt sich dann nicht mehr unbedingt dem Nutzen eines stringent von vorne nach hinten abzuleitenden Textflusses hin, sondern erlebt eine alternative Akzentsetzung, die komplexere Formen von Einbringen und Auslesen anliegender Information entwickelt. Es kann aber auch in Abschnitten funktionieren, die bald an der einen, bald an der anderen Stelle (Seite) vorgenommen werden. Dieses oder jenes Wort, diese oder jene Zeile, Strophe, das eine und andere Gedicht können zur Akzentuierung Momente der Fixierung, der Dehnung, des Einhaltens oder Vorwärtskommens erhalten. Je mehr Chancen und Facetten dem Buch eingeräumt werden, desto raumgreifender vermag es sich als Variables zu beweisen.

Buchskulptur „Schiffsholz für den Sänger", Kaltnadelradierungen, Handsatz, Buchdruck, 2014.

In diesem Sinne agieren Anja Harms und Eberhard Müller-Fries; in wenigen Jahren haben sie es vermocht, eine Wirk-Weite ihrer Buchwerke auszuspannen, die eindrucksvoll ist. In ein Begriffsbild gefasst, lässt sich ihnen als Formel zuschreiben:

Im Gespräch und Zur Rede gestellt – denn ihre Bücher haben zu reden. Zur Rede gestellt – denn: Da stehen sie – Bücher, so groß und gewichtig, dass sie auf der Fläche eines Lesetischs Platz nehmen, aber mehr noch: so groß, dass sie frei im Raum stehen. Bald mannshohe Leporellos, an Fassungen aus Holzstreifen montiert, sodass ihr Stehen im Raum sie zu Partnern eines Dialogs mit dem vor sie tretenden Betrachter macht. Der ist zur Rede gestellt. Er wird sich, von der Exklusivität dieser Bücher angezogen, nicht der Forderung widersetzen können, die ihn ins Gespräch lockenden Gebilde und die in ihnen platzierten Texte mit seinem Ansehen und Anerkennen zu begegnen. Findet das in einer der zahlreichen Ausstellungen der beiden Protagonisten statt, wird sich unweigerlich der Eindruck einstellen, die eigene Begegnung einbezogen zu sehen in diejenige, die zwischen den Exponaten selbst zu beobachten ist. Sie stellen einander zur Rede, und das gehört zum Konzept der Arbeit. Wo immer sie vorkommen – sie setzen den Raum in Spannung und somit den, der ihn durchmisst.

Anja Harms ist Buchkünstlerin, Eberhard Müller-Fries Bildhauer – könnte man beim ersten Blick auf die jeweilige Vita der Künstlerin und des Künstlers meinen. Doch diese Kontrastierung stimmt so nicht. SIE ist von jeher mit einem starken, geschulten Empfinden für das Objekt im Raum unterwegs. ER schon vor der gemeinsamen Arbeit mit ihr dem Buch zugewandt, in Form von Büchern, die massive Holzstücke als Einband von grafisch bearbeiteten Büttenseiten aufweisen. Beide belegen mit ihren je eigenen Werken die kontinuierliche Entwicklung hin zum Plastischen (Harms), hin zum Grafischen (Müller-Fries), und sind sich ähnlich in der Auslotung von vehementen und zarten Äußerungsweisen.

Künstlerbücher prägen das Schaffen von Anja Harms seit Abschluss ihrer Ausbildung an der HfG Offenbach. Sie ist eine weit beachtete, erfolgreiche Künstlerin, die sich mit großer Konsequenz und Eindringlichkeit ihre Sprache im Buch, seiner Form, seiner Haptik, seiner Bewegungsform und als Behausung einer sich treuen Art des Grafischen erobert hat. Nicht die Attitude, nicht das Kunststück ist ihr Geschäft, nicht die Verliebtheit ins Material und nostalgische Anwandlung im Hinblick auf verblassende Drucktechniken – vielmehr ist sie gewachsen in ihrer Haltung gegenüber Literatur, deren Zauber sie erreicht, den sie fortwirken lässt in besagter Sprache, die ihr Buch zu dieser Literatur sichtbar macht.

Eberhard Müller-Fries beweist Gespür für das Organische. Seine Holzarbeiten bringen das Gewachsene in die Form des jeweiligen Werks. Diese innere Verfasstheit des Materials überträgt der Künstler in eine Formensprache, die Ausdehnung in den Raum veranschaulicht. Dieselbe Motivation liest sich von den Seiten seiner Bücher ab. Die Spannung zwischen kräftigen und feinst verästelnden Linien bringt ein Mäandrieren des Linearen in Gang,

Künstlerbuch „Kalevala · Krähe, bring mir meine Tränen", Linolschnitte, Handsatz, Buchdruck, 2010.

die sich in erstaunlicher Weise komplementär zum kanonisierten Leserhythmus verhält. Was nicht buchstäblich gelesen werden kann, erschließt sich gleichwohl dem Auge als Sprache von Spuren, denen nachzugehen ist.

In der Zusammenarbeit der beiden Kunstschaffenden bildet das Kalevala Epos, Finnlands literarischer Gründungsmythos, den ersten Nukleus. Es leitete beide Künstler an, aus den Erzählungen rund um die Topoi Landnahme, Naturgewalten, menschliches und übermenschliches Kräftemessen, Stammesfehden, schließlich die Sage um den Samponen in einer Weise zu lesen, die ihnen mehrere Schichten der Reaktion an die Hand gaben. Da sind Textstellen, die in Büchern ihre neue Lesart finden. Da sind Materialarbeiten, insbesondere das Verkohlen von Holz, die Atmosphäre rezipieren und neu schaffen. Da sind Arrangements von Holzkörpern, die – schiffsähnlich – ein Wesentliches des Epos anmuten lassen.

Doch viele andere Werke der Literatur, oft des 20. Jahrhunderts, finden sich in die Werke beider Künstler einbezogen. Paul Celan, Erich Fried, Hans Arp – es ist immer wieder ein experimentvolles Sprachtasten, das dank austreibender Wortfahnen so viel Räumlichkeit aufkeimen lässt, wie das Wirken der bildenden Künstler in die Dimensionen des Grafischen, Skulpturalen, des Buchs umzuformen versteht.

Lesen geschieht linear. Und, ja: Gelesen werden kann in den Büchern – hier ein Textstück und weiter fort ein zweites und drittes. Aber eigentlich scheint den Werken von Harms und Müller-Fries eine andere Weise des Wahrgenommen-Werdens eigen. Das Umgehen der Hände und Augen mit den Büchern und Buchobjekten schafft Erlebnisse über das Worttextliche hinaus. Ein gesamter Organismus ist vor uns und will erfahren werden.

Es spricht Bände, wie die beiden Künstler ihre Bücher und Skulpturen, ihre Skulpturen als Bücher und diese als Objekte so verweben, dass bei aller Bedeutsamkeit eine sich selbst haltende Gesamtform entsteht, der Aura gegeben und Affektiertheit fremd ist. Sie machte von sich reden im Kunstverein Artlantis in Bad Homburg wie im Klingspor Museum, Offenbach, und in den Buchweiten der Herzog August Bibliothek, Wolfenbüttel.

Künstlerbuch „Erich Fried · Meer", farbige Kaltnadelradierungen, Handsatz, Buchdruck, 2015. Alle Abbildungen zeigen gemeinsame Arbeiten von Anja Harms und Eberhard Müller-Fries.

Seit langem hat sich mit der Wirkkraft des Künstlerbuchs, seiner enormen Vielseitigkeit in Form und Inhalten, auch eine gesunde Skepsis mitentwickelt, das Medium nur monokulturell zu entfalten. Zu stark erwiesen und erweisen sich Änderungen im Lesen, im Sehen, in der Zeitdauer konzentrierter Rezeption, nicht zuletzt in der Spannung zwischen Ding und Bildschirm, als dass nicht eine Abtastung der Nachbarschaften für das Buch immer wichtiger wird. Das grafische Mappenwerk, das Gemälde, die Collage, die Sammelbox – es sind viele Grenzgänge, die von Künstlerinnen und Künstlern unternommen werden.

Eine neue Begegnung zwischen Objekt und Buch, Buchobjekt und Künstlerbuch findet im Schaffen von Anja Harms und Eberhard Müller-Fries neue Beweiskraft. Die Kontraste zwischen dem Hauchfeinen des Papiers und der Blockschwere des Holzes, zwischen dessen dunkler Ton-in-Ton-Polychromie und der Starkfarbigkeit vieler Linolschnitte, zwischen der hohen, eleganten Schlankheit der Stehbücher und dem Querverlauf gedruckter und gestempelter Textzeilen – alles ist gelenkt und getragen von einer Harmoniefähigkeit, die auf einer glücklichen Grundgestimmtheit zweier Persönlichkeiten und ihrem Verständnis für Visualisierung beruht.

Gerta Walsh

Von Homburg zur Schatzinsel

Leben des Robert Louis Stevenson

Robert Lewis Balfour Stevenson

…so sein voller Name, kam am 13. November 1850 als einziges Kind des Leuchtturm-Ingenieurs Thomas Stevenson und seiner Frau Margaret geborene Balfour im schottischen Edinburgh zur Welt. Seine schwache Gesundheit, die er von seiner lungenkranken Mutter geerbt hatte, verhinderte einen regelmäßigen Schulbesuch, regte aber durch die daraus resultierenden vielen Ruhezeiten und das Lesen seine Fantasie an. Die finanziell gut gestellte Familie hoffte, er werde beruflich den gleichen Weg einschlagen wie sein Vater und Großvater und ebenfalls Leuchtturm-Ingenieur werden. Doch dafür zeigte der Junge kein Interesse. Aber er las viel und beschäftigte sich mit seinen Theaterfiguren aus Pappe, mit denen er Dramen und Abenteuergeschichten nachspielte.

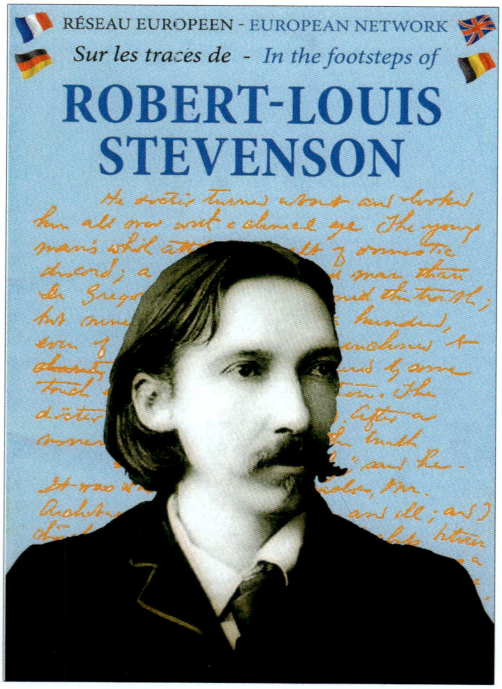

Robert Louis Stevenson, hier abgebildet auf der Broschüre der Stevenson-Gesellschaft von 2019.

Das raue Klima Edinburghs gab Anlass zu oft monatelangen Aufenthalten der Familie im Ausland. 1862 reiste man nach Frankreich, in die Schweiz, nach Italien und zu einem Kuraufenthalt nach Homburg vor der Höhe. Der junge Stevenson war zum Kummer seiner im Calvinismus fest verwurzelten Eltern nicht religiös, was sie aber tolerierten. Als die Frage seines zukünftigen Berufs aufkam, äußerte er den Wunsch, Schriftsteller zu werden. Sein Vater erklärte sich damit einverstanden, sofern er zuerst eine feste Berufsausbildung durchlaufen würde. Diese Voraussetzung erfüllte er durch ein Jurastudium, dem 1872 (er war 22 Jahre alt) der Erhalt des Anwaltspatents für Schottland folgte. Diesen Beruf übte er zwar nie aus, doch in einigen seiner Schriften beschäftigte er sich mit juristischen Fragen.

Im Alter von 25 Jahren änderte Stevenson seinen zweiten Vornamen Lewis (der englischen Schreibweise) zur französischen Form Louis, und so ging er in die Literaturgeschichte ein. Sein zukünftiges Leben bestand aus vielen Reisen durch Europa, vor allem nach Frankreich, doch auch der Gesundheit wegen in die Schweiz und sogar in die Vereinig-

Beim Osterglockenfest in Montcourt (Frankreich) führt Stevenson 2017 seine Eselin „Modestine" (Foto: Isolde Duvaud).

„Die Schatzinsel", hier eine Ausgabe erschienen im Cecilie Dressler Verlag, Hamburg 1990.

ten Staaten von Nordamerika. Diese Reisen können nicht immer die reine Freude gewesen sein, bedenkt man, welchen Strapazen man in jenen Jahren ausgesetzt war. Stevenson zog öfters Fußwanderungen vor, um die Menschen anderer Länder besser kennenzulernen. Seiner Veranlagung entsprechend interessierte er sich dabei für Künstler und ihre Werke. Viele seiner Schriften entstanden aufgrund seiner Reiseerfahrungen.

Die 1879 erschienene Erzählung „Reise mit dem Esel durch die Cevennen" machte nicht nur seinen Namen, sondern auch die Eselin, „Modestine" (die Bescheidene) bekannt.

Im Jahr 1881 entstanden die ersten Kapitel seiner Abenteuer-Erzählung „Die Schatzinsel", die später einige Male verfilmt und bei uns auch in einer Fernsehserie verwandt wurde.

Angeregt wurde der Autor durch Daniel Defoes „Robinson Crusoe" und durch die spannungsvollen Novellen von Edgar Allan Poe. Stevenson gab in einem Essay offen zu, welchen Einfluss diese Schriftsteller auf ihn und auf seine Werke nahmen. In der damaligen Zeit waren in England Abenteuerromane sehr beliebt und fanden viele Leser. Diesen Trend nutzte Stevenson und stellte romantisches Geschehen in eine realistisch geschilderte Wirklichkeit. Im Mittelpunkt der „Schatzinsel" steht Jim Hawkins, ein sehr sympathisch dargestellter Junge. Er ist wagemutig, furchtlos und damit geeignet,

Jugendliche zu begeistern – sofern sie heute überhaupt noch Bücher lesen. Die Gestalt des John Silver mit dem Holzbein zeichnete der Autor als einen niederträchtigen, listigen und brutalen Seeräuber, der aber auch einige gute Charaktereigenschaften wie Tapferkeit und manchmal sogar Hilfsbereitschaft besitzt. Hierin zeigt der Autor, dass ihm nicht an einer reinen Schwarz-Weiß-Malerei liegt.

In der Erzählung „Die Entführung", die in seinem heimatlichen Schottland spielt, lässt Stevenson die Hauptfigur sagen: „Keine Menschenklasse ist durchaus schlecht, jede hat ihre Fehler und ihre Tugenden." Auch „Catrina" ist typisch schottisch. Die drei eben genannten Werke hielt der Verfasser für seine besten. Die Novelle „Der seltsame Fall des Doktor Jekyll und Mister Hyde", die Darstellung einer Persönlichkeitsspaltung, steigerte die Popularität Stevensons und wurde wie die „Schatzinsel" wiederholt verfilmt. „Der Flaschenteufel" erlebte die Verfilmung mit deutschen Filmstars der 1930er Jahre: Brigitte Horney und Albin Skoda. Die oft gewalttätige Geschichte seiner schottischen Heimat ist in einigen seiner Erzählungen dargestellt.

Für den heutigen Geschmack eher schaurig als schön kommt „Der Junker von Ballantrae" daher. Hier geht es um einen indischen Fakir, der seinen Scheintod herbeiführt, begraben wird, aber nach einiger Zeit in der Wildnis Kanadas wieder ins Leben zurückkehrt. Die beiden Brüder, die hier geschildert werden, repräsentieren das Gute und das Böse im Menschen. Dabei steht der sympathische Schurke dem nicht so liebenswürdigen Guten gegenüber.

Dies war nur eine kleine Auswahl der Werke Stevensons. Insgesamt hinterließ er 21 Erzählungen, acht Romane, Reisebeschreibungen, Dramen, Gedichte, Südsee-Erzählungen und Briefe. In Deutschland erschienen in den Jahren 1924 bis 1926 seine gesammelten Werke in zwölf Bänden.

Doch kehren wir zurück zum Verlauf seines Lebens. 1876 lernte er in Frankreich die verheiratete Amerikanerin Fanny Osbourne kennen, die zehn Jahre älter war als er und zwei Kinder hatte. Die beiden verliebten sich ineinander, und Fanny ließ sich im Jahr danach in Kalifornien von ihrem Ehemann scheiden. Trotz der heftigen Opposition der Familie Stevenson heiratete das Paar 1880 in San Francisco und nahm auch die Kinder zu sich. Es folgten nun zahlreiche Reisen in die Schweiz, nach Südfrankreich, in die USA, sowie Seereisen nach Hawaii, Australien und in die Südsee. Dort ließ sich der inzwischen schwerkranke Stevenson mit seiner Frau und seinen Stiefkindern auf der Samoa-Insel Upula nieder, wo er im eigenen Domizil Vailima bis zu seinem Tod lebte. Er starb am 3. Dezember 1894 an einem Gehirnschlag, wurde also nur 44 Jahre alt.

Familie Stevenson in Homburg

In seinem letzten Lebensjahr erinnerte sich Robert Louis Stevenson gern an den Aufenthalt in Homburg im Jahr 1862. 1909 erschienen seine Lebenserinnerungen, in denen jene Zeit einen erstaunlich weiten Raum einnimmt. Auch seine Mutter hielt diesen Kuraufenthalt schriftlich fest, sodass wir uns ein lebhaftes Bild machen können, wie eine schottische Familie der Upperclass Homburg vor der Höhe erlebte. Die Frage, warum die Stevensons gerade Homburg zu ihrem Kuraufenthalt wählten, ist leicht zu beantworten. Durch die Wiederentdeckung der Elisabethenquelle im Jahr 1834 galt Homburg als Heilbad bei Magen- und Darmerkrankungen, und Vater Stevenson litt darunter. Erkrankungen der oberen Luftwege, und zu diesen Patienten gehörte seine Frau, konnten mit dem Ludwigsbrunnen gelindert werden. Zu den weiteren Vorteilen Homburgs gehörten das gute Klima und die neuerdings verkehrsgünstige Lage, denn seit 1860 gab es die Verkehrsanbindung an das

Gedenktafel am Haus Kisseleffstraße 3, die am 5. November 2018 enthüllt wurde durch Oberbürgermeister Alexander Hetjes, Gerta Walsh und Dr. Matthias Setzer, Fachbereichsleiter für Kultur & Bildung der Stadt Bad Homburg (v.l.n.r.) (Foto: Bernd Ehmler).

europäische Netz durch die Eisenbahn mit ihrem Bahnhof an der Stelle unseres heutigen Rathauses. Wichtig für eine Atmosphäre der Gesundung war das abwechslungsreiche gesellschaftliche Leben, organisiert und finanziert von der Spielbank.

Zur Reisegruppe aus Edinburgh gehörte neben der Familie Stevenson auch Mr Mackintosh Balfour, Robert Louis' Onkel. Ihre Reise begann am 3. Juli 1862, und am 5. Juli hatten sie Brüssel erreicht. Jetzt ging es per Eisenbahn über Aachen, Köln bis Koblenz. Den 10. Juli verbrachten sie bei einer Rheinfahrt nach Rüdesheim, wo sie am nächsten Tag wieder einen Zug nahmen und bis Frankfurt fuhren. Hier wurde übernachtet, und am folgenden Morgen erreichten sie ihr Ziel Homburg.

In der Kisseleffstraße 3 bei der Besitzerin Louise Zahn fanden sie ab dem 12. Juli passende Zimmer und blieben hier bis zum 8. August. In der „Homburger Kur- und Badeliste", in der alle neu eingetroffenen Gäste vermerkt wurden, lautet die Eintragung:

Herr Mackintosh Balfour aus London
Herr Thomas Stevenson aus Edinburgh
Mrs. Stevenson aus Edinburgh
Herr R. L. Stevenson aus Edinburgh

Mit dieser Eintragung erschien der Name des später so berühmten Schriftstellers zum ersten und letzten Mal in einer deutschen Kurliste oder bei der Anmeldung in einem Hotel in Deutschland.

Zu der Kur-Villa, die sich die Stevensons ausgesucht hatten, gibt es noch einiges zu sagen. Das vom örtlichen Baumeister Westerfeld entworfene und 1844 erbaute Haus steht unter Denkmalschutz: Es ist ein Kulturdenkmal aus architekturgeschichtlichen Gründen. Der Bau ist zweigeschossig und weist im ersten Stock einen drei Fenster umfassenden Balkon auf, der seiner Ornamentik wegen in der Denkmaltopografie der Stadt Bad Homburg durch ein gesondertes Foto dokumentiert ist. Das recht einfach aussehende Haus gehörte damals zu den beliebten Quartieren von Kurgästen, die ihrer Gesundheit wegen hierhergekommen waren und auch Unterhaltung suchten. Von hier aus war es nicht weit zum Kurpark mit den Brunnen und zum Kurhaus. Was die Stevensons nicht wissen konnten, interessiert uns heute: In diesem Haus, vielleicht sogar in ihren Zimmern, hatte vom 19. Mai bis zum 5. Juni 1845 der russische Dichter Nikolai Gogol (1809–1852), Schöpfer russischer Prosadichtung, gewohnt. Seine Komödie „Der Revisor" gehört noch heute zum Repertoire deutscher Bühnen.

Heute interessiert auch, wie Stevenson Homburg vorfand und welchen Eindruck die kleine Stadt auf ihn machte. Wenn er damals auch erst elf Jahre alt war, so gehörte er doch zu den in jener Zeit seltenen so jungen Reisenden. Homburg hatte im Jahr 1862 nur 7.000 Einwohner, aber 13.000 Kurfremde, wie man die Gäste damals nannte. Sie hielten sich aber nur während der Saison hier auf, die von Mai bis Oktober dauerte. Es war die Regel, und darin bildete das Ehepaar Stevenson keine Ausnahme, dass der Kurgast gleich nach seiner Ankunft einen Arzt aufsuchte und nach der Untersuchung die Anweisungen für die Anwendung der sechs Heilquellen erhielt. Das Mittel gegen sein Magenleiden war aber nicht, wie man erwarten konnte, das Wasser eines Brunnens, sondern – Ziegenmilch! Dieses Heilmittel, das häufig in der Schweiz angewendet wurde, gab es seit 1859 auch in Homburg.

Die „Appenzeller Milchwirtschaft", wie sie hier genannt wurde, lag mit den Ställen dort, wo sich heute an der Kisseleffstraße am Kurpark das Restaurant „Zum Römerbrunnen" befindet. Diese Heilmethode war in Homburg noch ganz neu, nachdem der Apotheker Dr. Hoffmann von der „Engel-Apotheke" in der Schweiz entsprechende Untersuchungen angestellt hatte. Mrs Stevenson trank eine der Heilquellen, wie sie in ihrem Tagebuch vermerkte. Vielleicht versuchte sie auch die Ziegenmilch, die bei Erkrankungen der Atemwege Linderung schaffen sollte.

Nun ergab sich für die Kurgäste aus Edinburgh folgender Tagesablauf. Aufstehen um 6.30 Uhr, Gang in den Kurpark und dort Einnahme der Milch und des Brunnenwassers, anschließend längeres Promenieren im Kurpark bei musikalischen Klängen der Kurkapelle, dann endlich um 9 Uhr Frühstück; Lunch als Zwischenmahlzeit um 13 Uhr, gefolgt von weiteren Spaziergängen, das Leben in der Stadt beobachtend. Man schrieb manchmal Briefe, ruhte sich bei der aufkommenden Hitze unter schattigen Bäumen aus oder besuchte im Kurhaus den Lesesaal, wo alle wichtigen europäischen Zeitungen frei zur Verfügung standen. Vermutlich wartete man mit Ungeduld, bis es 17 Uhr wurde, wenn man im nahe gelegenen „Russischen Hof" die Hauptmahlzeit einnahm. Dieses Hotel wurde später zur „Weigand Stiftung" und ist nach deren Abriss heute unser Kurstift. Im Speisesaal des „Russischen Hofes" dinierten um diese Zeit 40 bis 60 Personen, die sich meist an 13 verschiedenen Gerichten labten. Bei diesem Leben ist es kein Wunder, dass Mrs Stevenson an Gewicht zugelegt hat. In ihrem Tagebuch macht sie allerdings die Heilquelle dafür verantwortlich, gibt aber gleichzeitig zu, dass ihr Mann und sie jetzt zu den Mahlzeiten anstelle von Wein bayrisches Bier trinken!

Da Robert Louis bei seinem Alter von elf Jahren nicht alleine in der Stadt unterwegs sein konnte, müssen wir uns diesen sicher öfter gelangweilten Jungen im Schlepptau seiner Eltern vorstellen. Zur Schlossbesichtigung ging er sicher gern mit, denn er war ja ein aufgeweckter Junge. Vermutlich schloss er sich der Meinung der Mutter an, die in ihren Aufzeichnungen die vom Schlossführer gezeigten Gemälde in ihrer Ausführung nur als

So zeichnete Pfarrer Ernst Vömel die Appenzeller Milchwirtschaft in den Kuranlagen (© Städtisches historisches Museum).

„von geringer Qualität" einschätzte. Auch die Tatsache, dass hier die 1840 verstorbene Prinzessin und spätere Landgräfin Elizabeth, eine Tochter König Georgs III., 28 Jahre lang gelebt hatte, beeindruckte sie nicht sonderlich. Interessanter war ein Bild der Herzogin von Kent mit ihrer kleinen Tochter Victoria, die seit 1837 Königin von Großbritannien und später auch Kaiserin von Indien war.

Das Schloss selbst gefiel dieser Besuchergruppe nicht; sie fanden es „verlassen und herabgekommen", die Gartenanlagen vernachlässigt. Mit diesem Urteil standen die Stevensons nicht allein. Zur Zeit ihres Homburg-Besuchs war der Besitzer, Landgraf Ferdinand von Hessen-Homburg, 79 Jahre alt und lebte zurückgezogen im oberen Stockwerk der Orangerie. Um das Aussehen seiner Umgebung kümmerte er sich nachweislich kaum.

Die Stevensons lernten einen Schlossflügel gut kennen, denn sie besuchten regelmäßig den in der Stadtkirche, der heutigen Schlosskirche, für Engländer abgehaltenen

Gottesdienst. Zwar hatte man in Homburg 1860 mit dem Bau einer englischen Kirche nahe der Louisenstraße begonnen, aber die Einweihung fand erst acht Jahre später statt. Für die ausländischen Kurgäste stand aber Reverend Butler zur Verfügung. Familie Stevenson nahm an Sonntagen zweimal an seinen Predigten teil. Dazwischen spazierten sie im Schlossgarten, vermutlich rund um den Teich. Robert Louis erinnerte sich später gern an die im Teich schwimmenden Karpfen, die er mit Brot füttern durfte. Sonst gab es kaum Abwechslung für ihn, vor allem vermisste er Jungen seines Alters.

Ein anderes wichtiges Gebäude in Homburg jener Zeit war das vom Spielbankpächter François Blanc finanzierte Kurhaus, das sich, im Gegensatz zum Schloss, gepflegt darstellte. Im Jahr 1862 erlebten die Stevensons Homburgs erstes Kurhaus mit seiner Erweiterung von 1850. Obwohl alle dortigen Einrichtungen voll genutzt wurden, arbeitete man zugleich an jenem Prachtbau, der später als „Feenpalast" bezeichnet wurde und der 1945 einem Bombenangriff zum Opfer fiel. Auch im noch unfertigen Zustand hinterließ dieses Kurhaus beim jungen Stevenson einen nachhaltigen Eindruck. In seinen Aufzeichnungen über jene Zeit, die in der National Library of Scotland aufbewahrt werden, kann man dies nachlesen. Hier heißt es: „Dieses glorreiche Haus im Garten, das alle Tage mit Gold und Silber sang, die barbarische Pracht seiner Dekoration, der Goldsaal, die Maserung auf den Tischen [...]" All dies muss ihn stark berührt haben.

Die Erweiterung des „Goldsaals" führt uns in das Herzstück dieses Gebäudes, in das Spielcasino. Dabei ist es erstaunlich zu erfahren, dass der erst elf Jahre alte Junge die Spielbank überhaupt betreten durfte. Heute wäre das unter keinen Umständen erlaubt. Manchmal nahm sein Vater ihn mit, und er wanderte um die voll besetzten Tische herum und beobachtete die Spieler. Wie man anhand seiner Ausführungen nachvollziehen kann, hatte der Vater ihn vor dem Betreten des Casinos mit den negativen Seiten des Glücksspiels vertraut gemacht und das Spiel selbst als nicht nachahmenswert dargestellt. Die Einschätzung des Jungen war klar: „Es war ein lasterhaftes Haus, das wusste ich." So schrieb er über diese Erfahrungen 33 Jahre später im Manuskript zu einem geplanten Buch mit dem Titel „Random Memories" (Zufällige Erinnerungen).

Was aber macht ein Junge in der Spielbank, in der er sich ja nicht aktiv betätigen darf? Stevenson gibt uns die Antwort. Er bewunderte die Diener in ihrer Livree und wusste, dass einige von ihnen, die fast regungslos an der Wand standen, ihre Umgebung und vor allem natürlich die Spieler fest im Auge behalten mussten. Dabei beobachtete er, dass der Mann so unauffällig wie möglich scharf blickte. Typisch für einen fantasiebegabten jungen Menschen stellte er sich neben den Diener, der wohl ein Kriminalpolizist war, und versuchte, den Gesichtsausdruck des Mannes nachzuahmen. „Ich war ganz erregt von diesem Gefühl des Geheimnisses und der Gefahr", erinnerte er sich noch später deutlich.

Doch er sah noch etwas anderes. Seine eigenen Worte sind: „Das schlimmste, was ich sah, war die alte Gräfin. Sie war ungeheuer alt und gebrechlich und hatte ein böses Gesicht." So ungeheuer alt war die russische Gräfin Sophie Kisseleff noch nicht: Sie war in jenen Tagen 57 Jahre alt. Diese Frau muss ihn sehr beschäftigt haben, denn er vermerkte über sie: „Nacht für Nacht, Tag für Tag kam die alte Gräfin an die Spieltische, ihr Stuhl war für sie reserviert und dort spielte sie. Ich hörte, sie habe alles verlassen: Ehemann, Familie, Charakter um dieses armseligen Vergnügens willen." Die Erwachsenen seiner Umgebung sprachen sicher über diese weithin bekannte Spielerin im Beisein des Jungen, und deren Einschätzung nahm er auf. Was die Einschät-

Der junge Robert Louis Stevenson hielt die 57 Jahre alte Gräfin Kisseleff für ungeheuer alt (Foto: Sammlung Gerta Walsh).

zung des Alters dieser Gräfin durch Stevenson betrifft, so darf man nicht sagen, hier habe ein Kind ohne Erfahrung sie falsch bewertet. Als der russische Dichter Fjodor Dostojewski ein Jahr nach den Stevensons nach Homburg kam, fiel ihm Sophie Kisselewa ebenfalls auf. In seinem Roman „Der Spieler“, in dem sie die Schlüsselfigur der spielwütigen Erbtante ist, gibt er ihr Alter mit 75 Jahren an, auch auf ihn wirkte sie „ungeheuer alt“.

Es wäre interessant und aufschlussreich, den folgenden Gedankengang des jungen Robert Louis Stevenson psychologisch zu betrachten. Er schrieb nämlich 33 Jahre später: „In Homburg hörte ich zum ersten Mal das andauernde Klingen von Geld auf den Tischen der Spielbank. Draußen auf der Terrasse sitzend, wurde mir dies plötzlich mit einem Schauer des Vergnügens bewusst, den ich nie vergaß.“

Was er auch nie vergaß, war die Musik, die er in Homburg hörte. Da war das von Monsieur Blanc engagierte und natürlich von ihm finanzierte Kurorchester, das aus 30 Musikern bestand. Sie spielten jeden Tag dreimal an den Quellen und oft am Abend im Kurhaus. Daneben war auch Klaviermusik zu hören. Stevenson erinnerte sich viele Jahre später daran und schrieb: „Ich vergaß die Musikstücke, aber ich denke, wenn ich einst im Sterben liege, werde ich immer noch, wie ich es jetzt tue, das zarte Konzert innerlich hören.“

Wir erfahren leider nicht, wie dem Ehepaar Stevenson der Kuraufenthalt in Homburg bekommen ist. Mr Stevenson fühlte sich nach seiner Ziegenmilch-Kur besser, doch seine Frau wurde zwei Wochen nach der Rückkehr ins heimatliche Edinburgh krank. Die Spezialisten, die sie konsultierte, konnten sich nicht auf die Ursache einigen, daher beschloss die Familie, den Winter an der französischen Riviera zu verbringen und dann eine Tour durch Italien zu unternehmen. Ob es besser half als der Aufenthalt in einem Kurort wie Homburg, bleibt unbeantwortet.

Unverhoffte Folgen

Jeder Autor wünscht sich, dass sein Buch gelesen wird. Welche Wirkung ein Kapitel meiner 2002 erschienenen „Bad Homburger Fassaden. Geschichten rund um berühmte Häuser der Kurstadt“ hatte, überraschte nicht nur mich. Hier ging es um das Haus Kisseleffstraße 3, in dem 1862 Robert Louis Stevenson mit seinen Eltern gewohnt hatte. Im Frühjahr 2016 erhielt ich einen Anruf aus Frankreich und die Mitteilung von Madame Isolde Duvaud, man freue sich, dass Stevenson auch in Deutschland geschätzt werde. Im Auftrag des europäischen „Netzwerks Stevenson“ unternahm sie erste Schritte, die Stadt Bad Homburg als Mitglied dieser kulturellen Vereinigung zu gewinnen.

Nach wiederholten Besuchen aus Frankreich unterzeichnete Dr. Matthias Setzer, Lei-

Emblem des europäischen Netzwerks „Auf den Spuren von Robert Louis Stevenson“ (Quelle: Europäisches Netzwerk, Frankreich).

ter des Fachbereichs Kultur und Bildung, Ende 2017 in Edinburgh die Mitgliedschaft unserer Stadt in der Gesellschaft „In the footsteps of Robert Louis Stevenson“, die dann vom 7. bis 10. Juni 2019 ihre Jahreshauptversammlung in der Kurstadt abhielt. Bad Homburg konnte an diesem Pfingstwochenende zeigen, wie vielseitig das kulturelle Angebot ist: Verleihung des Hölderlinpreises, Führung durch den Kurpark mit den Blickachsen, die Carl-Stolz-Ausstellung im Gotischen Haus und als krönenden Abschluss das Sommerfest im Gustavsgarten. Hier las der Schauspieler Sebastian Koch aus der „Schatzinsel“, umrahmt von Musik des Jugend-Sinfonie-Orchesters Hochtaunus. Ein besonderer Stand bot den ca. 1.000 Besuchern Gelegenheit, sich über die Persönlichkeit Stevensons und die Helden seiner Werke zu informieren.

Quellen und Literatur

- Der neue Brockhaus, F.A. Brockhaus, Wiesbaden 1960, Band 5, S. 130
- Die Schatzinsel. Cecilie Dressler Verlag, Hamburg 1990
- Robin A. Hill: Robert Louis Stevenson's earliest Travels in Europe. Privatdruck R.A. Hill, Edinburgh 2004, S. 19–29
- Gerta Walsh: Bad Homburger Fassaden. Geschichten rund um berühmte Häuser der Kurstadt. Societäts-Verlag Frankfurt am Main 2002, S. 47–50
- Travels with Robert Louis Stevenson. Herausgeber: Association Sur le chemin de Robert Louis Stevenson, Le-Pont-de-Montvert, France, ohne Jahr, 13 Autoren
- Informationsschrift: European Network. In the footsteps of Robert Louis Stevenson. Ohne Jahr (erschienen 2018). Ohne Autor. Kontakt: Christian Brochier, Président, Vialas, France

Unsere Energie der Zukunft
WWW.STADTWERKE-BAD-HOMBURG.DE
Unsere Energie der Zukunft
STADTWERKE
BAD HOMBURG

Ursula Euler

Lesen in Ober-Erlenbach

Von der Schulbibliothek über Pfarr- und Gemeindebücherei zur Stadtteilbibliothek

Alte Schule von 1902 (Foto: Heimatstube O.E.e.V.).

Schulbibliothek

Als im Jahr 1866 das Großherzogliche Kreisamt Vilbel die Einführung von Schülerbibliotheken durch Bücher-Prämien erleichtern wollte, erklärte der Ober-Erlenbacher Bürgermeister Kliem: „Ebenso ist der Gemeinderath nicht für Errichtung einer Schulbibliothek, weil der größeren Schuljugend sowie den älteren Gemeinde-Angehörigen wegen den hier landwirtschaftlichen Arbeiten wenig oder gar keine Zeit zum lesen übrig bleibt [...]" Aber schon 1867 schrieb er: „Wir besitzen bereits eine kleine Schulbibliothek und wollen diese nach der vorgeschlagenen Weise allmählich zu vergrößern suchen [...]." 1882 wurde der damalige Bestand an Büchern der Kreis-Schulkommission Vilbel mitgeteilt. Die Lehrerbibliothek bestand aus 17 Fachbüchern, die Schülerbibliothek aus 13 Lesebüchern, darunter Ratgeber und landwirtschaftliche Bücher über Obst- und Weinanbau, Forstwirtschaft und Naturkunde. Ebenso wurden 21 Exemplare Verwaltungs- und Verfassungsrecht sowie 60 Exemplare zur deutschen Rechtschreibung aufgeführt.

Ausweislich des Schulprotokolls von 1894 beschloss der Schulvorstand, ein „Kopfrechenbuch für die Bibliothek der großen Schule" anzuschaffen. Dem Schulprotokoll vom September 1919 zufolge sollten im Rechnungsjahr 1920 für die Erweiterung der Schülerbibliothek 20 Mark angefordert werden. Den Betrag erhöhte die Kreisschulkommission Friedberg 1920 auf 50 Mark. In einem Zweijahres-Rhythmus, jeweils 1922, 1924 und 1926 sind Mittel bei der Kreisschulkommission beantragt worden. Danach wird eine Schülerbibliothek an der Volksschule Ober-Erlenbach nicht mehr erwähnt, und auch in der Schulchronik befindet sich kein Eintrag. Zur Einweihung der neuen Grundschule im Holzweg 1969 übergab der damalige Landrat des Kreises Friedberg Erich Milius einen Scheck zur Aufstockung der Schülerbibliothek. Anlässlich der Umbenennung der Grundschule 1998 in „Paul Maar Schule" wird eine großzügige Spende des Oetinger Verlages von Paul Maar Büchern für die Bücherei in der Schulchronik erwähnt.

Die Pfarrbücherei

Die Anfänge der Pfarrbibliothek in Ober-Erlenbach liegen im Dunkeln. Zeitzeugen erinnern sich aber, dass es schon in den 1930er Jahren eine Pfarrbücherei gab. Beim Umbau der Pfarrscheune zum Pfarrsaal 1930 waren im Bühnenbereich, der auch für Gruppen genutzt wurde, Bücherregale fest eingebaut. Getragen wurde die Bücherei vom Borromäusverein, einer 1845 gegründeten katholischen Medieneinrichtung. Die Pfarrbibliothek wurde von einem Fräulein Zöller lange Jahre ehrenamtlich geführt.

Der erste schriftliche Nachweis einer Pfarrbibliothek ist im St. Martinsboten, dem Mitteilungsblatt der katholischen Pfarrgemeinde Ober-Erlenbach, das vom damaligen Pfarrer Heinstadt 1959 ins Leben gerufen wurde, zu finden. Der Martinsbote erwähnt am 18. Dezember 1960 eine Bücherausgabe an Sonntagen zwischen 12.00 und 13.00 Uhr.

Dieser Ausleihtermin änderte sich erst 1987. Im neu erbauten Pfarrzentrum wurde eine „Katholische Öffentliche Bücherei" am 31. Oktober 1987 eröffnet. Die ehrenamtliche Leiterin Friedericke Werner war dort tätig, unterstützt von sechs Helferinnen samstags zwischen 18.00 und 19.00 Uhr sowie zwischen 20.00 und 20.15 Uhr, sonntags von 10.00 bis 10.30 Uhr und von 11.30 bis 12.30 Uhr, dienstags von 15.00 bis 18.00 Uhr und donnerstags von 17.00 bis 20.00 Uhr. In den 1990er Jahren fielen die Werktags-Ausleihzeiten weg. Zum Jahresende 2000 wurde die Pfarrbibliothek mangels Leser/Besucher geschlossen, und ab 2001 wird die Bücherei im Martinsboten nicht mehr erwähnt.

Volksbücherei und Gemeindebücherei

Schon im Jahr 1867 berichtete der Ober-Erlenbacher Bürgermeister Kliem von der Existenz einer Volksbücherei. In der damaligen Mitteilung an die Kreis-Schulkommission Vilbel wurde ein Buchbestand von einem Legendenbuch, zwei Büchern über Pferdepflege und zwei über Geburt und Kinderpflege gemeldet. Auch hier wurde angemerkt, dass in den letzten fünf Jahren 30 Exemplare von Verwaltungs- und Verfassungsrecht, sowie 60 Exemplare zur deutschen Rechtschreibung für die Volksbücherei angeschafft wurden. Was von dieser Volksbücherei erhalten geblieben ist, ist nicht bekannt. Erst in den 1950er Jahren finden sich Hinweise auf eine Gemeindebibliothek. Der Hessische Gemeindetag forderte die Städte und Gemeinden im März 1950 auf, die Büchereien wiederzubeleben. Dieser Aufforderung kam die Gemeinde Ober-Erlenbach im August 1951 nach, indem sie den Lehrer Kurt Müller mit dem Aufbau einer Volksbücherei beauftragte. Die Staatliche Volksbüchereistelle, Darmstadt, erstattete der Gemeinde die Kosten des Büchereibedarfs, die von der „Einkaufzentrale für Öffentliche Büchereien" (EKZ), Reutlingen, geliefert wurden. Die Bücher wurden damals bei der noch heute bestehenden Buchhandlung Carl Bindernagel in Friedberg bestellt.

1954/55 wurde Modest Andreew mit der Betreuung der Gemeindebücherei betraut. Er

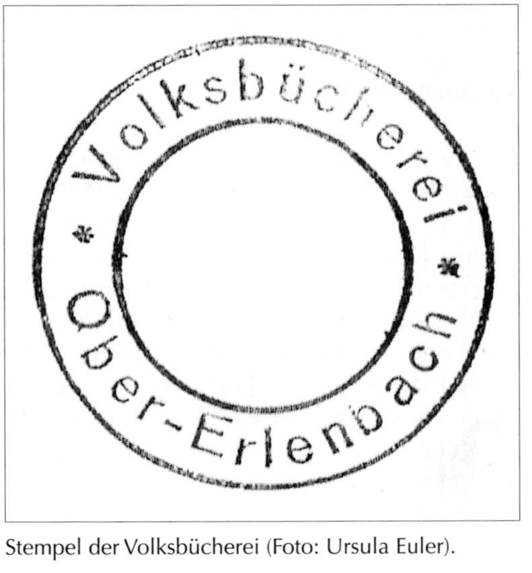

Stempel der Volksbücherei (Foto: Ursula Euler).

bot ehrenamtlich einmal wöchentlich eine Buchausleihe an. Zum Anfangsbestand der Bibliothek konnte er jährlich für 200 DM Bücher dazukaufen. Der Gemeinderechner Theo Petith prüfte jährlich die Buchführung. Im August 1967 berichtete das Mitteilungsblatt der Gemeinde Ober-Erlenbach, dass die staatliche Volksbüchereistelle der Gemeinde einen Landeszuschuss von 250 DM gewährte. Gleichzeitig wurde darauf hingewiesen, dass sich die Gemeindebücherei im Mehrzweckraum des Volksbades befinde und samstags von 16.00 bis 17.00 Uhr geöffnet sei. In einem Mitteilungsblatt von September 1967 wird mit den neuen Büchern, die dank des Landeszuschusses angeschafft werden konnten, geworben. Der Bestand wurde mit 38 Bänden angegeben. Im Januar 1972 zog die Bücherei nach Umbauarbeiten der Gemeindeverwaltung in die Räume des ehemaligen Rathauses in der damaligen Schulstraße 5, heute Am alten Rathaus 5.

Nach fast 20-jähriger ehrenamtlicher Arbeit gab Modest Andreew die Bücherei nach der Eingemeindung am 1. Juli 1972 in die Hände der Stadt Bad Homburg. Die Gemeindebücherei wurde zur Zweigstelle der Stadtbibliothek und zog ins Erdgeschoss des ehemaligen Altbaus der Alten Schule.

Die heutige Stadtteilbibliothek

Ab 1974 wurde die Stadtteilbibliothek mit ca. 2.500 Medien von Carola Patrzek geleitet. Die Zweigstelle wurde für 21.000 DM im August 1981 erweitert und verfügte nun über rund 5.800 „Medieneinheiten", dazu gehörten Sachbücher und Unterhaltungsliteratur für Erwachsene und Kinder, Spiele, Schallplatten und Kassetten. Die Ober-Erlenbacher freuten sich über diese Erweiterung, da sie mit gut 400 Lesern bei damals ca. 4.000 Einwohnern eifrige Benutzer waren.

Zweigstelle der Stadtbibliothek in Ober-Erlenbach (Foto: Stadtbibliothek).

Nach 37 Jahren ging Carola Patrzek 2011 in den Ruhestand. Anschließend übernahm Irina Resch die Leitung der Stadtteilbibliothek. Heute werden dort ca. 12.000 Medien verwaltet.

Irina Resch führt viele Aktivitäten durch, hauptsächlich für Kinder, sodass die Stadtteilbibliothek zum Treffpunkt der Ober-Erlenbacher geworden ist. Die Öffnungszeiten haben sich seit 1974 nicht verändert. Die Stadtteilbibliothek ist dienstags und donnerstags zwischen 16.00 und 19.00 Uhr und mittwochs zwischen 9.30 und 11.30 Uhr geöffnet. Sie wird in den nächsten Jahren ein neues Domizil finden und in die ehemalige Staatsdomäne Oberhof umziehen, wo mehr Raum zur Verfügung steht.

Quellen

- Hessisches Landesarchiv, Darmstadt
- Stadtarchiv Bad Homburg
- Archiv der Heimatstube Ober-Erlenbach e.V.
- Mitteilungsblatt der Pfarrgemeinde Ober-Erlenbach
- Internetseite der Stadtbibliothek
- Lokalausgaben der Taunuszeitung
- Zeitzeugen

OBERURSELER
WERKSTÄTTEN
AUSSERGEWÖHNLICH.ZUVERLÄSSIG
Außergewöhnlich zuverlässig
Die Oberurseler Werkstätten betreuen, fördern und fordern
über 500 Menschen mit Behinderung
UNSERE LEISTUNGEN
Aktenvernichtung
Digitalisierung & Büroservice
Montage
Versandzentrum & Onlineshop
Konfektionierung & Verpackung
Schreinerei
Holzmanufaktur & Handwerkstatt
Bistro uvm.
OBERURSELER WERKSTÄTTEN
Oberurseler Straße 86-88
61440 Oberursel
Tel. 06171-5881-0
info@o-wfb.de www.o-wfb.de
© impulslabor design

Im Lohn

wie Frachtmaschinen
fliegen sie ein
die Mähdrescher Mistwagen
Mähwerke

große Traktoren

aus weiten Himmeln
kurz vor Mitternacht
und Scheinwerfer
wie ausgeworfen

wie Schemen
geistern Mannsbilder
auf Landebahnen
aus Stroh

Oktober spät
ein Hämmern auf Stahl
und Nacht
wiederum

jemand schlägt eine Welt
in Form

morgen
sind Mauloff und Wernborn
vereinbart

weit entfernte Felderschläge

jemand klopft
jemand wünscht
eine gute Nacht

Olaf Velte

Eiserner Schlag

die Landschaft
will nicht weichen

einmal sah ich
Landkarten

alter Männer Griffel
Einkerbungen

auf Passhöhe schwer
ein Hieb

tief im Wald
der Eiserne Schlag

da muss einer
zurückblättern

vor Vater und
Ältervater

abklappern den
Generationenkasten

umdrehen Wort für Wort
in vertrauter Landschaft

Olaf Velte

Lohndrescher, herbstlich

das Bier abends
manchmal Mädchen
lachend

über die Felder

und die Maschinen
abgefettet
zur Ruhe gebracht

noch Licht
unterm Hallendach
Stimmen

wo das Bier steht
zwei Mädchen
oder drei

fern der Felder

die glühen
flüstern
ausbüxen

Olaf Velte

Unterm Limes

kahlgehauen war der Sattel
auf dem sie lebten
bei Fußbodenheizung und
Götzenbild

sahen uns nicht
jene Weinbringer Weitblicker
Waldgegner

wir aber talwärts

sind Fleischfresser
Zorngickel
Rechtsbrecher

freischwebend

jenseits des
Limes

Olaf Velte

diese Tiere
vor Schweglers Vögeln

ein Mysterium
wie diese Tiere
aus dem Dunkel wachsen

längst Wesen
einer langen Nacht
längst zerfallen

und wie das Gefieder
leuchtet
brennt

wiederum

kerzengerade steigt
mein Rauch
ins Licht

wie diese Toten
aus Dunkelheiten
kommen

fern der grünen Höfe
Pfade
Gärten

aus dem Erdreich
steigen aus dem
Staub

die Entfernung spüren
tausend Ellen
nach alter Rechnung

Olaf Velte

Beate Großmann-Hofmann

Carl Sternheims Jahr in Königstein

Der Autor der „brillantesten deutschen Komödien" als Patient im Sanatorium Kohnstamm

Unter den vielen bekannten (Kur-)Gästen in Königstein befanden sich zahlreiche Schriftstellerinnen und Schriftsteller. Zu ihnen sind der Frankfurter Lokalpoet und Journalist Friedrich Stoltze, Gerdt von Bassewitz, der mit dem vermutlich im Sanatorium Dr. Kohnstamm entstandenen Märchenspiel „Peterchens Mondfahrt" bekannt wurde, und die Schriftstellerin Anna Seghers („Das siebte Kreuz") zu zählen.

Das Sanatorium Dr. Kohnstamm (Ansichtskarte Stadtarchiv Königstein).

Auch der zu Beginn des 20. Jahrhunderts bekannte Komödienautor Carl Sternheim (1878–1942) hielt sich in Königstein auf. Klaus Mann, Sohn von Thomas Mann, bezeichnete ihn in seinem autobiografischen Roman „Der Wendepunkt" als einen „der originellsten deutschen Dramatiker und vielleicht – von ätzender Witzigkeit, bissig, frech, launig, aggressiv – der Autor der brillantesten deutschen Komödien."[1]

Sternheim war 1915/16 Patient des bekannten Königsteiner Arztes Dr. Oskar Kohnstamm. Die Familie Sternheim lebte in der Villa Schlier im Ölmühlweg unweit des Sanatoriums Dr. Kohnstamm.[2]

Die Villa Schlier (Stadtarchiv Königstein).

Leben bis 1915

Als ältestes von sieben Kindern des jüdischen Bankiers und Mitarbeiters beim „Hannoverschen Tagblatt", Jacob Carl Sternheim, und

1 Klaus Mann: Der Wendepunkt – Ein Lebensbericht, erweiterte Neuausgabe Reinbek 2006, S. 712 („Unveröffentlichte Entwürfe").

2 Die Villa Schlier wurde mittlerweile abgerissen.

dessen protestantischer Frau Maria Francke 1878 in Leipzig geboren, studierte Carl Sternheim Rechts- und Literaturwissenschaften ohne Abschluss. 1900 heiratete er Eugenie Hauth. Ein Jahr später wurde der Sohn Carlhans geboren. Die Vermögensverhältnisse erlaubten es Sternheim, als freier Schriftsteller tätig zu sein. Wegen nervöser Erschöpfungszustände musste er jedoch bereits in jungen Jahren Sanatorien aufsuchen, ebenso seine junge Frau, die an Depressionen litt, wie auch später der Sohn Carlhans.

1903 begann Carl Sternheim eine Affäre mit der ebenfalls verheirateten Thea Löwenstein, geborene Bauer (1883–1971). Zwei Jahre später wurde die gemeinsame Tochter Dorothea („Moisy", auch „Mopsa" genannt) geboren. Nach den jeweiligen Scheidungen heirateten Carl Sternheim und Thea Löwenstein 1907, im nachfolgenden Jahr kam Sohn Klaus zur Welt. 1908 zog das Ehepaar nach München, ließ sich aus dem Erbe von Thea Sternheim das Schlösschen „Bellemaison" erbauen und begann mit dem Aufbau einer Kunstsammlung.

In der Münchner Zeit begannen für Carl Sternheim als Autor produktive Jahre. Er feierte die größten Erfolge mit seinen Lustspielen noch in der Wilhelminischen Ära. Zu dem Dramenzyklus „Aus dem bürgerlichen Heldenleben" gehören „Die Hose" (geschrieben 1908, uraufgeführt 1911), „Die Kassette" (1911), „Bürger Schippel" (1913), „Der Snob" (1914), „1913" (1913/14), „Tabula rasa" (1915) und später noch „Das Fossil" (1923). Sternheims Komödien sind Satiren auf die Gesellschaft, die Sprache ist kurz und knapp und verzichtet auf überflüssige Umschreibungen. Sie wurden vor 1914 mehrfach mit Aufführungsverbot belegt. Die Uraufführung von „Die Hose", damals noch unter dem Titel „Der Riese", verursachte 1911 einen Skandal in Berlin. Bei der Erstaufführung in München war die Öffentlichkeit ausgeschlossen. In diesem Stück, wie auch in weiteren Lustspielen des Zyklus, taucht die Familie Maske auf. Der Protagonist ist der Beamte Theobald Maske. Seine Ehefrau Luise verliert in aller Öffentlichkeit anlässlich einer Parade ihre Hose „[...] und so beginnt, zwischen Lächerlichkeit und Brutalität schwankend, eine wechselvolle Ehetragödie. Held bleibt, in seiner prallen Beschränktheit, Theobald Maske."[3] Diesem, der selbstgefällig und geldgierig gezeichnet wird, gelingt es, den Skandal zu seinem Vorteil zu wenden.

Familie Sternheim verließ 1912 München und zog nach Belgien in die Nähe von Brüssel. Hellmuth Karasek führt diesen Wegzug auch auf „das Kreuzfeuer der öffentlichen Kritik, das nach der Uraufführung der Hose entfacht wurde" zurück.[4]

Die Zeit in Königstein (April 1915 bis April 1916)

Nach Ausbruch des Ersten Weltkriegs und dem Einmarsch deutscher Truppen in Belgien am 4. August 1914 verließen Sternheims Belgien. Die Kriegsbegeisterung in Deutschland wie auch Aufführungsverbote setzten Carl Sternheim dermaßen zu, dass er einen Nervenzusammenbruch erlitt. Er wurde darüber hinaus für „untauglich" für den Kriegsdienst erklärt. Zunächst in Bad Harzburg, führte sein weiterer Weg nach Bad Homburg und von hier aus nach Königstein im Taunus.

Über diese Zeit erfahren wir vor allem durch die Erinnerungen sowie die Tagebücher der Ehefrau von Carl, Thea Sternheim. Im April 1915 zog zunächst Carl Sternheim von Bad Homburg nach Königstein: „Um vier Uhr reist Karl ab. Er will einige Wochen in dem Sanatorium des Dr. Kohnstamm in Kö-

3 Carl Sternheim: Die Hose, München 2006, S. 125. (Nach der Ausgabe von Carl Sternheim Gesamtwerk Band 1, herausgegeben von Wilhelm Emrich, Neuwied 1963).

4 Hellmuth Karasek: Sternheim, Hannover 1970, S. 9.

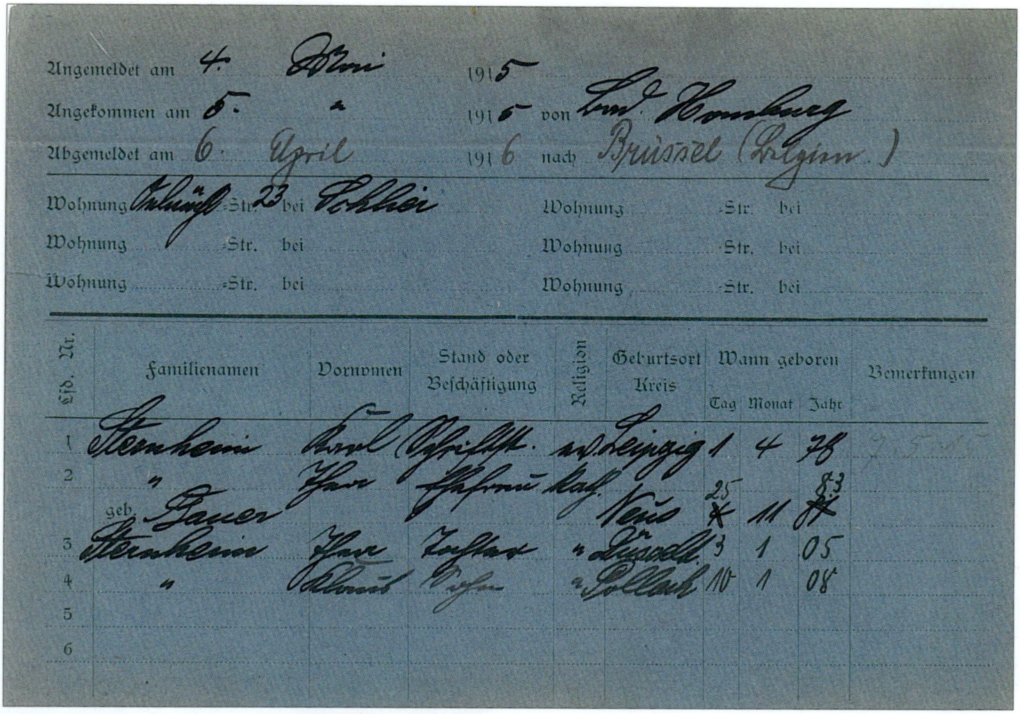
Angemeldet am 4. Mai 1915
Angekommen am 5. " 1915 von Bad Homburg
Abgemeldet am 6. April 1916 nach Brüssel (Belgien)
Wohnung Ölmühlweg Str. 23 bei Schlier
Wohnung Str. bei
Wohnung Str. bei
Wohnung Str. bei
Wohnung Str. bei
Wohnung Str. bei

Lfd. Nr.	Familiennamen	Vornamen	Stand oder Beschäftigung	Religion	Geburtsort Kreis	Wann geboren Tag	Monat	Jahr	Bemerkungen
1	Sternheim	Carl	Schriftst.	ev.	Leipzig	1	4	78	[illegible]
2	" geb. Bauer	Thea	Ehefrau	kath.	Neuss	25	11	83	
3	Sternheim	Thea	Tochter	"	Brüssel	3	1	05	
4	"	Klaus	Sohn	"	Pullach	10	1	08	
5									
6									

Meldekarte der Familie Sternheim (Stadtarchiv Königstein).

nigstein verleben."[5] Thea Sternheim bleibt mit den beiden gemeinsamen Kindern noch einige Wochen im Parkhotel in Bad Homburg, um dann auch nach Königstein zu kommen: „In Königstein mieten wir am Ölmühlweg, einige Schritte vom Kohnstamm'schen Sanatorium entfernt, das bescheiden möblierte, aber gefällige Schliersche Haus. Der Garten steht, als ich mit Titine und den Kindern einziehe, in unbeschreiblicher Blüte. Die anmutige Taunuslandschaft, das alte in einem Waldtal gebettete Städtchen, eine rührende, stets mit Betern gefüllte Kirche, eine flink denkende Bevölkerung, alles beweist, dass wir uns dem Westen nähern."[6] Vom 4. Mai 1915 bis zum 6. April 1916 ist Familie Sternheim in Königstein gemeldet.[7]

Während des elfmonatigen Aufenthaltes in Königstein empfing die Familie oft Besuch. Schon im Mai kam die deutsch-französische Schriftstellerin Annette Kolb (1870–1967) zu Besuch; später der Schriftsteller Kasimir Edschmid (1890–1966). Auch gehörte Sternheims Bruder Felix zu den Besuchern.

Carl Sternheim wurde offenbar – um es modern auszudrücken – „ambulant" behandelt, einige Male verließ er in den elf Monaten seines Königstein-Aufenthaltes die Stadt für kurze Reisen nach Berlin, München und Wien. Im Juli 1915 wurde seine Thea gewidmete Erzählung „Napoleon" veröffentlicht. Er begann in Königstein an einer neuen Komö-

5 Thea Sternheim: Tagebücher 1905–1927, Mainz 1995, S. 159 (Bad Homburg, 7.4.1915).

6 Thea Sternheim: Erinnerungen, Freiburg im Breisgau, 1995, S. 241. Titine ist das Kindermädchen der Familie.

7 Alte Meldekartei, Stadtarchiv Königstein.

die „Der Arbeiter" zu schreiben, die später unter dem Titel „Tabula rasa" veröffentlicht und aufgeführt wurde. Eine weitgehend von Thea Sternheim in Königstein verfasste Erzählung „Anna" veröffentlichte er später unter seinem Namen.[8]

Im August 1915 wurde die Aufführung der Komödie „Die Hose" in Kopenhagen verboten. Am 29. November 1915 erfolgte die Frankfurter Premiere des „Bürger Schippel". Das Ehepaar Sternheim fuhr aus diesem Anlass über Kronberg mit dem Schlitten nach Frankfurt und wohnte der Aufführung bei, die Thea Sternheim als „grotesk und kleinstädtisch" bezeichnet. Das Frankfurter Publikum aber war begeistert und klatschte – zum Leidwesen Thea Sternheims – den Autor auf die Bühne. Denn das Publikum könnte, so ihre Befürchtung, Anstoß daran nehmen, dass ein so junger Mann nicht wie viele andere seines Alters an der Front sei.[9]

Carl Sternheim mit Tochter Dorothea.

Das Preisgeld des ihm im Spätherbst 1915 verliehenen Fontane-Preises reichte Sternheim den damals noch unbekannten Franz Kafka weiter. Der – einzige – Juror damals war der Schriftsteller, Übersetzer und Literaturkritiker Franz Blei, der Sternheim aufgefordert hatte, das Preisgeld in Höhe von 800 Mark an Franz Kafka weiterzureichen. Schließlich war Sternheim damals Millionär – und was sollte ein solcher mit 800 Mark? Nach der Lektüre von Kafkas Erzählungen erklärte sich Sternheim damit einverstanden. Der Kurt-Wolff-Verlag schlug damals sozusagen „zwei Fliegen mit einer Klappe": Zwei seiner Autoren waren nun im Gespräch, Kafkas Erzählung „Die Verwandlung" wurde umgehend veröffentlicht. Es heißt, dass Franz Kafka zur Annahme des Preises überredet werden musste und darüber hinaus auch enttäuscht war, dass Sternheim ihn nicht selbst von der Weitergabe unterrichtete.

Thea Sternheim mit Sohn Klaus (aus: Manfred Linke: Carl Sternheim, Hamburg 1979, S. 48).

8 Nach Sternheims Tod arbeitete Thea S. die Erzählung zu einem Roman – „Sackgassen" – um, der 1952 unter ihrem Namen erschien.

9 Thea Sternheim: Tagebücher a.a.O. (Königstein, 29.11.1915).

Ernst Ludwig Kirchner: Carl Sternheim (Lithografie, 1916).

In der Königsteiner Zeit unternahm die Familie Ausflüge auf den Großen Feldberg. Nachdem der Privatlehrer der Tochter Dorothea zum Kriegsdienst eingezogen wurde, erhielt sie Unterricht von dem Königsteiner Lehrer Kahn, bei dem Thea Sternheim Lateinstunden nahm. Es handelt sich dabei um Leopold Kahn, der von 1906 bis 1929 Lehrer und Kantor der israelitischen Kultusgemeinde Königstein war.

Man pflegte auch Kontakte zu anderen Patienten des benachbarten Sanatoriums. Am 19. Juli 1915 trafen Sternheims auf Otto Klemperer, damals der erste Dirigent am Straßburger Theater. Er sei von überschäumendem Temperament. Im Sanatorium habe er ihnen die Leonoren-Ouvertüre und die Ouvertüre zu Don Juan vorgespielt, eine Wasserflasche umgerissen und „[...] verschwindet mit derselben heftigen Geste, mit welcher er auftrat."[10] Einige Tage später besuchte Klemperer die Familie in der Villa Schlier und hinterließ auch hier einen chaotischen Eindruck.[11]

Am 23. Januar 1916 schrieb Thea Sternheim in ihr Tagebuch: „Nachmittags kommt aus dem Sanatorium Kohnstamm ein junger Mensch, seines Berufs Maler, [sich] unsere Bilder anzusehen. Er heißt Kirchner. Redet eine Zeitlang sehr aufgeregt, gestikuliert stark [...]" Der bekannte expressionistische Maler Ernst Ludwig Kirchner kam in den Jahren 1915 und 1916 dreimal in das Sanatorium. Diese Aufenthalte haben sich in seinem Werk niedergeschlagen. Auch Carl Sternheim und Tochter Dorothea wurden von Ernst Ludwig Kirchner porträtiert.

Diesem Tagebucheintrag ist auch zu entnehmen, dass Sternheims offenbar mit einigen Werken aus ihrer Kunstsammlung nach Königstein gekommen waren.

Sternheims entschlossen sich 1916, nach Belgien zurückzukehren. Kurz vor der Abreise wurden sie nochmals zum Abendessen in das Sanatorium eingeladen, anschließend in die Privatwohnung Dr. Oskar Kohnstamms. Der Tischrunde gehörten auch die Schwiegereltern Kohnstamms, Professor Dr. Johannes Gad und Ehefrau Clara, sowie Ernst Ludwig Kirchner an. Der Krieg ist das beherrschende Thema. Kirchner erklärte seinen Abscheu vor dem Krieg und vor der „Verlogenheit der so genannten idealen Volksbegeisterung". Dem widersprach Professor Gad, dessen Sohn Johannes gerade kurz zuvor im Januar 1916 in Frankreich gefallen war. Thea Sternheim schreibt zu den Äußerungen des Kohnstamm-

10 Thea Sternheim: Tagebücher, a.a.O., S. 167.

11 Das von Thea Sternheim beschriebene stürmische Auftreten Klemperers deckt sich mit den Erinnerungen des jüngsten Kohnstamm-Sohnes. Peter Kohnstamm: „Lieder eines fahrenden Gesellen", Königstein 1994.

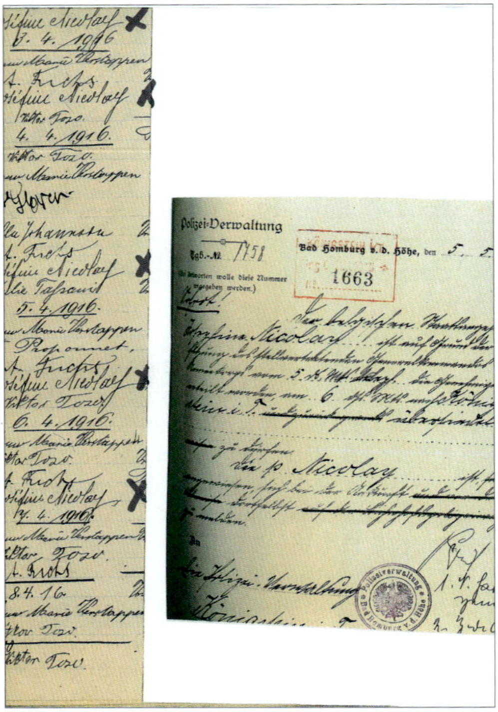

Joséphine Nicolay musste sich täglich bei der Polizeibehörde melden. Die Akte befindet sich im Stadtarchiv Königstein.

Schwiegervaters: „Die ganze Suppe der Abgeschmacktheiten trägt er auf und wird frech, als wir skeptisch bleiben. Da sitzen diese greisen Trottel, annektieren, streichen ein, und an den Grenzen des Landes verbluten Tausende [...]"

Mit den Sternheims kam 1915 auch das belgische Kindermädchen Joséphine Nicolay, genannt Titine, nach Königstein. Die junge Frau musste sich täglich auf der Polizeibehörde melden.[12] Sie hat wohl in der Taunusstadt großen Eindruck hinterlassen: „Während wir packen, patrouilliert ein Teil der männlichen Einwohner Königsteins vor unseren Fenstern, ein letztes Lächeln der allgemein angeschwärmten Titine zu erhaschen. Abend für Abend versichert Franz Marnet der blonden Wallonin, daß sein Herz von jedem Kriegskoller frei, er stündlich bereit sei, sie von der Stelle weg zu heiraten. Sogar ein Beamter der Polizei, bei dem sich Titine täglich als feindliche Ausländerin melden mußte, stellt sich, Abschiedstränen vergießend, ein."[13]

Die junge Frau verließ Königstein wohl offenbar ungern. Kurz nach der Rückkehr nach Belgien vertraute sie Thea Sternheim an, dass sie sich in diesem „sombre pays" – in diesem dunklen Land – nicht zu Hause fühle: „O, wie sehr ziehe ich das geliebte Deutschland Belgien vor."[14]

Die weiteren Jahre

In Belgien nahm das Ehepaar Sternheim französische Flüchtlinge bei sich auf. Nach dem Kriegsende im November 1918 konnten sie aber nicht mehr in Belgien bleiben. Bilder aus der Sammlung mussten verkauft werden, für die Familie ging es zunächst bis 1922 in die Schweiz und von hier aus nach Radebeul bei Dresden, wo Sternheim zum ersten Mal Regie bei der Premiere seines Stückes „Die Hose" führte. 1925 entschloss sich Thea Sternheim zur Scheidung, als ihr Mann eine Beziehung zu Pamela Wedekind, Tochter des Schriftstellers Frank Wedekind, begann.[15] Nach der Scheidung geriet Sternheim 1928 erneut in eine Nervenkrise, in der ihm Thea jedoch beistand. Beide blieben bis zu Sternheims Tod 1942 in Kontakt. 1930 heirateten Carl Sternheim und Pamela Wedekind, auch diese Ehe wurde einige Jahre später wieder geschieden.

Bis 1931, dem Jahr, in dem er Deutsch-

12 Thea Sternheim: Tagebücher a.a.O. (3.4.1916).

13 Thea Sternheim: Erinnerungen, a.a.O., S. 250.

14 Thea Sternheim: Erinnerungen, a.a.O., S. 250: „O combien je préfère cette chère Allemagne à la Belgique".

15 Die Ehe befand sich bereits in der Königsteiner Zeit in der Krise, entdeckte Thea St. hier während einer der Reisen ihres Mannes eine Liste, in der er akribisch seine zahlreichen Geliebten aufführte.

land für immer verließ und nach Brüssel zog, schrieb Sternheim noch weitere fünf Bühnenstücke. Er kritisierte die Gesellschaft nun auch in zahlreichen Essays. Mit der Machtübernahme der Nationalsozialisten wurde ein Aufführungsverbot für seine Stücke in Deutschland verhängt und sein Gesamtwerk verboten. So war Sternheim gezwungen, Wertsachen zu veräußern. Seine letzte Veröffentlichung waren Erinnerungen unter dem Titel „Vorkriegseuropa im Gleichnis meines Lebens", die 1936 in Amsterdam erschienen.

In den letzten Lebensjahren konnte Carl Sternheim, der sich sehr selbstbewusst in seinen Glanzzeiten in eine Reihe mit Shakespeare und Schiller stellte, nur mit Unterstützung von Freunden existieren.

Seine Lustspiele aus dem Zyklus „Aus dem bürgerlichen Heldenleben" werden aber bis heute an deutschsprachigen Bühnen aufgeführt, so stehen im Januar 2020 im Schauspiel Köln Aufführungen an.

Die Kinder

Kurz soll noch auf das tragische Schicksal der drei Sternheim-Kinder eingegangen werden: Der älteste Sohn aus erster Ehe, Carlhans, wurde wegen regimekritischer Äußerungen 1944 im Zuchthaus Brandenburg hingerichtet. Die Kinder aus der zweiten Ehe mit Thea, die ein Jahr ihrer Kindheit in Königstein verbrachten, hatten später Drogenprobleme. Sohn Klaus starb mit 38 Jahren in Mexiko (1946). Tochter Dorothea, Bühnenbildnerin, die sich in Frankreich der Résistance angeschlossen hatte, wurde im Konzentrationslager Ravensbrück interniert. Gesundheitlich angeschlagen überlebte sie, starb aber bereits 1954 mit 49 Jahren an Krebs.

Und das Schicksal Thea Sternheims?

Sie ging 1932 nach Paris und lebte hier 30 Jahre. Sie hatte Kontakte zu vielen europäischen Intellektuellen. Beim Einmarsch der deutschen Truppen 1940 wurde Thea Sternheim in ein Internierungslager nach Südfrankreich verbracht, aber noch im gleichen Jahr wieder freigelassen. In den 1950er Jahren nahm sie sich des Nachlasses von Carl Sternheim an. Sein Gesamtwerk erschien von 1963 bis 1976 in zehn Bänden. Sie, ohne die sein Werk, wie er Thea am Vorabend der Scheidung schrieb, nicht denkbar gewesen wäre, verfasste ihre Erinnerungen und erlebte 1952 die Veröffentlichung ihres Romans „Sackgassen". Ihre Tagebücher von 1902 bis 1971 sind eine wertvolle Sicht auf das 20. Jahrhundert. Auch wurde ihr Briefwechsel mit Gottfried Benn veröffentlicht. Thea Sternheim zog 1962 nach Basel zu ihrer Tochter Agnes Beck, die aus ihrer ersten Ehe mit Arthur Löwenstein stammte und die sie für Carl Sternheim verlassen hatte.[16] Hier starb Thea Sternheim im Jahr 1971.

---

16 Agnes Beck geborene Löwenstein (1902–1976) war in Basel unter dem Namen Inès Leuwen-Beck als Sängerin und Musikdozentin tätig.

Gerald Sommer

„Im grünen Taunus, im märchenreichen ...“

Zu Heimito von Doderers Aufenthalten in Merzhausen und Kronberg

Ein Österreicher im Taunus

Heimito von Doderer (1896–1966) gilt, seit er 1951 mit seinem Roman *Die Strudlhofstiege oder Melzer und die Tiefe der Jahre* schlagartig bekannt wurde, als Wien-Autor par excellence. Kaum weniger als etwa Wienerwald und Semmering hat ihn freilich die Taunuslandschaft beeindruckt. Spuren seiner Aufenthalte vor Ort finden sich nicht nur in Tagebüchern und Briefen, sondern auch in seinen Werken. Stellvertretend sei hier eine kurze Passage aus seinem Roman *Die Merowinger* zitiert:

Der Kavallerist Doderer wurde 1940 zur Luftwaffe eingezogen, wo er meist administrativ oder, wie in Merzhausen, lehrend tätig war (Foto: © H. König).

„Im grünen Taunus, im märchenreichen, in der Gegend von Usingen, war Childerich III., auf Spaziergängen mit Ulrike, dem eigenen Grimme entrückt. Sie fuhren mit dem Wagen auf die Höhe der üppigen Laubwälder, und hier fanden sie wahren Frieden, von den mächtigen Kronen überwölbt. So ging's wie in Hallen dahin. [...] Hier wollte er bauen [...].“[1]

Kommandierung nach Merzhausen

Vieles im Leben des Autors ist nur in groben Zügen bekannt, manches lässt sich jedoch recht genau, ja im Detail, ermitteln. Seine erste Taunusreise trat Doderer durchaus nicht aus freien Stücken an, sondern als Hauptmann der Luftwaffe – „verschickt gleich einem Postpaket, wie's eben bei Krieg und Militär der geistreiche Brauch ist“.[2] Am 7. April 1943 schreibt er an seine spätere Ehefrau Emma Maria Thoma, dass er ab „Ende dieser Woche“ zur „Lehrgangsleitung der

1 Heimito von Doderer: Die Merowinger oder Die totale Familie. München 1995, S. 250 f.

2 Heimito von Doderer: Tangenten. Tagebuch eines Schriftstellers 1940–1950. München[3] 1995, S. 102 (nachträglicher Kommentar vom 25. Oktober 1957).

Luftdienst=Abteilung III" nach „Merzhausen, Post Usingen, Taunus" kommandiert sei.[3]

Wann und für wie lange er sich dort aufgehalten hat, zeigen zwei Eintragungen in seinem kalendarischen Notizbuch. Am 11. April 1943, an einem Sonntagvormittag gegen halb zehn, traf er am Einsatz(flug)hafen „Schafweide" bei Merzhausen ein. Und zwölf Tage später, am 23. April, einem Karfreitag, brachte ihn ein Auto zum Bahnhof Usingen, von wo aus er gegen 15 Uhr den Zug nach Frankfurt nahm, um von dort via Regensburg weiter nach München zu fahren.[4]

In der kurzen Zeit seines Aufenthalts hat er in schneller Folge sechs Briefe an seine Geliebte gesandt, am 12., 14., 15., 16., 17. und am 21. April 1943. Vom Autor der *Strudlhofstiege* ist darin wenig zu bemerken; aus ihnen spricht ganz offenkundig der Privatmann Doderer:

„[I]ch [reiste] hierher in der *tiefsten* Niedergeschlagenheit, weil immer weiter von Landshut [wo Emma Maria Thoma lebte] weg, und mich hat dabei die Sehnsucht nach Dir geradezu *verschlungen*. In Ludwigshafen war der erste Fliegeralarm; und in der Gegend von Mainz konnte ich vom Zuge aus – der 3mal auf offener Strecke lange und sozusagen maüschen=stille stand – die Angriffe sehen und die Brände, die hervorgerufen wurden, beobachten. Es war eine unheimliche Nacht in dem vollgestopften Waggon [...]. Ein Vorgang dieser Art macht schon einen sehr starken und [...] enorm drohenden Eindruck. Nun, in der Gegend, wo ich mich jetzt befinde, wird Derartiges nicht erlebt."[5]

Lehrgang am Einsatz(flug)hafen „Schafweide"

Wo sich heute die Erdfunkstelle Merzhausen befindet, lag 1943 der Einsatz(flug)hafen „Schafweide". Dieser wurde im Zuge der Aufrüstung des Deutschen Reichs ab 1937 angelegt und dann als Bauernhof getarnt. Man hat ihn während des Zweiten Weltkriegs mit wechselnder Intensität genutzt. Mit Näherrücken der Alliierten diente er auch für Fronteinsätze; entsprechend wurde er dann auch seinerseits angegriffen und massiv bombardiert.[6]

Im April 1943 ging es dort allerdings noch recht ruhig zu. Unter anderem wurden vor Ort Lehrgänge für Unteroffiziere der Luftwaffe abgehalten. Und eben deswegen hat man Doderer, der als promovierter Historiker naturgemäß für zuständig erklärt werden konnte, dorthin kommandiert, um politisch-historisches Wissen zu vermitteln – soweit davon im Kontext des NS-Staates eben die Rede sein kann.

Das heißt konkret: Er hatte den Lehrgangsteilnehmern die Unterschiede zwischen Nationalsozialismus und Kommunismus zu vermitteln. In welcher Weise dies geschah, zeigen seine erhaltenen Arbeitsnotizen.[7] Die Darstellung von Kommunismus und Kriegsgegner (Sowjetunion) ist sachlich und differenziert. Politische Parolen oder Hetze gegen den Feind fehlen ganz. Und kriegerische Gegenwart und Sowjetunion werden weitge-

3 Brief von Heimito von Doderer an Emma Maria Thoma vom 7. April 1943. Literaturarchiv der Österreichischen Nationalbibliothek, Wien (LIT), 1288 /31-4, fol. 1r; vgl. a. den Kommentar in Anm. 5.

4 Vgl. Heimito von Doderer: „[Notizbuch 1943]". LIT, Ser. n. 14.200, fol. 23v u. 25r.

5 Brief von Heimito von Doderer an Emma Maria Thoma vom 12. April 1943. LIT, 1288 /31-6, fol. 1r f. Die dem Autor – s. „maüschen=stille" – eigentümliche Anzeige von Worttrennungen und -verbindungen durch ‚=' (7 Fälle) und die Diphthongschreibung ‚aü' (2 Fälle) sowie weitere Eigenheiten in Orthografie und Interpunktion blieben in allen Zitaten erhalten.

6 Vgl. https://www.einsatzhafen-merzhausen.de.

7 Vgl. Heimito von Doderer: „Omnia". LIT, Ser. n. 14.197, fol. 7r – 12r.

Altes Forsthaus Merzhausen (Foto: © Udo Wiedmann).

hend zugunsten des Versuchs ausgeblendet, die Gegenwart aus der Vergangenheit zu erklären, wofür Doderer bis ins 18. Jahrhundert zu Zar Peter dem Großen zurückging.

Wahrscheinlich hatte man sich bei der „Lehrgangsleitung" etwas anderes erwartet, nämlich eine Indoktrinierung der Soldaten im Sinne des Nationalsozialismus. Schon gar von jemand, in dessen Wehrakte ja zu lesen war, dass er ab Juli 1916 vier Jahre als Kriegsgefangener in Sibirien zugebracht hatte. Sein Roman *Das Geheimnis des Reichs* (1930), in dem man hätte nachlesen können, in welch positiver Erinnerung er Land und Leute behalten hatte,[8] war ganz offensichtlich nicht aktenkundig geworden.

Der Aufenthalt in Merzhausen

Trotz der ihm auferlegten und sicher nicht eben mit Begeisterung erledigten dienstlichen Obliegenheiten („Heut' musst' ich Unterricht geben [dazu bin ich hier], morgen wieder. Da kann man nix machen."[9]) erwies sich der Aufenthalt schon bald – wenn auch aus ganz banaler Ursache – als Glücksfall. Lediglich an drei von 13 Tagen als Dozent in Anspruch genommen,[10] konnte Doderer in der reichlich bemessenen dienstfreien Zeit nicht nur Spaziergänge durch die Taunuswälder unternehmen, sondern nach längerer Pause endlich auch wieder schriftstellerisch tätig werden. Eher niedergeschlagen in Merzhausen angekommen, besserte sich – sei-

8 Vgl. Heimito von Doderer: Das Geheimnis des Reichs. In: ders.: Frühe Prosa. Hrsg. v. Hans Flesch-Brunningen, Wendelin Schmidt-Dengler u. Martin Loew-Cadonna. München 1995, S. 331–471.

9 Brief von Heimito von Doderer an Emma Maria Thoma vom 14. April 1943. Privatbesitz, fol. 1v.

10 Vgl. Doderer an Thoma (Anm. 3), fol. 1r.

ne Briefe geben ein beredtes Zeugnis davon – seine Stimmung Tag für Tag ein wenig mehr:

12. April: „Hier bin ich nun – in Ruhe, ganz im Grünen, ich wohne in zwei hübschen Zimmer[n] und hab von meinem Schreibtisch eine mächtige Weitsicht über den Taunus. Meine Zeit gehört nahezu ganz mir – hier könnt' ich schon was arbeiten, würd' es länger dauern [...]."[11]

14. April: „Denke Dir, kaum hab' ich ein paar Tag Ruhe, so kann ich schon wieder arbeiten, von Tag zu Tag mehr, ich bin also doch noch nicht so *ganz* heruntergekommen, mir fehlte eben zum guten Teil nur die *Ruhe* in der letzten Zeit [...]!"[12]

17. April: „Leider sind die zehn Tage fast herum, meine Stunden hab' ich alle gegeben und wo der Wind mich jetzt hintragen wird, bleibt offen."[13]

Das Alte Forsthaus

Zu diesen günstigen Umständen, die dem Autor Freiraum und Ruhe und letztlich Muße zum Schreiben zuteilwerden ließen, trug freilich auch, und das in nicht unerheblichem Maße, seine Unterkunft bei:

„Heut' hab' ich geschlafen, geschrieben, gebadet und – echten Thee getrunken, der von geheimnisvollen Händen sehr hübsch in dem vorderen meiner beiden Zimmer für mich angerichtet worden war, während ich noch meinen Nachmittags=Schlaf hielt. Aber ich kenne schon den lieben Kerl, der dahintersteckt. Hier sind alle sehr liebenswürdig mit mir. Meine Wohnung, in einem kleinen Lebkuchen=Hauserl gegenüber den weiten Wäldern des Taunus, hat inwärts eine gewisse Verwand[t]schaft mit der Buchfeldgasse – vorne Schreibzimmer mit Erker und vielen hellen Fensterln, rückwärts Schlafzimmer – ich leb' auch derzeit eigentlich nicht anders wie früher in Wien."[14]

Das Alte Forsthaus in Merzhausen (Schmittener Straße 1), in dem Doderer gewohnt haben dürfte, wurde 1905 vom Friedrichsdorfer Zwiebackfabrikanten und damaligen Jagdpächter Gustav Arrabin errichtet. Und offenbar in einem für den Ort untypischen Baustil, dessen Präsenz somit ein weiteres Mal an einen Mäzen des Ortes erinnert. Dank ihm erhielt etwa die Merzhäuser Kirche die gebrauchte Walcker-Orgel der Schlosskirche zu Bad Homburg und das Weihnachtsfenster an ihrer Ostwand.[15]

Es lässt sich nicht mit letzter Sicherheit sagen, ob Doderer im Alten Forsthaus untergebracht war oder in einem anderen (nun nicht mehr existierenden) Haus in dessen näherer Umgebung. Die Ortsrandlage mit – 1943 – noch ganz unverbautem Taunusblick spricht jedenfalls dafür. Doderer selbst hat seine Merzhäuser Wohnadresse nirgends schriftlich festgehalten. Als Angehöriger der Wehrmacht war er gehalten, diese Information nicht weiterzugeben, zumal er postalisch ja stets über seine Feldpostnummer zu erreichen war.

Doderer hat das Gebäude, in dem er untergebracht war, in seinem Brief vom 17. April als „kleine[s] Lebkuchen=Hauserl gegenüber den weiten Wäldern des Taunus" bezeichnet. Dies lässt – „Knusper, knusper knäuschen, wer knuspert an meinem Häuschen?" – natürlicherweise zunächst an das Märchen von Hänsel und Gretel denken. Da Heimito von Doderer nun allerdings Sohn und zugleich Enkel (väter- *und* mütterlicherseits) renommierter Architekten und Bauunternehmer war und sein Vater obendrein einen weiteren

11 Doderer an Thoma (Anm. 5), fol. 1r.
12 Doderer an Thoma (Anm. 9), fol. 1v.
13 Brief von Heimito von Doderer an Emma Maria Thoma vom 17. April 1943. LIT, 1288 /31-8, fol. 1v.
14 Doderer an Thoma (Anm. 13), fol. 1r f.
15 Vgl. 1767–2017. 250 Jahre Kirche Merzhausen. Hrsg. v.d. Evangelischen Kirchengemeinde Merzhausen-Lauken. O.O. [Merzhausen] o.J. [2017], S. 16 f.

Architekten (Max von Ferstel) zum Schwager und Freund hatte, er also sozusagen in einer Umgebung architektonischer Fachkenntnisse aufwuchs, ist es durchaus möglich, dass seine Bezeichnung keine rein assoziative war.

Ich habe mich daher an einen Wiener Kollegen, Dr. Johannes Sima, seines Zeichens Architekt und Denkmalschützer, gewandt und ihn um seine Expertise allein auf Grundlage der vorliegenden Minimalbeschreibung gebeten. Seine Antwort, dass es sich bei Doderers „Lebkuchen=Hauserl" um eines der „zu Beginn des 20. Jhs. modisch gewesenen kleinen Wohnhäuser im ‚Heimatstil', resp. ‚Schweizerhausstil'" handeln könnte, die sich durch ein „[s]teiles Dach, oft aus Holz mit Schnitzereien oder der sog. ‚Laubsägeverzierung', meist im Giebelbereich" auszeichneten,[16] kann ich mit Blick auf das Alte Forsthaus nur als zutreffend bewerten. In den Jahren seit Errichtung des Gebäudes ist natürlich manches – insbesondere im Fensterbereich – verändert worden. Anhand der Bauzeichnungen von 1905 (Grundriss, Aufrisse, Ansichten) hätte sich sicherlich Genaueres ermitteln lassen, doch konnten diese in der Bauakte des Gebäudes leider nicht aufgefunden werden.

Das Alte Rathaus

Über das Alte Rathaus Merzhausen in der Langgasse 3, das vom Alten Forsthaus nur wenige Schritte entfernt liegt, ist weitaus mehr bekannt. 1530 als Verwaltungsgebäude mit Versammlungsräumen auf beiden Stockwerken erbaut, war es lange Verwaltungssitz des Stockheimer Niedergerichtes. Von 1669 bis 1961 wurde das repräsentative Fachwerkhaus als Rathaus der Gemeinde Merzhausen genutzt. 1963 wurde es von der Kirche übernommen und dient heute der Evangelischen Kirchengemeinde Merzhausen-Lauken als Gemeindehaus.[17]

Anders als das Alte Forsthaus, von dem lediglich angenommen werden darf, dass Doderer während seines Aufenthalts in Merzhausen darin wohnte, kann man davon ausgehen, dass er das Alte Rathaus wiederholt betreten hat. Der Grund für seine Besuche dort ergibt sich aus zwei Briefen an seine spätere Ehefrau. Am 7. April hatte er ihr noch geschrieben, Sendungen via „Merzhausen, Post Usingen, Taunus" empfangen zu können, im ersten aus Merzhausen abgesandten Brief vom 12. April 1943 teilt er ihr hingegen mit: „M. hat kein Postamt, trotzdem verirren sich, wie ich jetzt hier höre, Briefe dorthin, wenn man diesen Ort auf dem Couvert angibt – die liegen dann beim Bürgermeister herum. Schreibe am besten einfach nur: *Usingen im Taunus, Flugplatz*. Sonst nichts."[18] Vor dem 14. April an ihn gesandte Post dürfte also mit Sicherheit im Alten Rathaus zur Abholung bereitgelegen haben.

Ertrag & Exempel

Die Ruhe, die er in Merzhausen zum Schreiben hatte, verwandte Doderer insbesondere auf eine im Tagebuch abgelegte und von relativer Leichtigkeit und Gelöstheit geprägte Prosa, genannt „Das kahle Zimmer". Nachzulesen sind seine im Taunus niedergeschriebenen Passagen in dem 1964 erschienenen Band *Tangenten*.[19] Es sind in dieser Zeit jedoch auch einige Skizzen entstanden, von denen ich eine, die sichtlich Bezug zum Ort ihrer Entstehung aufweist, hier wiedergeben möchte:

16 E-Mail von Johannes Sima an den Verf. am 14.3.2018.

17 Vgl. https://wikipedia.org/wiki/Altes_Rathaus_(Merzhausen).

18 Doderer an Thoma (Anm. 5), fol. 1v.

19 Vgl. Doderer, Tangenten (Anm. 2), S. 209 („Geh' ich in …") – 214 („[…] iuventutem suam.").

Waldschule Kronberg (Foto: © Adolf Neubronner).

„Montags 12 Apr / im Taunus // das ist hier ein Land voll von Wäldern und Gedehntheit und Geister= und elfenhaften Bodennebeln des Abends; ein Land für Blocksbergnächte, für Walpurgisnächte. Die Menschen haben dieses Land und seine Wälder verlassen und vergessen und sich längst an ein anderes Gehaben und andere Zustände gewöhnt. Aber zwischen den schweigenden Stämmen hängt der alte Geist wie Rauch, und wie das Moos in Bärten an den Baümen. Wie am – Untersberg im Salzburgischen. Ja doch; jetzt beginnt mein Leben mit all seinen Widerwärtigkeiten. Aber ich bin frei.//"[20]

Die Lesung in der Waldschule

Doderer hatte doppeltes Glück: Nach seinem Aufenthalt in Merzhausen, der ihm die Ruhe und Kraft zum Schreiben wiedergegeben hatte, wurden ihm auch noch ein paar Tage Urlaub gewährt. Es dauerte jedoch mehr als 13 Jahre, bis er erneut in den Hochtaunus, diesmal indes ins heutige Kronberg gelangen sollte, genauer: in die Waldschule. Diese war am 1. April 1933 von Wilhelm und Erika Michels als Privatschule mit Internat gegründet worden. Zu diesem Zweck hatten sie ein zwischen den damals noch selbstständigen Gemeinden Schönberg und Oberhöchstadt am Ende der Fichtenstraße gelegenes Gebäude erworben, das zu Beginn des Jahrhunderts vom „Verein für Ferienkolonien armer und kränklicher Schulkinder" als Heim erbaut worden war. Nach Auflösung der Waldschule zu Ostern 1940 wurden Erika und Wilhelm Michels Lehrer an der Altkönigschule in Kronberg und die Waldschule als Schülerheim an diese angeschlossen.[21]

20 Doderer, „Omnia" (Anm. 7), fol. 6r.

21 Vgl. https://wikipedia.org/wiki/Wilhelm_Michels_(Pädagoge).

Waldschülerheim
Dr. Michels
Schönberg-Taunus
Post Kronberg (Ts.) · Fernruf Kronberg 473
Postscheck: Frankfurt (Main) 36309
Bankkonto: Volksbank Kronberg

Schönberg (Ts.), den 15.Sept.1956

Donnerstag, den 20. September um 20 Uhr liest

H e i m i t o   von   D o d e r e r

in der Waldschule aus seinen Werken.

Heimito von Doderer wurde am 5.9.1896 in Niederösterreich geboren, hat also soeben seinen sechzigsten Geburtstag gefeiert. Er wurde 1938 bekannt durch seinen Roman: "Ein Mord, den jeder begeht." In die erste Reihe der deutschsprachigen Autoren aber stellte er sich, als 1951 der Roman "Die Strudlhofstiege" erschien, ein Werk, das an Weite und Tiefe den Romanen Dostojewskis oder dem seines Landsmannes Robert Musil nicht nachsteht. Dabei ist die Strudlhofstiege nur der Auftakt eines Romanwerkes, von dem dieser Tage der zweite, umfangreichere Band "Die Dämonen" ausgeliefert wird. Wenn schon 1951 kein Zweifel darüber bestand, daß der Autor zu den ganz großen Erzählern gerechnet werden muß, ist es heute nach dem Tode von Thomas Mann und Hans Carossa kaum eine Ubertreibung, Heimito von Doderer den größten lebenden Epiker deutscher Zunge zu nennen.

Seit fünf Jahren bemühe ich mich, Herrn von Doderer für eine Lesung zu gewinnen, aber seine Arbeit erlaubte ihm keine Reise in die Bundesrepublik; um so mehr freue ich mich, ihn am Donnerstag in der Waldschule begrüßen zu dürfen.

Wir laden Sie sowie Ihre Freunde und Bekannten herzlich ein zu der Lesung und hoffen, daß es recht vielen möglich sein wird, der Einladung zu folgen. Wie immer erbitten wir einen Unkostenbeitrag von einer Mark, von Schülern fünfzig Pfennig. Da die Kurve am Weißen Berg für den Fahrverkehr gesperrt ist, kann die Waldschule von Kraftwagen nur von Oberhöchstadt aus erreicht werden (an Gasthaus Zum Taunus links, am Sportplatz vorbei) - die Sperre an der Einmündung dieses Weges auf die Landstraße Oberursel-Königstein darf durchfahren werden von Kraftwagen, die zur Waldschule wollen, ebenfalls die Sperre in Oberursel.

Mit freundlichem Gruß

Wilhelm Michels

Einladungsschreiben von Wilhelm Michels (zur Verfügung gestellt von Kurt Strack, Kelkheim).

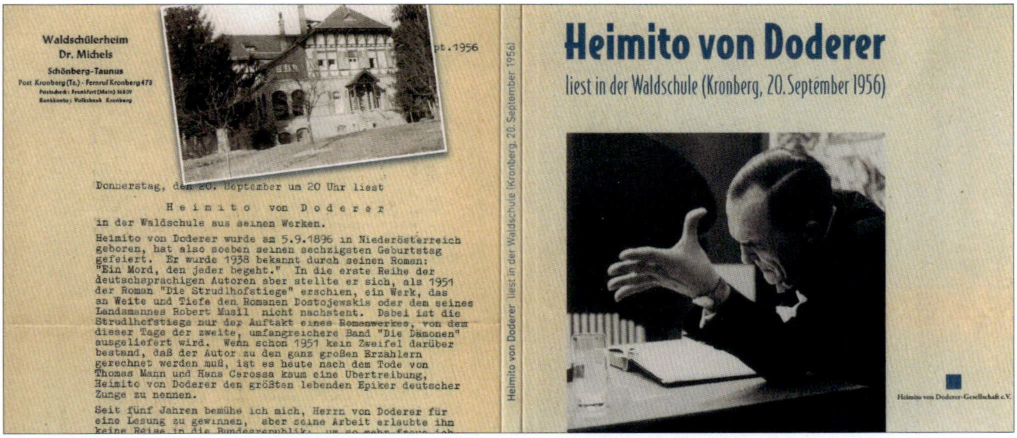

Coverfoto: Heimito von Doderer, lesend (Foto: © IMAGNO/Franz Hubmann).

Am 19. September 1956 hatte der Autor seinen neuen Roman *Die Dämonen* auf der Frankfurter Buchmesse vorgestellt und war dafür gefeiert worden.[22] Am folgenden Abend las er bei Wilhelm Michels, der (zusammen mit seinem Freund Helmut Bode) seit 1948 Autorenlesungen in der Waldschule veranstaltete, nach ein paar einführenden Worten eine Passage aus dem *Dämonen*-Kapitel „Im Osten", die „Reiter-Attacke", ein sehr lebhaftes Stück.[23] Darauf folgte die eher nachdenkliche Erzählung „Ein anderer Kratki-Baschik".[24]

Spulentonband & CD

Eine an diesem Abend mitgeschnittene Spulentonbandaufnahme von Doderers Lesung hat die Jahre überdauert. Dank der Bemühungen von Frau Etta Jacobs, die in den Unterlagen ihres Vaters recherchierte, konnte die Aufnahme im Vorfeld einer Kooperationsveranstaltung der Heimito von Doderer-Gesellschaft aufgefunden und am 19. Oktober 2018 in der Villa Winter in Kronberg aufgeführt werden. Sie zeigt den Autor so, wie er sich vor Publikum präsentierte, wenn weder Regie noch Studiotechnik ihm Fesseln anlegten.

Inzwischen hat die Doderer-Gesellschaft eine CD davon aufgelegt: *Heimito von Doderer liest in der Waldschule (Kronberg, 20. September 1956)*. Leser des Jahrbuchs Hochtaunuskreis können – solange der Vorrat reicht – via E-Mail an info@doderer-gesellschaft.org gratis ein Exemplar beziehen oder auf dem Postweg an Heimito von Doderer-Gesellschaft e.V., c/o Literarisches Colloquium Berlin, Am Sandwerder 5, 14109 Berlin, www.doderer-gesellschaft.org.

---

22 Vgl. Heimito von Doderer: „[Notizbuch] 1956". LIT, Ser. n. 14.212, fol. 131v.

23 Vgl. Heimito von Doderer: Die Dämonen. Nach der Chronik des Sektionsrates Geyrenhoff. München 1995, S. 581–588.

24 Vgl. Heimito von Doderer: „Ein anderer Kratki-Baschik". In: ders.: Die Erzählungen. Hrsg. v. Wendelin Schmidt-Dengler. München³ 1995, S. 363–374.

RÖMERZEIT
ERLEBEN!
Ferienprogramm
Familientage Führungen
Aktionstage Workshops
Sonderausstellungen Vorträge
NOVEMBER BIS FEBRUAR:
TÄGLICH AUSSER MONTAGS 9.00 – 16.00 UHR
24. UND 31.12. GESCHLOSSEN
AB MÄRZ: TÄGLICH 9.00 – 18.00 UHR
SAAL BURG
RÖMERKASTELL SAALBURG ARCHÄOLOGISCHER PARK 61350 Bad Homburg v.d.H. www.saalburgmuseum.de

Christoph Müllerleile

Als Pi-dschi den VauO und Ahmadiyya den Pi-dschi rettete

Hadayatullah Hübsch – vom rebellischen Schüler zum religiösen Literaten

Jede Schule kennt sie, die Überflieger, die außerordentlich Begabten, von denen man ahnt, dass sie zu Großem fähig sind. Dazu gehören besonders Talente im musischen Bereich, Musiker, Sänger, Literaten, die sich früh entfalten und von gewöhnlichen Befähigten abheben. Zu denen, die am Gymnasium Oberursel sofort auffielen, gehörte Paul Gerhard Hübsch. Er kam von einem evangelischen Internat in Laubach, das den Namen seines Namensvorbildes Paul-Gerhardt-Schule trug und das er wegen permanenter Aufmüpfigkeit und schlechter Leistungen verlassen musste, und gesellte sich in der Unterprima[2] zu einer homogenen, in seinen Augen ziemlich biederen Lateinklasse im Gymnasium Oberursel.

In dem von ihm sogenannten „Taunusstädtchen" bezog er auf Geheiß seiner Mutter eine Mansardenwohnung, die der Familie einer Mitschülerin gehörte. Sein Lebensmittelpunkt aber war Frankfurt am Main, wohin seine Familie im Jahr seiner Geburt, 1946, aus dem sächsischen Chemnitz übergesiedelt war.

Unermüdlich schrieb er Gedichte. 1965 gelang ihm ein Achtungserfolg, als seine Beiträge und die einiger anderer junger Autoren unter 3.000 Einsendungen für die „Primanerlyrik-Primanerprosa" von Peter Rühmkorf und Armin Schmid[3] ausgewählt wurden. Ein Jahr später, noch während seiner Schulzeit in Oberursel, erschienen seine Beiträge im Lyrikband „aussichten" von Peter Hamm, ebenfalls in einem renommierten Verlag.[4]

Nächtliche Hilfe für V.O. Stomps

Seinen Drang, selbst Hand anzulegen, erfüllte sich Pi-dschi (von P.G.), wie er von allen genannt wurde, in Stierstadt, wo Viktor Otto Stomps in einer ehemaligen Seilerbahn-Werkstatt am Bahndamm die Eremiten-Presse, einen bibliophilen Verlag, betrieb und in den fünfziger und sechziger Jahren Werke von später namhaften Schriftstellern druckte. Hübsch hörte in Laubach, dass VauO, wie Stomps genannt wurde, jeden jungen Dichter, der auch nur ein bisschen was tauge, herzensfroh aufnehme, seine Werke bestaune und sie alsbald drucke. Aber die vielen Pläne, übers Wochenende einmal zu dem Eremiten zu trampen, wurden bis zum Schulwechsel nach Oberursel nie zur Tat.

VauO druckte zunächst auf Zuckersackpapier, dann auf alles, was Farbe hielt, meist in Kleinstauflagen, hergestellt im Handsatz und schön illustriert. Bis zum Ende des Verlags 2010, der unter Stomps Nachfolger Fridolin

1 Der Autor war Klassenkamerad von Paul Gerhard Hübsch am Gymnasium Oberursel und stand bis zum Ende mit ihm in Kontakt.

2 Klasse 12.

3 Armin Schmid: Primanerlyrik, Primanerprosa: Eine Anthologie. Mit einem Vorwort von Peter Rühmkorf. Rowohlt. Reinbek bei Hamburg, 1965.

4 Peter Hamm (Hrsg.): aussichten: Junge Lyriker des deutschen Sprachraums, vorgestellt von Peter Hamm. München: Biederstein, 1966.

Hübsch, Paul-Gerhard

Pidschi-Padschi-Pudschi,
dialektischer Unhold, Saboteur:
zerstört Türen mittels Reißzwecken.
Liebhaber obskurer Pullover,
auch Köter (Zitat)
"Ich bin der Geist, der stets verneint
und das mit Recht!"

Paul-Gerhard Hübsch im Februar 1966 in der Abiturzeitung seiner Klasse am Gymnasium Oberursel. Der Trauerrand steht für die nicht bestandene Abiturprüfung.

Reske 1976 nach Düsseldorf zog, erschienen dort 602 Titel.[5] „Als ich Mitte der Sechziger in sein Idyll einbrach, fand ich keinen Helden, sondern eine kauzige, liebenswürdige Gestalt vor, die die Nächte in einem Lehnstuhl verbrachte", berichtete Hübsch. „Und doch wurde er quicklebendig, wenn ich es wagte, in seinem mit Manuskripten, Büchern und Bildern vollgestopften Raum etwas anzurühren, etwa, um ‚Ordnung' zu machen."[6] Stomps ließ ihn aber insoweit gewähren, dass er die Nächte an der Bleisatzmaschine, mit Buchbinden oder im Schneidezimmer verbringen durfte, um Bücher fertig zu machen, die für die nächste Messe und treue Kunden bestimmt waren. „Höchst ungern sah er, dass ich, um die Produktion zur Messe fertigzustellen, Klassenkameraden mobilisierte, die mir beim Zusammentragen der gedruckten Blätter helfen sollten. Ein mühseliges Unterfangen", so Hübsch. „Vor allem, wenn Mädchen dabei waren, schien es, als ob VauO trotz aller Gemütlichkeit, die ihm zu eigen war, lieber vor Zorn gebebt hätte. Aber vielleicht schickte er sich auch in die Einsicht, daß meine Arbeit unerläßlich sei." Hübsch hält sich zugute, dass er bei Stomps damals viele Aufträge gerettet hat, denn bei dessen Lebensweise wäre kein einziges Buch fertig geworden. Honorar gab es keines. Auf den Tischen der von Stomps nach den lästigen Nagern scherzhaft „Villa Sanssouris (Villa Ohnemaus)" genannten Werkstatt stapelten sich die Einschreibbriefe von Autoren und Gläubigern, bei deren Bearbeitung er sich nicht helfen ließ. Der alte Mann verließ Stierstadt 1967 und starb 1970 mit 72 Jahren mittellos in Berlin.[7]

Abitur im zweiten Anlauf

Die Folge seines Einsatzes war allerdings, dass Hübsch todmüde in der Schule ankam und den Vormittag im Dämmerzustand verbrachte. „Was ist schon Mathematik gegen Kunst?", räsonierte er damals. Die Folge war, dass er trotz wohlwollender Lehrerschaft An-

5 Hadayatullah Hübsch: „Einfach vergessen", in: Frankfurter Neue Presse, 26.2.2016, Veranstaltungen, S. 1.

6 Hadayatullah Hübsch: „Drucken auf alles, was Farbe hält", in: Süddeutsche Zeitung, 10.5.1997, S. 907.

7 Ebd.

fang 1966 durch das Abitur rasselte. Den Ausschlag gab eine mündliche Prüfung in Englisch, das er fließend zu beherrschen schien, aber nicht die Grammatik. Später warnte er seine Kinder davor, Mathematik und Englisch in der Schule zu vernachlässigen.[8] Die Abiturprüfungen durfte er dank eines Kurzschuljahrs schon ein halbes Jahr später wiederholen und diesmal bestehen.

In zwei Schulfächern konnte Hübsch keiner etwas vormachen, Religion und Philosophie. Er war protestantisch erzogen, konfirmiert und ging als Kind und Jugendlicher zum Sonntagsgottesdienst. In seiner ausklingenden Schulzeit bezeichnete er sich mal als Zen Buddhist, mal als Atheist, bekam aber in evangelischer Religion eine glatte Eins. In Philosophie hatte er alles von Spinoza bis Hegel gelesen. Beim Streit mit dem am Buch klebenden Philosophielehrer über René Descartes nutzte Hübsch das leichtsinnig gemachte Angebot, den Unterricht doch selbst zu übernehmen, zu einer dreiviertelstündigen brillanten Abrechnung mit dem französischen Denker.

Hübsch nahm die rebellischen 1968er Jahre früh vorweg. In seiner politischen Phase war er Sozialist und unter dem Eindruck des Vietnamkriegs Pazifist. Zusammen mit Gleichgesinnten gründete er den Oberurseler Ortsverband der Ostermarsch-Bewegung und gehörte auch dem Landesausschuss an. Mit Gleichgesinnten zog er durch die Oberurseler Vorstadt. Die Mädchen verteilten Flugblätter, die Jungs warfen sich beim Ruf „Atomblitz von links" auf das Pflaster. Im Bundestagswahlkampf 1965 störte er in Bad Homburg mit Hunderten Demonstranten eine Wahlkundgebung von Verteidigungsminister Kai Uwe von Hassel und funktionierte sie nach eigener Darstellung zu einer öffentlichen Diskussion mit prominentem Redner um.[9]

8 Hadayatullah Hübsch: Peng. Betzel, Hamburg 1993, S. 14.
9 Ebd. S. 15.

Rastlose Suche nach der Bestimmung

Hübsch verweigerte den Wehrdienst, leistete in Marburg an einer Blindenschule seinen Ersatzdienst ab, langweilte sich und lief fort, übernahm in Frankfurt einige Monate lang die Programmleitung im Club Voltaire, geriet in die Hippie-Szene, nahm zur „Bewusstseinserweiterung" Haschisch und LSD, gründete 1968 zusammen mit seiner Freundin Heidi, einer ehemaligen Klassenkameradin aus Oberursel, in der Bockenheimer Landstraße 87 den berühmt gewordenen Heidi loves you shop, in dem nach Vorbildern kalifornischer Head Shops Lesungen und Feste stattfanden, gegammelt, gekifft und gestohlen wurde, alle Buchhonorare draufgingen, bis die Polizei den Laden nach kurzer Zeit wieder schloss. Hübsch versuchte sich als Musiker, Sänger, Collage-Künstler, versank im Drogenrausch der Kommunen, darunter der berühmten Kommune 1 in Berlin mit Fritz Teufel und Rainer Langhans, traf dort und in Frankfurt auch spätere Protagonisten der RAF[10], lebte vom Ladendiebstahl und Dealen, wurde mit alledem nicht fertig, landete auf der Polizei und in psychiatrischen Anstalten, wollte mit einer Überdosis Schlaftabletten Selbstmord begehen, wurde gerettet, schrie verzweifelt und nackt in der marokkanischen Wüste „0 Allah, bitte reinige mich!", fand im Islam, den er bis dahin nicht kannte, Erleuchtung, später Hilfe in der Frankfurter Nuur-Moschee der islamischen Reformgemeinde Ahmadiyya Muslim Jamaat, die ihn wie einen verlorenen Sohn aufnahm.

In der Suche nach dem Vater, der starb, als er 14 war, liegt wohl auch eines der Motive für die Rastlosigkeit des Schriftstellers, der jeden Schritt und jedes Erlebnis minutiös in Buchform veröffentlichte, zum Beispiel in sei-

10 Sogenannte Rote-Armee-Fraktion.

ner Autobiografie „Keine Zeit für Trips“[11] von 1991 und dem fiktiven Brief an seine Tochter von 1993[12]. Mit dem Vater, Maximilian Hübsch, der eigentlich Pfarrer werden wollte, hatte er heftige Auseinandersetzungen wegen dessen Rolle als Direktor einer großen Firma zur Zeit des Nationalsozialismus. Bei der alleinerziehenden Mutter, Susi[13] Hübsch, die beruflich als Geschäftsführerin des hessischen Landeselternbeirats tätig war, und seiner jüngeren Schwester fand er wenig Verständnis für seine Hippie-Eskapaden und seine spätere Hinwendung zum Islam. Immerhin bekam er durch die Mutter Zugang zur Landesschülervertretung und zu der linken Jungen Presse Hessen, die ihm Einfluss auf die hessischen Schülerzeitungen verschaffte.

Konversion zum Islam

1969 wurde Hübsch Muslim und zeitweise Deutschlands bekanntester Konvertit. Er nahm an der Johann Wolfgang Goethe-Universität ein Studium der Islam- und Religionswissenschaften auf, das er aber nicht abschloss. Der Kalif der Ahmadiyya-Gemeinde gab ihm den Vornamen Hadayatullah, was so viel wie „der von Allah Geleitete“ heißt. Eigentlich wollte er sich auch einen neuen Nachnamen zulegen, verzichtete dann aber wegen des damit verbundenen Aufwands darauf.

In Pakistan heiratete er 1974 Hidayet Begum Sookia, eine Diplomatentochter aus Mauritius, mit der er eine Tochter hatte. Die Frau starb 1979 an Krebs. 1980 ehelichte er Sadiqa Ahmad, die Tochter eines Derwischs aus der nordindischen Ahmadiyya-Gründerstadt Qadian. Aus der Ehe gingen sieben Kinder hervor, darunter die bekannte Publizistin Khola Maryam Hübsch.

Ankündigung der zweiten Hochzeit von Hadayatullah Hübsch am 5. Januar 1980 in der nordindischen Stadt Qadian, dem Gründungsort der Ahmadiyya-Bewegung (Foto: privat).

Hübsch wurde Sprecher der Frankfurter Ahmadiyya-Gemeinde und bald auch Imam, Freitagsprediger, an der Nuur-Moschee. Publizistisch und in seinen Predigten setzte er sich für den Dialog zwischen den Religionen ein. Die 1998 aufkommenden Vorbehalte einiger Oberurseler Kommunalpolitiker gegenüber der Eröffnung eines islamischen Kulturzentrums im Oberurseler Gewerbegebiet hielt er für unbegründet.

Großes publizistisches Lebenswerk

Von 1991 bis 1998 war Hübsch Vorsitzender des Verbandes deutscher Schriftsteller in Hessen. Die Deutsche Nationalbibliothek führt ihn als Autor von 100 Publikationen und Mitautor weiterer 16.[14] Er schrieb zahllose Zeitschriftenaufsätze, 17 Hörspiele für die ARD und war Reporter und Feature-Autor für den Jugendfunk des Hessischen Rundfunks. Er schrieb Beiträge für die taz, die Süddeutsche Zeitung, Die Welt, die rechte Junge Freiheit

11 Hadayatullah Hübsch: Keine Zeit für Trips, Koren & Debes, Frankfurt am Main 1991.

12 Hadayatullah Hübsch: PENG. Langer Brief eines 68ers an seine Tochter. PENG, Betzel, Frankfurt am Main 1993.

13 Eigentlich Susanne.

14 Eine offizielle Liste findet sich unter http://hadayatullah.de im Internet.

Hadayatullah Hübsch (Aufnahme undatiert. Foto privat).

und die linke Junge Welt, war sieben Jahre lang für das Feuilleton der FAZ tätig, danach bis zuletzt für die Frankfurter Neue Presse. In zahlreichen Radio- und Fernsehsendungen vertrat er die Muslime und den Islam. Für seine Gemeinde arbeitete er ehrenamtlich. Seine Familie konnte von seiner literarischen Tätigkeit leben.

Seiner alten Schulklasse in Oberursel blieb er durch Besuche von Klassentreffen verbunden. Bei einem Jubiläumsabend des Gymnasiums Oberursel 1993 trug er Gedichte vor.

Hadayatullah Hübsch starb überraschend und friedlich am 4. Januar 2011 und wurde vier Tage später – es wäre sein 65. Geburtstag gewesen – auf dem Frankfurter Südfriedhof beigesetzt. Am offenen Sarg nahmen auch sein früherer Klassenlehrer und Mitschülerinnen und Mitschüler aus Oberursel Abschied.

Hadayatullah Hübsch bei einem Empfang der Ahmadiyya-Gemeinde (Aufnahme undatiert. Foto: privat).

Ingrid Berg

Schreiben nach Gehör und Lesen nach der Uhr

Oberems als Beispiel, wie auf dem Land gelernt wurde

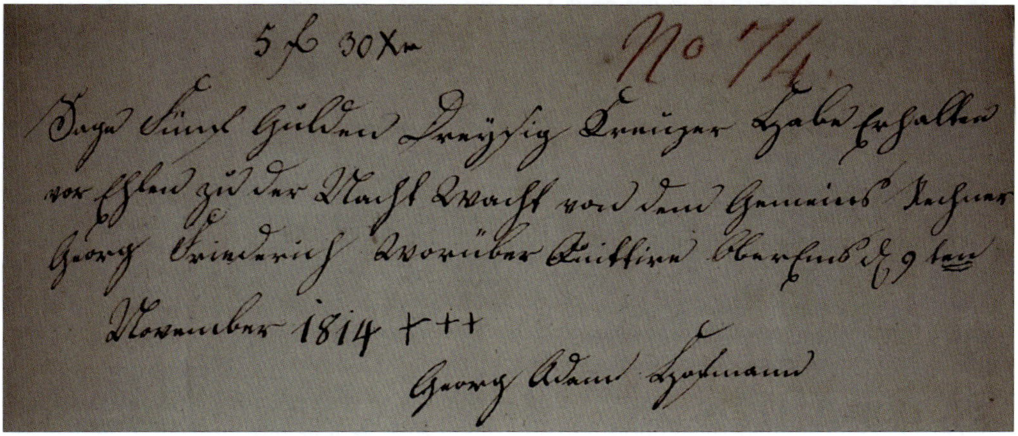
5 fl 30 Xr No 74

Gegen Fünf Gulden Dreißig Kreuzer habe erhalten vor Ehlen zu der Nacht Wacht von dem Gemeinde Rechner Georg Friedrich worüber Quittire Oberems d 9ten November 1814 +++

Georg Adam Hofmann

Historisches Archiv der Gemeinde Glashütten, Abt. Oberems.

Am 7. Mai 2019 wurde in Berlin eine „Studie zur Literalität in Deutschland" vorgestellt, aus der hervorgeht, dass sechs Millionen Menschen nicht richtig lesen und schreiben können, davon mehr als die Hälfte mit Deutsch als Muttersprache. Und eine Woche später schlägt die Stiftung Handschrift Alarm „Kinder können nicht richtig schreiben"[1]. Ein bedrohlicher Befund für unsere moderne Gesellschaft! Wie sah es denn vor 200 Jahren in unseren Dörfern aus, zum Beispiel in Oberems?

Am 9. November 1814 stellt der Gemeinderechner Georg Friedrich dem Georg Adam Hofmann eine Quittung über den Erhalt von fünf Gulden und dreißig Kreuzer aus, was Letzterer mit drei Kreuzen bestätigt. Georg Adam Hofmann kann also nicht schreiben.

Gelegentlich, aber nicht sehr oft, finden wir diese Art der Unterschrift zu dem Zeitpunkt noch in den Haushaltsunterlagen der damals selbstständigen Gemeinde Oberems. Der Gemeinderechner Friedrich schreibt nach Gehör: Mit „vor Ehlen zu der Nacht Wacht" ist „für das Ölen" von Gerätschaften für die Nachtbeleuchtung gemeint. Aber er hat eine gut leserliche Schrift mit sorgfältig geformten Buchstaben, wie er sie in der Schule gemäß der deutschen Schreibschrift bestimmt sehr zeitaufwändig erlernt hat, denn vor allem den Großbuchstaben musste besondere Aufmerksamkeit gewidmet werden.

Seit Beginn des 18. Jahrhunderts fand in Oberems mehr oder weniger sporadisch Schulunterricht statt, bei den Eltern oft unbeliebt, weil die Kinder auf dem Feld und bei der Ernte mithelfen mussten. Daher gab es

1 FAZ vom 14.5.2019, S. 44.

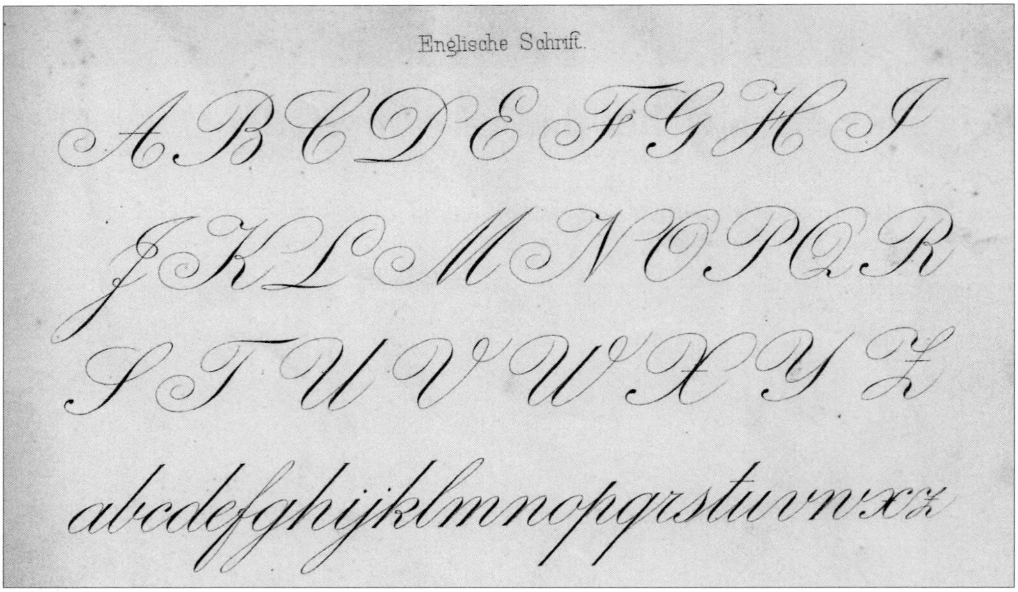

Englische Schrift, aus: „Sammlung der wichtigsten Schreib- und Zierschriften für Schüler, Künstler und Kunsthandwerker, zusammengestellt von C. Cordes, Kalligraph", hier in der Ausgabe von 1902.

zunächst auch nur die sogenannten Winterschulen. Der Idsteiner Superintendent Elbert betonte aber, treu den Intentionen seiner Zeit, es sei erwiesen, dass die Hexen seit Einrichtung von Schulen die Kinder nicht mehr so leicht verführen könnten wie ehedem.[2]

Die Schulchronik von Oberems enthält viele Einzelheiten, was den Unterricht angeht. So erfahren wir 1796 durch die Eintragungen des Lehrers Johann Philipp Roth, Seminarist des Idsteiner Lehrerseminars, dass die Kinder Buchstabieren, Lesen, Schreiben, Singen, Rechnen lernen und im Christentum unterwiesen werden. Zunächst scheint vor allem die Bibel Lese- und Lernstoff zu sein, wie auch ein 1818 erwähntes „Spruchbuch" sicher nur biblische Texte enthielt. Aber im selben Jahr wird auch das Schreiben besonders erwähnt, und zwar unterschieden a) nach „Calligraphie durch Vorschreiben" und b) nach „Orthographie durch Diktate", wobei auch das „schriftliche Lesen" geübt wird, was immer man sich darunter vorstellen mag. Der Rechenunterricht wird als Übung im Hersagen der Zahlen beschrieben.

1852 unterrichtet der Lehrer Wern 50 Kinder und schreibt in die Chronik, dass im Laufe des Sommers für die Klassen 1a und 1b vom hohen Ministerium neue Lesebücher eingeführt worden seien. Der erste Teil, die Fibel, erscheint ihm zu gedrängt; sie könnte fürs ganze erste Schuljahr dienen. Ob jedes Kind eine eigene Fibel besaß, um auch zu Hause das Lesen zu üben, wird nicht erwähnt. Im selben Jahr gibt es den ersten Hinweis auf eine Schulbibliothek, der „acht Lieder und eine Sammlung von Schulgebeten einverleibt" werden. Die Schule bestand zur damaligen Zeit aus nur einem Raum im ersten Stock, im Erdgeschoss lag der Kuhstall. Man kann sich schwer vorstellen, wo und in welchem Zustand sich die Schulbibliothek befunden hat.

2 Gross, August, Beiträge zur Geschichte der Volksschule zu Oberems i/Taunus, Eppstein 1944.

1855 kann endlich ein Neubau bezogen werden. Aber die Schule ist so feucht, dass das Wasser an den Wänden herunterläuft; noch im Winter 1863 waren die Wände ganz „bethaut". Umso erstaunlicher, dass im umfangreichen Schulinventarium 1858 ein großer Bestand an Karten, zum Beispiel von Nassau, Deutschland, Preußen, Europa und sogar Palästina verzeichnet ist, dazu eine Menge an Lese- und Schreibmaterial. Aufgeführt sind:

Deutsche und englische Schreibbuchstaben des Thüringer Lehrer=Vereins, auf Pappe gezogen, und eine neue Wandfibel,
die neue Schreibtabelle von Hohle,
eine Sprachlehre,
mehrere Bibeln und Gesangbücher,
Lesebücher für die oberen Klassen,
Übungsbuch zum deutschen Sprachunterricht,
Biblische Geschichten.

Im Ganzen sind 129 Bücher oder Materialien aus Papier aufgeführt, die sich in dem noch jahrelang nassen Schulgebäude befunden haben. So etwas wie „Schöngeistige Literatur" befand sich nicht darunter. Aber es wurde eifrig auswendig gelernt. Am 18. Januar 1896 fand eine Schulfeier statt, denn 25 Jahren zuvor war König Wilhelm zum deutschen Kaiser proklamiert worden. Anlässlich dieses Gedenktages „trugen die obersten Klassen Gedichte vor". Leider erfahren wir nicht, welcher Art diese Gedichte waren. Aber die Kinder wurden zunehmend auch in die klassische Literatur eingeführt. Am 6. Mai 1906 fanden Schillerfeiern statt, und die acht besten Schüler erhielten ein „Schillerbüchlein". Der Todestag Schillers jährte sich am 9. Mai zum Hundertsten Mal; man beging ihn aber am Samstag zuvor.

Zunehmend gewannen Sport und Spiel und auch Wandern an Bedeutung, jedoch unterbrach der Erste Weltkrieg mit seinen schrecklichen Ereignissen oft genug den geregelten Schulunterricht und damit auch Berichte in der Chronik. Unter dem Lehrer Wilhelm Roth, der von 1920 bis 1934 an der Oberemser Schule tätig war, wurde eine neue literarische Gattung in den Unterricht eingeführt: am ersten Weihnachtsfeiertag 1925 spielten die Schulkinder zum ersten Mal Theater; „die Kinder waren mit ganzem Herzen dabei", so heißt es in der Schulchronik.

Auch bei den Erwachsenen, und das vorrangig bei den Frauen, begann das Interesse an Literatur zu wachsen. Einen wesentlichen Anteil daran hatte Pfarrer Otto Möhn (1902–1980), der kurz nach seinem Antritt im Kirchspiel am 10. Dezember 1930 die „Evangelische Frauenhilfe Oberems" gründete.[3] Es waren 27 Frauen, alle heute noch namentlich bekannt, die während der Wintermonate gemeinsam eine Art Geselligkeit pflegten, zu der im arbeitsreichen Sommer Zeit und Kraft fehlten. Man traf sich abends im Rathaus in einem Raum, der zuvor mit Brennholz beheizt werden musste. Die Abende mit Pfarrer Möhn begannen mit einem Gebet und einem Lied, aber danach wurde es echt spannend. Einen ganzen Winter hindurch las der Pfarrer jeweils eine Passage aus einem weltlichen Roman vor, darunter zum Beispiel „Der Idiot" von Fjodor Dostojewski, der die Frauengruppe so fesselte, dass die Spannung eine ganze Woche bis zur nächsten Vorlesestunde anhielt. Selbstverständlich hörten die Frauen nicht untätig zu; in der Regel wurde gestrickt oder genäht. Aus diesen Vorlesestunden entwickelte sich nach und nach bei den Frauen auch eine große Freude am Theaterspiel; es bildete sich eine aktive Schauspieltruppe, die geeignete Stücke, bei denen auch Männer mitmachten, auf die Bühne brachten.

Während der Zeit des Zweiten Weltkriegs schweigt sich die Schulchronik weitgehend

3 „Oberemser Kleinigkeiten", Erinnerungen an die Zeit vor 60 Jahren; herausgegeben anlässlich des 60-jährigen Bestehens der Evangelischen Frauenhilfe Oberems, 1990.

über literarische Ereignisse aus, und auch die Frauenhilfe stellte ihre Treffen langsam ein.

1946 beklagte sich Lehrer Oskar Rode darüber, dass „Denken und Hochdeutschsprechen" den meisten Schulkindern schwer falle. Als einzige Lehrkraft bei 54 Kindern musste er sich redlich abmühen, führte aber 1951 zu Weihnachten ein Bühnenspiel „Der Weihnachtsmann weiß alles" mit den Schülern auf. Die Vorstellung fand so viel Anklang, dass durch den Landrat Dr. Wagenbach Geschenke in Form von Bibliotheksbüchern an die Schulkinder verteilt wurden.

Und wieder wurde an Friedrich Schiller gedacht! Zum 150. Todestag, dieses Mal genau am 9. Mai 1955, lernten die Schüler anlässlich der Schillergedächtnisfeier eine Auswahl von Gedichten „kennen", so heißt es in der Chronik. Gemeint ist wahrscheinlich, dass sie die Gedichte nicht nur kennen-, sondern auch auswendig lernten. Im selben Jahr wird über die Bestellung von Klassenlektüre berichtet, leider ohne Titelnennung und Anzahl der Exemplare.

In diesen Jahren nahm auch die Evangelische Frauenhilfe wieder ihre Theateraktivitäten auf. Ein Renner wurde die Aufführung des Stückes „Ein Frühlingstraum", für die damaligen Verhältnisse hoch gewagt, denn es brachte Erotik auf die Bühne! Der Andrang war so groß, dass die Folgeveranstaltung „Der Husarenritt" wegen der vielen Besucher auch aus den Nachbardörfern seine ursprünglich zwei geplanten Aufführungen auf vier verdoppeln musste. Über den literarischen Anspruch der Texte ist nichts bekannt, aber Theater ist Theater – man muss lesen, lernen und darstellen![4]

In der Oberemser Dorfschule wurde nicht nur die Tradition des jährlichen Weihnachtsspiels gepflegt, sondern, insbesondere nach Übernahme der Schulleitung durch Johann Bohnet 1957, Jahr für Jahr ein Besuch im Wiesbadener Theater durchgeführt. Neben Märchenaufführungen „Der kleine Muck" oder „Brüderchen und Schwesterchen" liest man von Fahrten zu „Prinzessin Huschewind" und „Stefan mit der langen Nase", das den Kindern überaus große Freude bereitete, wie die Schulchronik berichtet.

Vom 12. bis zum 16. Januar 1958 fand in Oberems eine sogenannte „Dorfwoche" statt, eine Veranstaltung der Zivilgemeinde unter Bürgermeister Seel und des Evangelischen Pfarramts unter Pfarrer Möhn. Es wurde gesungen, Vorträgen zugehört, diskutiert und gepredigt, aber das Besondere bot der Eröffnungstag, ein Sonntag, mit einer Buchausstellung (Erwachsenen- und Jugendliteratur, Heimatliteratur) und einer Vorlesung durch Pfarrer Laschek aus Dietzenbach „Wertvolle Bücher sprechen zu uns".

Spätestens ab 1959 wurde die Schulbibliothek kontinuierlich aufgestockt. Allerdings handelt es sich dabei um Fachbücher für den Lehrer, wie zum Beispiel „Der Bauernhof", „Unser Körper", „Geschichte einst und jetzt", „Gesangsunterricht", „Handarbeit und Wäsche" und auch „Vom Sprechen zur Sprache". So etwas wie Kinder- und Jugendbücher wurde nicht angeschafft, denn eine Ausleihbibliothek wie zur gleichen Zeit im benachbarten Glashütten gab es in Oberems schon aus Platzgründen nicht.

Zu Beginn des Schuljahres 1968/69 finden wir einen bemerkenswert kurzen Eintrag durch Lehrer und Schulleiter Johann Bohnet in der Schulchronik. „Zum ersten Mal in der Geschichte unserer Schule wird mit der Ganzwortmethode ‚Meine Fibel' von Klett der Erstleseunterricht (Schreibschrift) begonnen." Ein erfahrener und erfolgreicher Pädagoge enthält sich weiterreichender Kommentare!

Im Jahr 1970 schließt die Oberemser Dorfschule, und die Kinder besuchen ab diesem Zeitraum die Grundschule Glashütten. Das

4 Siehe auch: Berg, Ingrid, „Die evangelische Frauenhilfe Oberems". In: LukasForum der Evangelischen Lukasgemeinde Glashütten, März – Mai 2019.

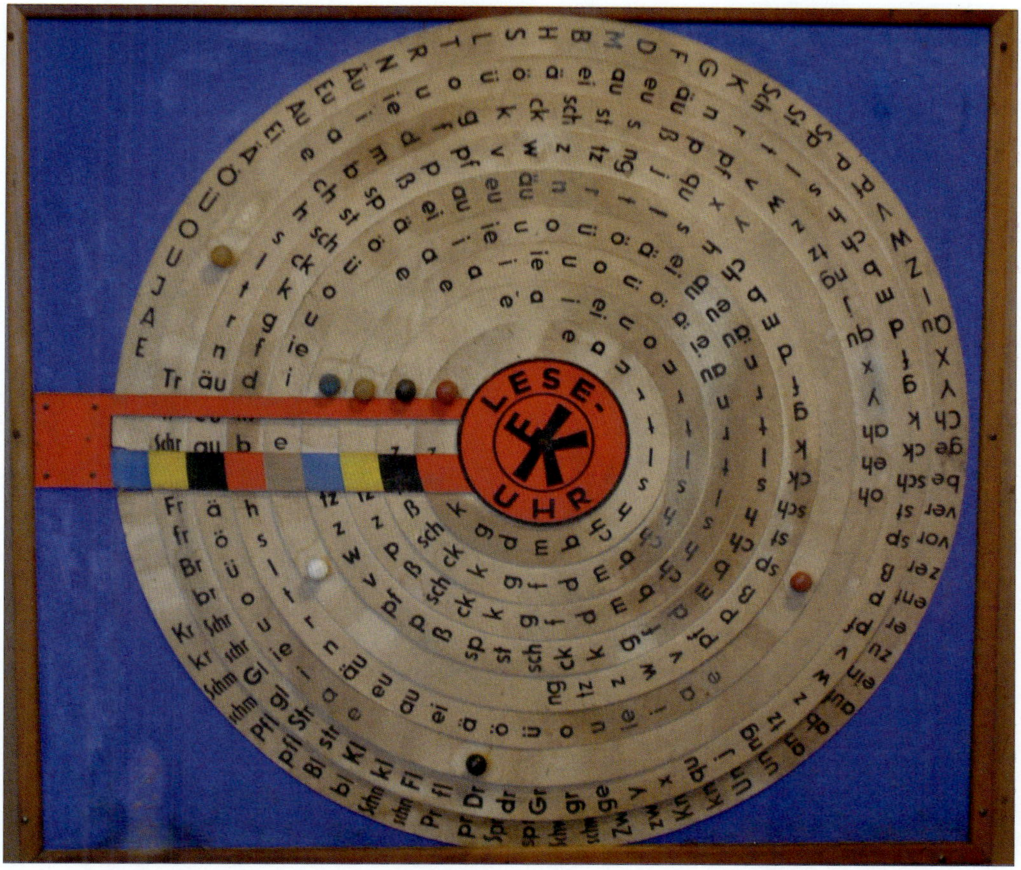

Leseuhr der Firma E. Kuhlemann.

ehemalige Schulgebäude in Oberems diente fast weitere 50 Jahre Wohnzwecken. Als im Jahr 2018 das Gebäude vollständig geräumt wird, findet sich auf dem Dachboden, hinter Müll versteckt und von durch das Fenster hineinwachsendem Efeu eingeklemmt, eine großformatige Leseuhr als einzige Erinnerung an die ehemalige Nutzung des Gebäudes. Liebevoll gesäubert und etwas aufbereitet ist sie auch heute noch vorsichtig benutzbar und könnte ihren Zweck erfüllen. Wann sie angeschafft wurde und welche Schulklassen mit ihr das Lesen gelernt haben, hat sich bisher nicht ermitteln lassen.

Von einer Leseuhr als Einsatz im Unterricht hören wir heute kaum noch etwas. Bücher gibt es allerdings immer noch fast in Unmengen im Angebot.

Aber werden sie auch gelesen? Wie ist es mit der Leselust, der Lesewut, den Leseratten? Man kann nur hoffen, dass letztere Spezies nicht tatsächlich ausstirbt.

Olaf Velte

Sich ins Absurde stürzen

Sprachspieler aus Erfahrung: Die Heimatlosigkeiten des großen Poeten und Erzählers Franz Hodjak

In einer vor zwei Jahren erschienenen Aphorismen-Sammlung ist auf Seite 69 zu lesen: „Humor haben nur die wenigsten, weil nur die wenigsten den Ernst der Lage begreifen." Franz Hodjak heißt der Verfasser – ein Mann, der den Ernst der Lage mehrfach hautnah zu spüren bekommen hat, der mit einem feinen, superben Humor-Gefühl gesegnet ist. Einer, der mit Sprache umgeht, durch Sprachräume wandert, als Schriftsteller seit 26 Jahren in Usingen wohnt.

In Buchanhängen und auf Internetseiten sind spaltenweise veröffentlichte Werke nebst Auszeichnungen gelistet. Preisgekrönt wurde Franz Hodjak nicht nur in Leipzig, Klagenfurt und Esslingen, Stipendien haben den im September 1944 zur Welt Gekommenen auch in die Stadtschreiberzimmer von Mannheim, Minden, Dresden gelotst. Belohnt wurde und wird ein seit 1970 wachsendes Universum, das Romane, Gedichte, Essays, Aphorismen, Notate und Kinderliteratur in sich birgt. Einmal wetterleuchtet sogar ein „Monodrama" durch die Atmosphäre – dem Vorfahr Francois Villon eine Bühne bereitend, mit „Franz, Geschichtensammler" trefflich überschrieben.

Ein Leben also, das erzählt, verdichtet, bedacht werden soll. Das „bei verdunkelung und ausgangsverbot" (so im Gedicht „autobiographie") in Hermannstadt per Geburt anhebt. Bis 1992 bleibt das Gebiet der Siebenbürger Sachsen kreativer Lebensmittelpunkt für den Dichter, Redakteur (der Zeitschrift „Neue Literatur") und Lektor (des in Klausenburg beheimateten Dacia-Verlags). Zutiefst prägend, was Franz Hodjak als „Insel-Situation" bezeichnet. Zugehörig der deutschen Minderheit – „zudem jenseits des verordneten Politikverständnisses" – ist das „Fremd-Sein" alltägliche Gewissheit. Obwohl niemals offen diskriminiert, bleibt das Gefühl der Entgrenzung.

Ein Raum, ein Zustand – ein Ort der Prüfung: „Dort, inmitten der verschiedenen ethnischen Gruppen, war Toleranz zu lernen." Respekt für das Andere, dem man selbst angehört. Letztendlich eine Entscheidung, die Wachsamkeit und Weitsicht in sich trägt. Im Bewusstsein aktueller Debatten und gesellschaftlicher Kehrtwenden ist es dem Zeitgenossen Hodjak „unbegreiflich, dass der Kampf um Toleranz heute nochmals ausgefochten werden muss".

Nachschlagen lohnt sich. Zum Beispiel im Auswahlband „Sehnsucht nach Feigenschnaps", herausgegeben vom famosen Wulf Kirsten (der leider nicht im Taunus lebt) für den vormaligen Aufbau-Verlag.

kelling 3

zehn etwa sterben im jahr,
elf wandern ab in die stadt,
zwölf fahren zum bruder.

die akazien, klein und verkrüppelt,
blühn
mit dem mut der verzweiflung.

So versinken sie, die Dörfer der Rumäniendeutschen, in zermürbender Diktaturengegenwart. Die Landkarte verändert ihr Antlitz, in schleichendem Tempo zunächst. Wie sie einen Endpunkt erreicht, die Geschichte eines uralten Sprach- und Kulturraumes – der Dichter hat es aufbewahrt. Ohne übertriebenes Sentiment, ohne nostalgische Verklärung.

Und
den Schüttelweg hinauf
und hinunter
polterten die Heuwagen
in ihren verschiedenen Mundarten
und Dialekten

Oder im Band „Landverlust" von 1993:

die kompaßnadel dreht sich wie
verrückt
im kreis. und was es nicht

gibt, gibt dir die verlorne
sprache zurück.

Immer wieder die Sprache, das Mittel zum Miteinander. In „drei sprachen und etlichen dialekten" haben sie gelebt, die Siebenbürger Sachsen. Dabei stets „von mensch zu mensch". Über was daher zu reden ist, kann im Gedicht „siebenbürgische sprechübung" nachgelesen werden.

1992 – da hat das Gebiet schon große Teile seiner Bevölkerung verloren – entscheidet sich die Familie Hodjak zur Abreise. Nicht die Zeugenschaft der gewaltsam-blutigen Revolution in Rumänien gibt den Ausschlag, der Verlust des gesamten Umfeldes wiegt schwer. Zudem die Angst, „dass sich nochmals die Grenzen schließen". Tochter, Mutter und Vater machen sich auf den Weg nach Westen, der zum Irrweg wird. Irgendwann sind sie im Auffanglager von Hamm, dann im Bad Homburger Aussiedlerheim am Erlenweg. Im April 1993 bezieht die Familie jene Usinger Wohnstatt, in der bis heute gelebt und gearbeitet wird. Hier entsteht der beim Hausverlag Suhrkamp verlegte Roman „Ein Koffer voll Sand" – eine aus dem Erlebten sich aufschwingende Aussiedler-Odyssee, von der Franz Hodjak sagt: „Einiges darin ist überhöht, aber der Kern stimmt."

Während sich rumäniendeutsche Kolleginnen und Kollegen vorwiegend in Berlin und Frankfurt ansiedeln, wählt der Spätausgewanderte die ehemalige Residenz- und Kreisstadt im Hochtaunuskreis – zugleich „die Mitte Deutschlands". Es sind Jahre, in denen viele Lesungen absolviert, zahlreiche Einladungen angenommen werden. Reisen führen auch zu Kongressen und Veranstaltungen in Temeswar, Klausenburg, Hermannstadt. Zurück in ein Land, aus dem das rumäniendeutsche Element nach Jahrhunderten verschwindet. Nie habe er gedacht, dass dieser endgültige Abschied in einer Epoche der Freiheit geschehen könnte. Sagt ein Schriftsteller, der aus dem Erfahren rigoroser System- und Mentalitätswechsel eine Ethik des Absurden destilliert hat.

Absurd, grotesk, ironisch, spielerisch, spöttisch. Zuschreibungen, mit denen seine Literatur seit jeher bedacht wird. Trauer, die im Lachen versinkt – einem Lachen mit dem Mut zur Verzweiflung. Dichtung, die im Dennoch gründet, aus unerfindlichen Gründen optimistisch stimmt. Franz Hodjak weiß allzu viel über das Menschsein, die Existenz auf diesem Planeten, der sich Erde nennt. Warum also in den Chor der Schwarzseher einstimmen? Vielmehr: Hinschauen, hinhören, die Sprache offen halten. Offen aussprechen, was jenseits aller Kulissenschieberei vor sich geht.

ein gedicht das sich ins absurde stürzt
vor hoffnung und staunen und hoffnung

Oder dies hier – ebenfalls aus dem Band „Siebenbürgische Sprechübung":

gegen deinen willen bist du,
wie du bist: sterblich.

du bist da, aus gründen, die nicht
nach dir fragen.

In Frage steht immerzu dieses als „Identität" ausgewiesene Nebulös-Zwielichtige. „Mutter- und Vatersprache" ist für den Poeten alles, der jeweilige Lebensstandort eher wenig – er verweist auf seine „zwei Heimatlosigkeiten". Ein Zustand, der nicht vergeht, in den Leib eingeschrieben ist. Auch in Deutschland als Deutscher ein Fremder: „Schon unser Zungenschlag macht uns zu Außenseitern." Absurde Situationen zuhauf – das Erleben von Da-Sein und Welt kann nicht eindimensional als Tragödie oder Komödie geschildert werden. Nehmen Sie sich ein Beispiel daran, wie Christian Dietrich Grabbe die Welt sieht: „Scherz, Satire, Ironie und tiefere Bedeutung" ist ein unverschämtes Lustspiel (und mehr).

Nach den Hodjak-Anregern gefragt, werden für das Prosaische Kafka, Joseph Roth, Jahnn und Döblin genannt, im Lyrischen sind „der ganze Expressionismus", Trakl, der späte Benn und „die Bukowina" nahe.

Die Unbedingtheit des Franz Fühmann ist auch seine:

die regel ist: entweder allein
oder drin in der goldenen mitte.

Und Georg Trakl ist natürlich einer von uns:

er war ein hartnäckiger schweiger
trank bis zu sieben viertel wein
schrieb seine gedichte auf briefum-
schläge und rechnungen
hatte ein besonderes verhältnis zur
schwester
zu Dostojewski und kokain
kam viel zu früh in den krieg
rettete sich bei Grodek und
desertierte ins jenseits

Vom Gedicht ausgehend, haben seine Erzählungen und Romane ihre Form gefunden. Pfleglich behandelt und punktgenau gesetzt werden Reim und Lied, Ode und Sonett. Dass ein Band mit Haikus der Veröffentlichung harrt, weckt Vorfreude. Angekündigt sind neue Aphorismen, weitere Kurzprosa-Stücke. Vorbei jedoch die Zeiten, in denen 16 Stunden am Tag geschrieben wurde, der Schreibtisch belagert war mit handbeschrifteten Blättern, Kaffeetassen, Zigarettenkippen. Immer waren die Nächte zu kurz. Heute „lernt" der Dichter von seinen Enkelkindern.

Hier, wo er jetzt lebt, ist die poetische Sprache offen und frei wie nie zuvor. Aus der „Usinger Elegie" zumindest der Beginn:

Nun, ich habe keine zwei Heimaten,
wie, zum Beispiel, jeder brave,
ordentliche Emigrant,
öffnet sich zögernd die grammatikali-
sche Amsel,
sondern bloß zwei Heimatlosigkeiten,
eine neue natürlich und eine alte.
Aus der einen hüpfe ich in die andere,
je nach Bedarf.

Mit Lithografien von Hubertus Giebe ist der vorerst letzte Gedichtband geschmückt – ein Prachtband, der unter der Überschrift „Der Gedanke, mich selbst zu entführen, bot sich an" steht und auch „Usinger Land. Sandplacken" enthält.

Über dem Land kreist ein Habicht.
Was er huschend ins Auge faßt,

dem vergeht der Frühling.

Kommt ein Bus von überland,
deutet sich ein Event an,

etwas wie ein Gemeinschaftsgefühl
blitzt auf
für einige Sekunden, die

den Horizont erwärmen

und den Mäusen Mut machen
im Stoppelfeld,

den Tischen und Stühlen
auf der Terrasse,
dem langen Warten, daß die alte
Liebe

noch kommt. Und gerade das, was
Zeit bräuchte

und verweilen sollte,
geht anderer Wege.

Ist es nicht ein Glück, solch einen Menschen und Künstler in der Nähe zu haben, als Nachbarn? Einen, dem wir gern zuhörend nachfolgen, den langen Weg von Siebenbürgen zum Taunuskamm abzuwandern, all den Reichtum an Wissen und Witz einzusammeln. Dem gern hinzutragen wäre, was er „zum Kaffee braucht“:

Ein Seepferdchen, das aus dem Aquarium springt
Eine Musik, die die Ohnmacht
zum Klingen bringt
und zwar viertel vor acht
Von gestern ein paar Scherben
Von morgen den Rauch
Keine Trauer, nur frohe Erben
Einen kaputten Gartenschlauch
Die Ewigkeit, einmal nur, in Revolte sehen
Ein Flugticket in den Konjunktiv
Etwas wie Geburtswehen
Einen Film, der in der Kindheit lief
Einen Stolperweg, hinauf bis zum Ort,
wo die Krähen
den Galgen vermissen
Nachtschwärmer, die ihr Bier auspissen
Elf Schnürsenkel, um sie zu verknoten
Etwas Trost für die Heldentoten
Zwei Schachteln Zigaretten
Meldungen von archäologischen Funden
die die zehn Gebote verbiegen
Zwei ruhige Stunden
die nichts zusammenfügen.

Wolfgang Gemeinhardt

„Es wird ungemütlich", aber „Kultur hilft"!

Eva Demski beim Jubiläum des Kulturkreises Usinger Land

Eva Demski mit Wolfgang Gemeinhardt, Erster Vorsitzender, und Friederike Richter-Wedell, Vorsitzende des künstlerischen Beirats (Foto: Bernd Wolff, © bewo).

Der Kulturkreis schätzt sich glücklich, dass es am 15. September 2018 in Usingen gelungen war, die Schriftstellerin Eva Demski zum Festakt seines 40-jährigen Bestehens zu begrüßen. Geehrt fühlten wir uns – auch für die geladenen Gäste im Wilhelmj-Salon – durch die Gruß- und Dankesworte von Bürgermeister Steffen Wernard, des Stadtverordnetenvorstehers Gerhard Liese und des Landrats des Hochtaunuskreises Ulrich Krebs, dessen Grüße von Gregor Maier, Leiter des Fachbereichs Kultur, überbracht wurden.

Wir sind in Vorstand und Beirat des Vereins gleichfalls dankbar, dass die Rede Frau Demskis an prominenter Stelle veröffentlicht wird. Weist doch gerade das Thema „Literatur" des Jahrbuchs 2020 auf einen der im Kulturkreis in jedem Jahr gepflegten Bereiche hin, dem – neben der Musik, der darstellenden Kunst, dem Film und der zu besichtigenden kulturellen Kleinode im Land Hessen – besondere Aufmerksamkeit im Programmangebot gilt.

Der Usinger Anzeiger berichtete unter der Überschrift „Ehrenamt und Leidenschaft" über Arbeit und Erfolg des Kulturkreises Usinger Land. Vor 40 Jahren von 32 engagierten und der Kultur sich verpflichtenden Bürgern dieser Region gegründet, konnten in allen Jahren und in fast 500 Veranstaltungen immer wieder hervorragende Künstler aus Deutschland und der Welt gewonnen sowie Talenten aus dem unmittelbaren Umfeld eine Chance gegeben werden. Heute wird der Kulturkreis neben Vorstand und Beirat von über 200 Mitgliedern getragen und von einem Publikum, das auch von den Künstlern als besonders sachkundig und sensibel eingeschätzt wird. Der Kulturkreis ist inzwischen „fest im kulturellen Inventar des Usinger Landes verankert".

Eva Demski schlug in ihrer ausdrucksstarken, mitunter bewusst provozierenden Sprache den Bogen von der kulturellen Gründungszeit der 1970er Jahre „auch in metropolfernen Winkeln" zur heutigen Zeit und leitete mit der Frage „Kultur für alle – schaffen wir das?" in die Gegenwart über, um zur politischen Kultur und Debatte festzustellen: „Es wird ungemütlich." Der Respekt sei verloren gegangen, der Zorn sei allgegenwärtig. „Selbstmitleid und Missgunst legt sich auf alles", sagte die Schriftstellerin und Kulturpublizistin zu Demonstrationen und Kundgebungen in Deutschland, um letztlich festzustellen: „Kultur hilft"! Nur sie könne den Zorn der angeblichen Verlierer entgiften. Zudem

Ein Streichquartett aus dem Jugend-Sinfonie-Orchester des Hochtaunuskreises sorgte für einen musikalischen Rahmen.

warb Eva Demski gerade in dieser digitalen Zeit für den „Zauber des Analogen", der die Unmittelbarkeit einer Darbietung und den Augenblick der Kunst ausmache.

Damit war auch wieder der Bogen geschlagen zum musikalischen Rahmen, den vier Mitglieder des Jugend-Sinfonie-Orchesters des Hochtaunuskreises boten – abschließend durchaus stimulierend mit der „Kleinen Lachmusik".

Eva Demski

Plädoyer für das analoge Glück des Augenblicks

Rede zum 40-jährigen Jubiläum des Kulturkreises Usinger Land

Eva Demski (Foto: Ute Dietz).

Meine sehr verehrten Damen und Herren,

herzlichen Glückwunsch zum vierzigsten Geburtstag. Man kann eine Institution nur bedingt mit einer Person vergleichen, andererseits – es zu tun, ist verführerisch, besonders in diesem Fall, das Alter vierzig entspricht ja einem unerbittlichen Übergang ins Erwachsensein. In unserer Zeit darf das betont werden, denn die Juvenilität wird wie ein Gummiband gedehnt, möglichst übergangslos in die Senilität hinein – aber das ist ein anderes Thema. Vierzig ist erwachsen. Man schaut zurück, ein bisschen wehmütig, aber auch stolz. Der Kulturkreis Usinger Land ist zu einer aufbruchslustigen Zeit entstanden. Es galt, Kultur überall hinzutragen, erreichbar, begreifbar, genießbar für möglichst viele Menschen an möglichst vielen Orten, auch den kleinen und kleinsten.

Es war die große Forderung nach der *Kultur für alle* des jüngst verstorbenen Hilmar Hoffmann, die sich zügig verbreitete, bis in die metropolenfernen Winkel. Ich erinnere mich gut an diese Zeit, mit der gleichen Leidenschaft wurde in den Medien, den Dritten Programmen, im Hörfunk, in den Theatern und irgendwann sogar in den Universitäten der Ruf nach kultureller Teilhabe gehört und beantwortet. Die große Zeit der Gründungen brach an, nicht allen war das Erwachsenenalter vergönnt wie der Ihrigen. Aber man soll die Macht der Erinnerung nicht geringschätzen: Wer damals in einer Band, einer Theatergruppe, einer kommunalen Galerie seine ersten kulturellen Erfahrungen gemacht hat, weiß das bis heute, auch wenn die besagte Institution längst Geschichte ist.

Das Wunderbare an dieser Zeit, und ich meine das nicht nostalgisch, war ihre Zuversicht. Die lag nicht nur daran, dass man jung war, sondern dass um einen herum so viel in Bewegung geraten war. Die allermeisten hatten den eisigen Weg des politischen Totalwiderstandes von vornherein nicht gehen wollen, sondern sich auf die Kräfte kultureller und manchmal auch subkultureller Aktivität verlassen. Das Kulturelle und das Subkulturelle: Es war nicht leicht voneinander zu unterscheiden, es befruchtete sich gegenseitig, und die unglaublich dämlichen Sätze über die Schädlichkeit der sogenannten bürgerlichen Kultur verdorrten alsbald. Anstatt sie zu diffamieren, verwandelte man sie sich an, diese bürgerliche Kultur, nach und nach die aristokratische und die sakrale teilweise noch dazu.

Streichquartette spielten in Scheunen, Opern in Ställen oder Fabrikhallen, Klassiker im Wald und auf der Heide. Bühnen entstanden allenthalben, die ihrerseits die selbstgerecht gewordene Metropolenkultur aufweckten.

Plötzlich waren die Provinzen Horte des Fortschritts, mit privaten Budgets, einer unbremsbaren Lust an der Selbstausbeutung und wenig Angst vor dem Scheitern.

Das Ganze war von unfassbar wenig Vorschriften umzäunt. Was in den letzten Jahrzehnten an Brand-Denkmal-Umwelt-Kinder-Arbeitszeit- und sonstigen Schutzvorschriften ersonnen worden ist (vor jeden kulturellen Höhenflug haben furchtbare Götter mehr und mehr Bürokratie gesetzt), konnte man sich überhaupt nicht vorstellen.

Kultur für alle. Aber: War das aktiv oder nur passiv gemeint? Oder beides? Und was hatte es überhaupt auf sich mit der geschmähten, unverstandenen und doch ersehnten Hochkultur? Und ab wann war es welche? War das Volkstümliche überhaupt noch tragbar oder ein für allemal kontaminiert?

Musik erwies sich als hilfreich, jede Art Musik. Man brauchte weder Salzburg noch Bayreuth, um ihre Höhen zu erklimmen. Damals wurden diese elitären Weihestätten ziemlich veräppelt, was auch eine Art Anverwandlung, eine Emanzipation war: *Das ist nichts für unsereinen* verlor seine Konnotation, es klang jetzt anders: *So brauchen wir das nicht! Wir haben jetzt unsere eigenen Orte!*

Das Elitäre wurde für ein paar gesegnete Jahre richtig lächerlich, lang ist's her. Es ist zwar zurückgekommen, auf eine merkwürdig Bunte-Illustrierte-hafte Art, aber die vielen selbstbewussten Alternativen, die überall im Land installiert worden waren und denen ihre Erfinder eine Menge Kraft, Erfindungsreichtum und Arbeit widmeten, erwiesen sich als höchst selbstbewusst und ausbaufähig.

Überflüssig zu sagen, dass der anarchische Zauber, die Improvisationskunst, das herrliche Chaos von einst längst in die geordneten Bahnen der Geschäftsführer, Sponsoren, Werbepartner und Vorstände gelenkt worden ist. Das andere ist Erinnerung, aber ich werde nicht müde zu betonen, eine sehr wichtige.

Ob Literatur, Musik, Film oder Bildende Kunst: Liebe rückt einem das alles näher, tätige Liebe, und die führt auch zu einer manchmal verblüffenden Erweiterung des Verständnishorizonts. Die Neue Musik hatte sich einst in Donaueschingen angesiedelt – nach ein paar Jahren hatten auch die Einheimischen ihr Hören verändert, aus Neugier, die der Ablehnung folgte.

In den Jahren, von denen die Rede ist, arbeitete ich beim Kulturmagazin TTT, und ich erinnere mich an Dutzende von Dörfern, Wirtshaussälen, Zelten und Kirchen, in denen gespielt, Musik gemacht und Kunst gezeigt wurde. Berühmte Interpreten ließen sich immer williger in die Provinz locken, weil ihnen da wärmer war als in der Steigenberger-Welt der Großstädte.

Das Volkstümliche wurde abgestaubt, umgewendet, neu interpretiert und kehrte zurück, auf dem Umweg über *Folk* traute man sich auch nachzuschauen, was mit den eigenen Volksliedern vielleicht noch anzufangen wäre. Und der Volksmund musste auch nicht länger die Klappe halten, sondern bekam durch Dialektnachdichtungen, Kabarett und Theater neue Töne. Sie haben ja mit meinem lieben Michael Quast, Markus Neumeyer und Sabine Fischmann ein wunderbares Beispiel für die Kunst, der Hochkultur zu Leibe zu rücken, ohne sie zu denunzieren.

All diese wichtigen Bewegungen und Bewegtheiten wurzeln in der sogenannten Provinz. Nah dran zu sein und die Bretter unter den Füßen und nicht vor dem Kopf zu haben, verbunden mit der Fähigkeit, gelegentlich auch dicke Bretter zu bohren, das braucht Kultur. Neugier und Passion, Geduld ... ja, und jetzt mal Schluss mit den Reflexionen über die vielen schönen Wurzeln, denen so ein erwachsen gewordener Kulturkreis entsprossen ist.

Wie kann es weitergehen?

Kultur für alle. Das ist so eine einleuchtend knappe Forderung wie: Wir schaffen das.

Hat es denn geklappt mit der Kultur für alle? Haben Zähigkeit und Fantasie der Macherinnen und Macher dafür gesorgt, dass es auf diesem Weg weitergeht? Ein Kreis ist etwas Geschlossenes, gilt das auch für einen Kulturkreis?

Die Zeiten haben sich geändert, das wissen wir alle. Wie also weitermachen, als Erwachsener, längst begriffen habend, dass es bei der Arbeit für Kultur nicht ausschließlich um das Wahre, Schöne, Gute und dessen angemessene Präsentation geht. Ich weiß rein gar nichts über Sie alle als Einzelne, über Ihre Beweggründe und Vorlieben, aber ich habe mir ein paar Programme angeschaut, und aus ihnen spricht Weite und nicht Enge, Neugier und nicht Furcht, Freude und nicht Zorn. Das kann jene Funktion haben, die die Salons der Weimarer Zeit hatten oder die Soirées der Belle Époque. Dagegen ist überhaupt nichts zu sagen, wunderbar und neiderregend, man wäre gern dabei. Aber, aber, aber – eben auch Geschlossene Gesellschaft, Bollwerk gegen die Barbarei von außen – und Kapitulation.

Kultur für alle – wir schaffen das.

Eben nicht. Es sei denn, man sieht die Zeichen an der Wand und demonstriert mit den Mitteln der Kunst ein offensiveres Selbstbewusstsein, lässt sich herausfordern, betritt längst überwachsene Wege neu. Sagt nicht mehr: *Die Politik,* weil, was ist das schon. Ich habe mittlerweile das Gefühl, der Begriff *die Politik* werde mit dem gleichen begriffslosen Schaudern benutzt wie im Mittelalter *der Teufel.* Kennt keiner, ist aber an allem Schuld.

Die Kunst der Verführung durch Kultur ist erstaunlich erfolgreich, vielleicht wissen Sie das ja alle, man muss es aber immer dringlicher versuchen.

Ich weiß nicht, warum Sie mich freundlicherweise zu sich eingeladen haben, es sei denn, mein unerschütterliches Vertrauen auf die Kraft der kleinen Einheiten, der kulturellen Eigenständigkeit und der Neugier aufs große Unbekannte hätte sich bis hierher herumgesprochen. In der Sprache meiner Jugend gesagt: Gründet ein, zwei, viele Kulturkreise!

Denn je ungemütlicher es wird – und es wird ziemlich ungemütlich, denke ich –, desto wichtiger ist die Arbeit an und mit den Künsten. Vielleicht ist es naiv, zu denken, dass Jugendliche, die Theater sehen und spielen, nicht schlagen, und dass Menschen, die Musik miteinander machen, keine Lust haben, Beleidigungen in die Welt zu posten. Vielleicht ist Barenboim naiv, vielleicht ist die Überzeugung naiv, dass Schönheit eine zivilisierende und heilende Kraft hat – dann wünsche ich mir mehr Naivität.

Es wird ungemütlich, ja. Man hat's wahrscheinlich zu lang übersehen, und jetzt schaut man sich verblüfft um, in der Welt, in Europa, im Parlament, und man wird das Gefühl nicht los, etwas habe sich irreversibel verdreht: Sprache, Umgangsformen, Stil im weitesten Sinn. Respekt, einst ein schönes, ernstes Wort, bedeutet nicht mehr das, was damit gemeint war. Und warum ist Zorn so allgegenwärtig geworden, Zorn auf alles und jedes, die sich ausbreitende Wolke über den Köpfen, die sich verdunkelnd über alles legt, eine Mischung aus Selbstmitleid und Missgunst?

Ach, natürlich gibt es eine Menge Gründe, zornig zu sein, aber der Zorn vertreibt sie eben nicht, diese Gründe, mögen sie nun Deutsche Bank, Walfang, Hambacher Forst oder Trump heißen.

Diese Liste ist sehr kurz, Sie können sie nach Belieben in Gedanken mit Ihren eigenen Frustrationsgründen ergänzen.

Kultur hilft. Ich lasse es mir nicht ausreden. Und sie hält die Seele in Bewegung, damit sie nicht verschimmelt und verstaubt. Denn es will ja immer wieder neu entdeckt werden, was Kultur eigentlich ist, welche Kunst das Herz berührt oder ja, auch zornig macht. Das ist nämlich ein ganz anderer Zorn, wenn man etwas nicht versteht, wenn es sich einem entzieht, wenn einem ein Bild, eine Melodie, ein Satz fremd bleiben. Nicht dieser impotente, amorphe Zorn des Verlierers, sondern der lebendige, fröhliche Zorn des Eroberers.

Wollen wir doch mal sehen, ob wir das nicht begreifen! Und noch mal hören und schauen und was drüber lesen und mit Leuten reden, ja, auch googeln, und das tun, was Hofmannsthal eben Anverwandlung nannte.

Ein so erwachsener Kulturkreis wie der Ihre weiß es längst: Kultur ist keine gebratene Taube, die jedem Beliebigen ins Maul fliegt. Sie ist ein Kontinent mit lieblichen und spröden Gegenden, manchmal gefällig, manchmal unzugänglich. Sich auf diesem Kontinent immer wieder aufs Neue umzusehen, verhindert Faulheit und Mürrischkeit, es entgiftet, es macht einen authentisch und auch reich.

Einen wunderbaren Satz habe ich neulich von einer Mutter gehört, die ihn vor der Kita zu ihrer kleinen Tochter sagte:

Wir sind nicht arm. Wir haben bloß kein Geld!

Sie wird dann ein paar etwas zerfledderte Bilderbücher aus unserem öffentlichen Bücherschrank am Dornbusch geholt haben, nehme ich an. Eine wunderbare Einrichtung.

Geld ist leider in der Kulturarbeit ein gar nicht hoch genug einzuschätzender Faktor. Ich will Ihnen nicht verhehlen, dass ich die amerikanische Förderungskultur nicht so gern habe, aber seufzend eingestehen muss, dass sie ziemlich erfolgreich ist. Leute machen sich (wie, lassen wir jetzt mal dahingestellt) so reich, dass sie sich irgendwann ins Mäzenatentum begeben und sich damit Wohlwollen, Ehrfurcht und gar Unsterblichkeit kaufen möchten. Tja. Da gibt's dann manchmal sonderbare Sachen, ich sage nur Literaturnobelpreis! Ein Haufen Geld, aber ziemlich kontaminiert.

Es wäre natürlich viel hübscher, wenn von Ihren und meinen und unser aller Steuern die Kultur als vorrangige Sache bezahlt und organisiert würde, aber ach, es ist nicht an dem. Und ob es je so weit kommt, bezweifle ich, siehe die Ungemütlichkeit, die sich über die Welt ausbreitet. So braucht es Partner, Institutionen, Werbung, Mittel eben. Wer immer die sein mögen, wünscht man ihnen einen langen Atem und jene Portion mit Geduld verbundener Neugier, ohne die man am vielfältigen Kontinent Kultur nicht vor Anker gehen kann.

Ganz unten in meinem Herzen lebt auch noch die Hoffnung, dass Zusammenkünfte wie ein Kulturkreis auch den Zauber des Analogen am Leben halten. Kunst entsteht zu einem geheimnisvollen Teil aus der Unmittelbarkeit. Die hat es in der digitalen Welt nicht leicht. Das Auge, das Ohr, ganz ohne Schutz und Schirm des Smartphones – es ist gar nicht einfach.

Im Winter war ich abends im Palmengarten, Winterlichter, eine hübsche, bezaubernd kitschige Installation aus bunten Lichtern. Vor mir eifrig fotografierend ein Vater mit zwei kleinen Mädchen. Die konnten sich von einem leuchtenden Riesenschneeglöckchen nicht trennen, und der Vater sagte: Kommt endlich. Das könnt ihr nachher doch alles auf dem Laptop angucken!

Verstehen Sie, was ich meine? Das Riesenschneeglöckchen, das war in diesem Fall die Kultur, die Unmittelbarkeit, mit Schneekrusten um den leuchtenden Stängel, mit den

Geräuschen des nächtlichen Gartens, der Mondscheibe, und wer weiß schon, was die beiden kleinen Mädchen noch alles gesehen haben? Im Augenblick, von dem sie wollten, dass er verweile? Und nicht in der allzeit verfügbaren optischen und akustischen Konservendose?

Ich weiß, ich weiß, altmodisch. Gestrig. Nostalgisch.

Vielleicht, vielleicht aber auch nicht. Die Menschen stürmen Museen. Sie könnten sich ja alles viel leichter digital zu Gemüte führen, ohne Schlangestehen und Reisegruppen. Aber der Moment, Auge in Auge mit einem Original. Das *nessun dorma* in der Oper, unwiederbringlich, ein Moment reinen Glücks. Solche Momente werden Sie hier immer wieder gehabt haben, in vierzig Jahren. Ein stolzes Alter für eine Gründung dieser Art.

Ich wünsche Ihnen immer wieder das analoge Glück des Augenblicks, freundliche Geldgeber, ein kultiviertes Selbstbewusstsein mitten in der Ungemütlichkeit – und dass Sie sich immer wieder erneuern, dass Sie die Jungen verführen zur Kunst, zur Kultur, aktiv, passiv, am besten beides.

Eva Demski mit Dr. Rosemarie Altenhofer, die den Kontakt hergestellt hatte (Foto: Bernd Wolff, © bewo).

Und weil's ohne Goethe nun mal nicht geht, jedenfalls für mich nicht, diesen eigenen Dichterkontinent, gebe ich ihm das Schlusswort:

Man weicht der Welt nicht sicherer aus als durch die Kunst, und man verknüpft sich nicht sicherer mit ihr als durch die Kunst. (Maximen 549)

Beides wünsche ich dem Usinger Kulturkreis, das Ausweichen, wenn's nottut, und das Verknüpfen auch. Ich danke Ihnen.

Leinwiesen

nahe am Wassergraben
abgenagt der Schädel
die Zähne im nassen Gras

auf der Flucht irgendwann
mit Waldgeistern im
Rücken

ringsum
starker Drahtverhau

Olaf Velte

Lämmer

das zweite zu retten
war das schwierigste

Lämmer

die aus der Haut wollen
ihren eigenen Atem zu atmen

als ich das erste hier hatte
blieb Zeit für all die Arbeit

Schafe

zu füttern den Platz bereiten
mit Stroh mit Utopien

und inmitten von Ideen
leuchtet ein kleines Weiß

etwas will in die Welt
an einem Tag im März

das zweite Lamm
eine schwere Geburt

wenn ich sie alle hier habe
steht der Tag aufrecht

kalt ist das Wasser
in dem ich meine Hand wasche

Olaf Velte

Bei Stomps / In Stierstadt

dass auch jenes nochmals
wiederkehrt
Hüttenzauber Maschinendruck
Lichter am Bahndamm

und Vater Krämer auf
wollenen Socken unterm
Mondgeflacker schnurgerade
ins kleine Haus

wo die Kälte wie ein
Rabe sitzt
eingehüllt in Tücher die
Gesellen der schönen Kunst

es ist November
Stillstand im Getriebe
bündelweise wächst das Verdruckte
fliegen die Verse Bilder

bis hinein in den
göttlichen Werkzeugkasten
des Schlossermeisters seine
nächtliche Hand

die der alte Stomps drückt
unter Mondfetzen
spät in der Nacht nebelwärts
vor blitzenden Bahngleisen

Olaf Velte

Stierstadt/ Bahndamm

quer fegt der Wein
ein Rinnsal
unsere Maschinen wie
Tiere

all die durstigen Schafe
vor leeren Fässern
auf ausgebrannten
Wiesen

nur ein bisschen Wein
in Stierstadt
am Bahngleis bei Hirten
Schreibern Druckergesellen

but your Lips spoke Gold and Honey

es ist wieder Nacht
ein Blau geht über die Walze
ein Rot
manchmal ein Schatten

der Wind will hin und her
jetzt ein Frachtzug
jemand reitet den Esel
in die Erbsengasse

Olaf Velte

Flurschütz / Gänge XVI
(An der Saalburg)

für Wulf Kirsten

leicht streicht der Stift
übers Nachtgefallene

jetzt ist August ein spätes Jahr

früh aber fällt das Licht
zur Nacht

aufschreiben was fehl gegangen
pflichtschuldigst

ihr Herren von Usingen

die Kommission
geistert abseits des Grenzsteins

wer also folgt dem Legionär
der Mähre aus Sand

nur ein kleiner Bleistummel
krakelt ordnungsgemäß

über all den Ruinen einem
dunkleren Nichts

Olaf Velte

Wolfgang Ettig

„Aber ich dächte doch, es sey gut, wenn der Bauersmann zuweilen ein Buch läse“

Lesevereine im Usinger Land

Anlässlich des bevorstehenden 400-jährigen Jubiläums der Gutenberg'schen Buchdruckerkunst erschien am 1. Juli 1836 im Börsenblatt für den Deutschen Buchhandel ein „Aufruf zur Bildung eines gemeinnützig-wohltätigen Büchervereins“. Der Autor Johann Christian Pröbsting, ein Arzt aus Elberfeld im östlichen Rheinland, schlug darin vor, einen Verein humanitärer Menschenfreunde zu gründen, der für die ärmere Volksklasse nützliche Bücher beschafft und ihre Verteilung organisiert. „So können wir mit jedem guten Buch [...] Samen des Guten, Wahren und Nützlichen ausstreuen, sei es auf dem Felde der moralischen, der bürgerlichen und der gewerblichen oder irgend einer Art allgemein nützlicher Bildung.“[1]

Zwar existierten derartige Regungen bereits im Zeitalter der Aufklärung, doch insbesondere Ende des 18. Jahrhunderts erhöhte sich die Popularisierung des „gedruckten Wortes“. Vorzugsweise das aufstrebende Bürgertum verspürte besonders nach der Französischen Revolution „[...] ein verstärktes, wenn in breiten Schichten nicht überhaupt erstmalig feststellbares politisches Interesse. Der Wunsch nach einschlägiger Lektüre und nach Diskussion des Gelesenen waren der Anlass nicht weniger Gründungen von Lesezirkeln und Lektürekabinetten [...]“.[2] So entwickelten sich sukzessive vier bibliothekarische Vorläuferinstitutionen:

- Lesegesellschaften als Institutionen bürgerlicher Selbsthilfe,
- Leihbibliotheken als kommerzielle Unternehmungen,
- Volksschriftenvereine und
- Volksbibliotheken als gemeinnützige Einrichtungen.

Die Lesegesellschaften waren noch überwiegend bürgerlich geprägt und galten in mancher Hinsicht auch als Zusammenschlüsse zur Beförderung der Emanzipation des Bürgertums.

Zwar gab es Lesegesellschaften, denen grundsätzlich Angehörige aller sozialen Schichten beitreten durften, doch sorgten meist Vorgaben in den Statuten, wie bestimmte Aufnahmevoraussetzungen oder hohe Mitgliedsbeiträge, für soziale Abgrenzung. Nur sehr wenige Lesegesellschaften standen wirklich schichtenübergreifend beiden Geschlechtern, allen Ständen und allen Berufen offen. Auch ein grundsätzlicher Ausschluss von Frauen und Studenten war für Lesegesellschaften oft charakteristisch.

Wie war es zu jener Zeit mit der „Lesekultur“ im Usinger Land bestellt?

Im Herzogtum Nassau sollte bereits ab 1817 in jedem Schulort eine Schulbibliothek eingerichtet werden. Inwieweit diese Vorgabe in den dörflichen Zwergschulen tatsächlich umgesetzt werden konnte, sei dahingestellt.

1 Knoche, Michael: Bücher fürs Volk. In: Börsenblatt für den Deutschen Buchhandel (Ausgabe Ffm) Nr. 22, 1986, S. B1.
2 Thauer, Wolfgang, Vodosek, Peter: Geschichte der Öffentlichen Bücherei in Deutschland. Wiesbaden 1978, S. 13.

Usinger Anzeiger.

№ 1. Mittwoch, den 1. August 1866.

Einladung zum Abonnement

auf den von heute an wöchentlich 2mal (Mittwochs und Samstags) erscheinenden

„Usinger Anzeiger“.

Abonnementspreis für denselben vierteljährlich 20 kr., für die Monate August und September 14 kr. — Anzeigen, welche in der Mittwochs-Nummer erscheinen sollen, wolle man bis zum Dienstag Vormittag und die für die Samstags-Nummer bestimmten Anzeigen spätestens Freitags früh 9 Uhr an uns gelangen lassen. — Der Insertionspreis beträgt für die gewöhnliche einspaltige Zeile oder deren Raum 3 kr. Geeignete Beiträge werden mit Dank entgegengenommen. Alle Postanstalten und Postboten nehmen Bestellungen an.

Usingen, den 31. Juli 1866. **Die Expedition.**

Erste Ausgabe des Usinger Anzeigers vom 1. August 1866 (Repro: StAU).

Es bleibt zu vermuten, dass in den privaten Regalen der bürgerlichen Haushalte ausgewählte literarische Werke standen, während sich in den Bauernstuben mitunter Trivialliteratur reihte. Das regionale Zeitungswesen war noch spärlich aufgestellt. Ab Januar 1789 verlegte Isaac Rason, ein Homburger Krämer und Zuckerbäcker, das „Homburgische Wochenblatt für den Bürger und Landmann“, welches aber dem Anschein nach im Dezember 1789 sein Erscheinen nach nur 50 Ausgaben bereits wieder einstellte. Diverse Postillen für das Amt Homburg wechselten sich ab, kamen und gingen. Seit 1809 erschien für Nassau das „Herzoglich-nassauische allgemeine Intelligenzblatt“ für Mitteilungen und Bekanntmachungen der Regierung.

In Anlehnung an „Der Taunusbote. Wochenblatt für Homburg und Umgebung“ gab Friedrich (Fritz) Emminghaus (1814–1873) zwischen 1841 und 1849 eine erste Heimatzeitung für das Amt Usingen unter dem Titel „Taunusbote“ heraus. Emminghaus publizierte seine Postille unter dem Credo „Intelligenz ist Macht“. Politische Themen standen dabei inhaltlich an zweiter Stelle und dann auch nur in wenigen Zeilen und ausgesuchter Wortwahl. Später dann, nach siebzehnjähriger Abstinenz in Sachen regionaler Zeitungsberichterstattung, erschien 1866 der „Usinger Anzeiger“. Eine Probenummer entstand am 25. Juli, die erste Ausgabe verließ am 1. August die Druckerei Wagner in Usingen.[3]

3 Der Usinger Anzeiger besteht – wenn auch zwischenzeitlich in einem Zeitungsverbund – noch heute.

Der große Leseverein für das Amt Usingen

Der „Blätterwald“ war in jenen Tagen also überschaubar. Die darin vermittelten Inhalte waren politisch auf Linie, literarisch eher trivial, und der informative Gehalt beschränkte sich auf ausgesuchte regionale Ereignisse. Durch das Aufkommen von Nationalismus, Liberalismus und Sozialismus war in der Zeit des Vormärz die angespannte Stimmung im Volk spürbar. Nicht nur das Bildungsbürgertum begann, sich gegen die Unterdrückung der Fürsten zu wehren, auch Arbeiter und Bauern forderten bessere Lebensbedingungen. In diese Periode des Umbruches fällt die Gründung des „Großen Lesevereins für das Amt Usingen“. Im Jahre 1834 erging von engagierten Bürgern ein öffentlicher Aufruf an die Usinger Einwohnerschaft zur Errichtung einer Lesebibliothek. Interessenten meldeten sich und zahlten einen Gulden, wovon dann erste Bücher angeschafft wurden. Der Kaufmann Christian Philippi verwaltete kommissarisch den Fundus und organisierte die Ausleihe. Am 22. November 1835 trat dann die Lesegesellschaft im Junkerhof zu Usingen zusammen, um eine formelle Gründung mit den hierzu notwendigen Statuten zu konstituieren. Gründungsmitglieder (lt. Unterschrift) waren: Heinrich Wilhelm Preiß, Christian Kulemeier, C. Menche, Witwe Bendern, Jacob Dienstbach 5te, W. Brachel, Wilhelm Rus, Carl Born, Adam Störkel, Christian Philippi und Georg Dürr.

Die Statuten sahen vor, dass die Bibliothek Eigentum der Gesellschaft bleibt. (In einer späteren Änderung heißt es: Die Büchersammlung sowie alle Errungenschaften des Vereins bleiben unveräußerliches Eigentum der Stadt Usingen). Paragraf 2 regelt die Mitgliedschaft: „Nicht nur jeder achtbare Usinger, sondern auch der Fremde, welcher das Zutrauen des Gesellschaftsvorstandes besitzt, darf zu aller Zeit dieser Anstalt beitreten. Doch kann der Beitritt Auswärtigen solchen

Bücherverzeichniß

des

großen Lese-Vereins

für das

Amt Usingen.

„Vereinigung macht stark.“

Nro. I.

Preis 20 Kreuzer.

Zur Vermeidung aller Mißverständnisse wird bemerkt, daß alle Mitglieder, welche die früheren Verzeichnisse schon bezahlt haben, dieses bis zum 1. Februar 1843 reichende unentgeldlich erhalten. Jedes neu eintretende Mitglied ist verpflichtet, das Verzeichniß zu nehmen.

Gedruckt bei Streng und Schneider in Frankfurt am Main.

1843.

Erstes Bücherverzeichnis des großen Lese-Vereins Usingen (Repro: StAU).

nie ein recht geben, zu verlangen, dass die Bibliothek an einen anderen Ort verlegt wird, sondern sie muss immer in Usingen verbleiben. Zum Ankauf von Büchern zahlt jedes Mitglied in den ersten fünf Jahren alljährlich einen Gulden (§ 5).“[4]

In Bad Homburg v.d.H. gründete sich erst am 1. Mai 1841 ein Leseverein, Initiator war Johann Georg Hamel (1811–1872). Die Statuten sahen vor, zur Ausleihe „jeden Bewohner der Stadt, den seine Lebensstellung und Bildung dazu befähigt“, zuzulassen. Zu ordentlichen Mitgliedern des Vereins waren

4 Lese-Verein Usingen, 1835 (StAU, U IIp, 7).

„sämtliche, einen unbescholtenen Ruf genießende Einwohner von Stadt und Amt Homburg befähigt." Zweck des Vereins war es, den Mitgliedern mittels einer Bibliothek nützliche Lektüre zu verschaffen.[5]

Bis 1841 war die Bibliothek im Hause des Vorstandsmitglieds Wilhelm Brachel untergebracht. Dann ermöglichte der Stadtschultheiß Johann Christian Philippi, der ebenfalls im Vorstand tätig war, den Umzug ins Usinger Rathaus. Dort stellte man dem Verein ein geräumiges Zimmer als Domizil zur Verfügung. Endlich konnten die zwischenzeitlich 350 Titel zweckdienlich aufbewahrt werden. Der Verein hatte zu jener Zeit 43 Mitglieder, man sah sich auf einem guten Weg. Zwei Jahre später umfasste der Buchbestand bereits 1.000 Bände, und die Mitgliederzahl war auf 180 angestiegen.[6] „Die Büchersammlung enthält das Gediegenste, das Ausgesuchteste der Literatur", war man seinerzeit voller Lobes. Auch die Ausstattung der Bibliothek wuchs mit, die Räumlichkeit im Rathaus bot genügend Raum für eine repräsentative Ausstattung. „Da prangten in schönen Kupfer- oder Stahlstichen oder feinen Steindrucken hohe Helden wie Hermann, Göthe, Schiller etc. über einem Schranke, der die kostbaren Geschenke edler Freunde des Vereins verschließt. Der Gast erblickt ein großes Erinnerungsblatt der vierten Säkularfeier der Erfindung der Buchdruckerkunst. Auf dem Schranke, zu beiden Seiten dieses Prachtbildes stehen die Statuetten Ulrich von Hutten und Franz von Sickingen [...]", beschreibt ein Besucher seinerzeit die „Leseanstalt". So war es gelungen, auch den Ärmsten für einen Gulden Jahresbeitrag die Benutzung einer Bibliothek möglich zu machen, wie sie der Reichste kaum aus eigenen Mitteln für sich alleine hätte gründen können.[7] Die Mitgliedschaften erstreckten sich nicht nur auf die Stadt Usingen, sondern durchzogen das gesamte Usinger Land. „Es ist ein beständiges Gehen und Kommen der Wochenboten aus den 46 Gemeinden des Amtes", hieß es während der Ausleihzeiten.

Unter die Freude, den Nutzern nach fünfzehn Jahren Vereinstätigkeit in einem Bücherverzeichnis die Nummern 887 bis 1591 präsentieren zu können, mischte sich im Jahre 1849 „Kummer und herber Schmerz". So jedenfalls drückte es der Vorstand aus, indem er auf die mangelnde Anerkennung durch den Usinger Gemeinderat hinwies. Dabei ging es weniger um die Akzeptanz des Vereins, sondern vielmehr um die Tatsache, dass der Bürgermeister im Bibliothekszimmer öffentliche Versteigerungen, Bürgerversammlungen, Sitzungen etc. abhalten ließ. Dies war den Verantwortlichen des Lesevereins ein Dorn im Auge, zudem – so die einhellige Meinung – dadurch nicht nur dieser Ort der Bildung, Aufklärung und wahrer Freiheit seine Würde verlöre, sondern auch das Mobiliar und die Bilder in Mitleidenschaft gezogen würden. Zudem beabsichtige man „[...] die Räumlichkeiten mit physikalischen und anderen wissenschaftlichen Instrumenten zu bereichern, welche die Berührung ungeweihter Hände nicht vertrügen."[8] Es schien, als wollte man aus dem bibliothekarisch ausgestatteten Lesezimmer eine Stätte wissenschaftlichen Austausches machen. „Der Lese-Verein [...] ist ein Experiment. Er ist gegründet und bis zu dieser Ausdehnung ausgebildet worden im Interesse der Humanität und der Vaterlandsliebe, um das blöde Auge des Volkes sehend zu machen [...] um dem Volke und der Jugend große Tugenden

5 Paragraf 8, Statuten des Homburger Lese-Vereins, Homburg vor der Höhe 1845.

6 Im November 1845 waren es bereits 200 Mitglieder, der Wert der angekauften Bücher belief sich auf 4.000 Gulden (Kaethner, Usingen S. XX, 1981).

7 Didascalia, No. 289 (1843).

8 Bücherverzeichnis des Lesevereins für das Amt Usingen, Nr. 2, S. 3, 1849.

vorzuführen."[9] Es scheint, dass innerhalb des Vorstandes Bestrebungen im Gange waren, den Verein elitärer auszurichten. In jenen Tagen galt die Usinger Institution im Herzogtum Nassau und auch darüber hinaus als Vorzeigemodell. Bis zu 600 solcher Gesellschaften mit ca. 50.000 Mitgliedern werden für den Zeitraum von 1780 bis 1848 in Deutschland angenommen.[10]

In der einschlägigen Literatur fällt – im Zusammenhang mit dem Usinger Leseverein – immer der Name Fritz Emminghaus.[11] Er gilt maßgeblich als Initiator und treibende Kraft bei der Gründung der „Leseanstalt". Zunächst als Buchhändler arbeitend, wechselte er dann aber in die schreibende Zunft und war als Schriftsteller und Journalist tätig. Emminghaus erwarb 1837/38 durch seine Auslandsreisen (Nordamerika, England, Frankreich) großes Wissen. Als Buchhändlergehilfe lernte er in Leipzig Robert Blum (1807–1848), den Führer der damaligen Liberalen, kennen und machte sich mit dessen politischen Ansichten vertraut. 1833 forderte er in Usingen den Aufbau einer Lesebibliothek, was ganz seinen Neigungen und seinem Schaffenstrieb entsprach, sodass er viel Energie in diese Absicht investierte. Ein Jahr später gelang dann die Gründung einer diesbezüglichen Initiative. In politischen Beziehungen war sein Wahlspruch: Freiheit und Einigkeit des Vaterlandes, Bildung und Aufklärung.

Wann Emminghaus in den Vereinsvorstand gewählt wird, ist unklar (in der Gründerliste taucht sein Name nicht auf). Die Statuten sehen vor, dass die Mitglieder alljährlich aus ihrer Mitte durch Stimmenmehrheit vier Vorstände und einen Bibliothekar wählen. Letzterer erhielt anfänglich jährlich fünf Gulden für seine Tätigkeit. Sie bestand unter anderem darin, den Buchbestand zu pflegen, die Ausleihe zu organisieren und die Mitgliedsbeiträge zu erheben. Zudem war er für die ihm anvertrauten Bücher haftbar. Dem Vorstand oblag neben der Verwaltung auch die Entscheidung, welche Titel angekauft werden sollten. Es scheint, dass Fritz Emminghaus wohl aufgrund seiner buchhändlerischen Ausbildung mit dieser Teilaufgabe betraut wurde. Er setzte sich nachhaltig für die Belange des Vereins ein. Für einige wohl zu nachhaltig. Was in erster Linie seiner Liebe zu Büchern geschuldet war, aber auch seinem Charakter, sich nicht mit schrittweiser Entwicklung zu begnügen, sondern alles möglichst rasch umzusetzen. So forcierte er, unter Umgehung des Vereinsvorstandes und seiner Beschlüsse, die Anschaffung von Titeln wohl derart und aufs Geratewohl, dass er den

Friedrich (Fritz) Emminghaus (Foto: StAU).

9 Ebd. S. 4.
10 Dann, Otto (Hrsg.): Lesegesellschaften und bürgerliche Revolution. München 1981.
11 Sohn des Amtmanns und Geheimen Regierungsrats in Usingen, Johann Wilhelm Ferdinand Emminghaus (*1778; † 1844).

Verein in hohe Schulden (über 600 Gulden[12]) stürzte. In letzter Konsequenz überwarf sich Emminghaus mit den Vorstandskollegen, sodass diese sich genötigt sahen, ihn aus der Verwaltung zu entfernen. Nicht zuletzt auch, um den Fortbestand der „Leseanstalt" zu sichern. Es scheint, dass die Vereinsführung noch bis in die 1860er Jahre mit den angehäuften Verbindlichkeiten zu kämpfen hatte. Infolge einer Kontroverse seitens der Mitglieder über die wohl „nur noch schleppende" Anschaffung neuer Titel sah sich der Vorstand 1866 veranlasst, die Sachlage öffentlich zu erklären. Demnach wurde, um einer Versteigerung des Bibliotheksbestandes durch die Gläubiger zu entgehen, eine Übereinkunft getroffen, die jährlichen Mitgliedsbeiträge direkt an diese zu zahlen. Gelder für Neuanschaffungen waren somit nicht mehr im Budget.[13] Was die dürftigen Neuanschaffungen erklärt.

Das Usinger Lesekabinett

Das Domizil des Usinger Lesekabinetts, die Gaststätte „Krachbein" (später „Fürst Walrad") (Foto: StAU).

Der umtriebige Emminghaus war nicht nur Journalist und Literat, sondern auch ein eifriger Förderer der regionalen Gesangs- und Turnvereine. So unterstützte er auch das Engagement der Usinger Turner,[14] ein „Lesekabinett" zu gründen. Der Verein war ebenso wie die Turnvereine in Dietz, Limburg, Weilburg etc. an tagespolitischen Geschehnissen und einem gewissen Bildungsanspruch seiner Mitglieder interessiert. In einem Aufruf in seinem „Taunusboten" bat Emminghaus unter dem Pseudonym „ein Freund des Fortschrittes" um finanzielle Unterstützung. Er begründete das Vorhaben mit den Worten: „Jeder Deutsche hat jetzt nicht allein das Recht, sondern sogar die Pflicht, sich um Politik zu kümmern. Damit dies aber in vernünftiger Weise geschehe und nicht das politische Interesse in abgeschmackter Kannegießerei[15] ausarte, ist es nöthig, daß Jedermann die besten politischen Zeitungen Deutschlands zugänglich werden."[16] Als Domizil zur Einrichtung des Lesekabinetts bot sich die Gaststätte „Krachbein" (später Gasthof „Fürst Walrad") an. Dort trafen sich die Turner und Sangesfreunde ohnehin zu ihren Vereinsabenden. Also lagen fortan – für sechs Kreuzer per Monat – neben den beiden Frankfurter Zeitungen die Deutsche Reichstagszeitung, die Weser-Zeitung nebst Sonntagsblatt, die Berliner Zeitungs-Halle sowie die Kölnische Zeitung zum Lesen bereit. So fand man denn auch allerorts lobende Worte für das Unternehmen seitens der Turner.

Ende der 1860er Jahre war die Zeit, in der sich in weiteren Gemeinden des Amtes Usingen Leihbüchereien gründeten. So wurde beispielsweise der Leseverein in Anspach durch großzügige Buchgeschenke eines Frankfurter Bürgers unterstützt. Ferner existierten 1867 Gesellschaften in Obernhain, Schmitten und

12 Usinger Anzeiger, Nr. 16, 1866.
13 Ebd.

14 1844 hat sich die Usinger Turngemeinde gegründet.
15 Bezeichnet schwätzerisches Politisieren ohne viel Sachverstand. Ein Kannegießer ist ein Stammtischpolitiker oder politischer Schwätzer, Bierbankpolitiker.
16 Taunusbote, Nr. 42, vom 14.10.1848.

Das Lesekabinett 1843, Gemälde von Johann Peter Hasenclever (gemeinfrei).

Laubach.[17] Leider konnten in den einschlägigen Ortsarchiven bislang keine Unterlagen über die Gründung und die Aktivitäten der jeweiligen Vereine gefunden werden. Inwieweit es sich hierbei ggf. um Usinger Zweigvereine gehandelt haben mag, bleibt daher ungeklärt. In Finsternthal soll 1899 eine sogenannte „Volksbücherei" existiert haben.[18] Die Zeiten, in denen das Lesen als abträglich galt, da es den Bauern und Bürger angeblich von seiner Arbeit und seinen Geschäften abhielt, und zudem zur Lektüre die Bibel und das Gesangbuch empfohlen wurden, waren vorbei. Bibliotheken ermöglichten allen den Zugang zur Bildung.

Der Usinger Heimatverein übernimmt den Buchbestand des Lesevereins

So wie bei vielen regionalen Vereinen, so ist auch beim Usinger Leseverein das genaue Datum seiner Auflösung bisher nicht feststellbar. Die Berichterstattung in der lokalen Presse versandete zusehends, bis man von der Existenz nichts mehr hörte. Der Verein hat sich wohl im Laufe des Jahres 1910 aufgelöst. Der dezimierte Buchbestand von damals etwa noch 2.000 Titeln ging dann in den Besitz des Usinger Heimatvereins[19] über, der sich der Bibliothek annahm und neue Titel hinzufügte. Im Jahre 1913 wirbt der Verein mit einer Büchersammlung von 3.500 Titeln.[20]

17 Usinger Anzeiger Nr. 12, 1867.
18 Kaethner, Rudi: Weilrod – Die Geschichte von dreizehn Taunusdörfern, S. 143. Weilrod 1987.
19 StAU, UIIp, 6h.
20 Denkbar ist, dass er dann den „Grundstein" zur heutigen Stadtbücherei legte.

Bibliothek des Heimatvereins

3700 Bände

geöffnet: Mittwochs, $^{1}/_{2}$2—$^{1}/_{2}$3 Uhr.

Werbung für die Bibliothek des Usinger Heimatvereins (Repro: StAU).

Das Buch als Medium zur „geistigen Gleichschaltung"

Dem freien Zugang zur Bildung, wie er seinerzeit den Gründungsvätern und Freidenkern bei der Bildung von Dorfbibliotheken und Lesegesellschaften vorschwebte, wurde im Jahre 1933 mit der Machtübernahme der Nationalsozialisten ein jähes Ende gesetzt. Adolf Hitler machte dies in seiner Regierungserklärung vom 23. März 1933 unmissverständlich deutlich: „Gleichlautend mit der politischen Entgiftung unseres öffentlichen Lebens wird die Reichsregierung eine durchgreifende moralische Sanierung des Volkskörpers vornehmen. Das gesamte Erziehungswesen, [...] Literatur, Presse, [...] sie werden alle Mittel zum Zweck sein. [...] Sie haben alle der Erhaltung der im Wesen unseres Volkstums liegenden Ewigkeitswerte zu dienen."[21] Zum damaligen Zeitpunkt war sicher noch nicht jedem klar, dass das Buch als solches ein wichtiges Werkzeug für die geplante „geistige Gleichschaltung" werden sollte. Gleichschaltung bedeutete im Sinne der NS-Ideologie aber auch, Literatur, welche nicht in das politische und gesellschaftliche Weltbild passte, schlichtweg zu „tilgen". Dabei gerieten neben jüdischen und marxistischen „volkszersetzenden" Schriftstellern auch weitere missliebige Kulturschaffende ins Visier. Dieses vermeintlich „undeutsche Schriftgut" erfasste man, thematisch geordnet, in sogenannten schwarzen Listen. Personell getragen wurde die „Aktion wider den undeutschen Geist" hauptsächlich von der Studentenschaft, den Höhepunkt bildete dann die vom Nationalsozialistischen Deutschen Studentenbund (NSDStB) reichsweit koordinierte Bücherverbrennung am 10. Mai 1933.[22] Das Fanal tobte von Mai bis Oktober 1933 vornehmlich in Universitätsstädten. Im Usinger Land hingegen hielt sich die Lokalpresse interessanterweise mit einer Berichterstattung über die Vorkommnisse zurück. Die Auswertung des Usinger Anzeigers in dieser Zeit brachte keine nennenswerten Ergebnisse. Dennoch wird die Bevölkerung zweifellos durch überregionale Medien davon Kenntnis erhalten haben. Die 1935 gebildete „Reichsstelle für volkstümliches Büchereiwesen" war dem Ministerium für Erziehung, Wissenschaft und Volksbildung unterstellt. Sie zeichnete für die systematische Überprüfung und „Säuberung" der Volksbüchereibestände verantwortlich. Gleichwohl entstanden in fast allen Gemeinden des Usinger Landes Zug um Zug „Volksbüchereien", die den neuen Anforderungen entsprachen, oft zusammengestellt und verwaltet von der Lehrerschaft. Sie wurden dazu angehalten, ihre bisherigen Bestände selbst zu „säubern". So konnten spätestens ab 1937 alle großen und kleinen Büchereien in Deutschland „im Geiste des nationalsozialistischen Staates" arbeiten.

Nach dem Zweiten Weltkrieg mussten die Bestände in den Bibliotheken zur weiteren öffentlichen Verwendung erst einmal erneut gesäubert werden, dieses Mal notwendig und mit Recht von Schriften mit nationalsozialistischem Gedankengut...

21 Strothmann, Dietrich: Nationalsozialistische Literaturpolitik, Ein Beitrag zur Publizistik im Dritten Reich, S. 66. Bonn 1985.

22 Vgl. Prof. Dr. Hans-Wolfgang Strätz: Die studentische „Aktion wieder den undeutschen Geist" im Frühjahr 1933. In: Vierteljahreshefte für Zeitgeschichte, Jg. 16, Heft 4, S. 347–372, 1968.

Sabine Neugebauer

Von Altweilnau inspiriert

Michael Kleeberg bezieht Freunde und Ortschaft in seinen jüngsten Roman ein

Das „mauerseglerdurchpfeilte Stadttor" (Foto: Sabine Neugebauer).

Die Skulptur des Bettelweibs (Foto: Sabine Neugebauer).

Einen Ort namens Mühlheim sucht man im Taunus vergebens. Aber Mühlheim ist auch nur der „Alias-Name", den Schriftsteller Michael Kleeberg in seinem Roman „Der Idiot des 21. Jahrhunderts. Ein Divan" dem Ort Altweilnau (ein Ortsteil der Gemeinde Weilrod) gegeben hat. Wer das Burgdorf Altweilnau hoch über der Weil kennt, findet schnell Hinweise auf die wahre Identität des im Roman beschriebenen Mühlheim. „Würdest du jetzt aus der niedrigen Wohnküche hinaustreten, über den gepflasterten Hof die Gasse hoch, oben bei der Skulptur des Bettelweibs hinter Maryams Haus nach rechts abbiegen, durchs mauerseglerdurchpfeilte Stadttor treten, die 50 Meter am Grundstück des alten Pfarrhauses vorbei, in dem der Patriarch und seine Karoline leben, und dann die Staffeln hinauf zum Bergfried, würdest du die 42 Stufen der äußeren Wendeltreppe und die 84 Stufen der inneren Steintreppe hinaufsteigen, dann könntest du bei Tag und gutem Wetter,

Der Altweilnauer Bergfried mit „42 Stufen der äußeren Wendeltreppe und die 84 Stufen der inneren Steintreppe" (Foto: Sabine Neugebauer).

am Altkönig vorbei hinunter in die Ebene blicken."[1]

So beschreibt Kleeberg den Ort, wo einige der Kapitel des Buches angesiedelt sind. Dazu die Nähe zu Oberlauken (ein Nachbarort von Altweilnau), der erwähnte Friedwald, „der gleich hinter dem Sportplatz am oberen Ende des Dorfes beginnt"[2], die Triathlon-Abteilung des örtlichen Sportvereins – alles Hinweise auf die Identität des Dorfes. Zwar gibt es hier auch kleinere künstlerische Freiheiten, die sich Kleeberg herausnimmt, denn vom Burgturm Altweilnaus kann man höchstens in Gedanken über den Taunuskamm blicken, aber auch der reale Ausblick ins Weiltal ist wunderbar. Aber es sind nicht nur die Örtlichkeiten, die Kleeberg in seinem „Divan" verarbeitet hat, es sind auch viele Personen und Charaktere, die es in Altweilnau gibt. Allen voran ist es Bernhard, hier auch TK oder „der Schenke" genannt. Dahinter verbirgt sich Bruno Piberhofer. Durch ihn hat Kleeberg Altweilnau und seine Bewohner kennen- und lieben gelernt.

Hölderlin-Preisträger Michael Kleeberg zu Gast in Altweilnau

Michael Kleeberg wurde 1959 in Stuttgart geboren, studierte Politische Wissenschaften und Geschichte. Nach Aufenthalten in Rom und Amsterdam lebte er von 1986 bis 1999 in Paris. Ende der 1980er Jahre hat ihn dort Bruno Piberhofer erstmals in seiner Funktion als

Michael Kleeberg bei einer Lesung in Altweilnau (Foto: Sabine Neugebauer, 9.10.2010).

1 Michael Kleeberg, „Der Idiot des 21. Jahrhunderts. Ein Divan.", Berlin, 2018, Verlag Galiani, S. 26.
2 Ebenda, S. 38.

Herausgeber der Rezensionszeitschrift „Listen" besucht und ihn so kennen- und schätzen gelernt. Piberhofer hatte die Zeitschrift 1985 zusammen mit Freunden gegründet und 17 Jahre lang geleitet. Und so reiste er auch in die französische Hauptstadt, um dort den Autor zu interviewen. Daraus entwickelte sich eine Freundschaft. Später wanderten sie im Burgund durch die Weinberge und philosophierten gemeinsam. Als sich der Wahl-Bockenheimer Piberhofer 1998 auf Drängen seiner Frau in Altweilnau niederließ, wurde hier im „Magierhaus" die Freundschaft fortgesetzt.

Jetzt lebt Kleeberg als freier Schriftsteller und Übersetzer in Berlin. Sein Werk (u.a. „Ein Garten im Norden", „Vaterjahre") wurde in mehr als ein Dutzend Sprachen übersetzt. 2015 erhielt er den Friedrich Hölderlin-Preis der Stadt Bad Homburg und 2016 den Literaturpreis der Konrad-Adenauer-Stiftung für sein Gesamtwerk. In der Verleihungsurkunde heißt es: „Die literarische Meisterschaft von Michael Kleeberg liegt in eleganten und bildstarken Gesellschaftsportraits unserer Gegenwart. Angesiedelt zwischen Schreckenserfahrungen und Szenen der Barmherzigkeit, gehen seine Romane und Erzählungen [...] der Identität des europäischen Mutbügers auf den Grund, der sich mit dem globalisierten Fortschritt abgefunden hat, aber offenbar weiterhin des Trostes von Kunst und Metaphysik bedarf. Als Citoyen in der deutsch-französischen Tradition ist Michael Kleeberg ein seismographischer Erzähler seiner Zeit, nach eigenen Worten ‚skeptisch, ironisch, der Freiheit mehr verpflichtet als der Gleichheit'. Michael Kleeberg ist ein europäischer und politisch wachsamer Denker der Freiheit".[3] 2017 hatte er die Poetikdozentur in der Frankfurter Goethe-Universität inne. Schon 2012 veröffentlichte Kleeberg in der Frankfurter Allgemeinen Zeitung den Aufsatz „Der Archipel Humanität", in dem er eine Insel „außerhalb der Marktlogik" im Hintertaunus beschreibt. „Ich habe die Freunde, die in Frankfurt arbeiten und hier an ‚der Peripherie', wie sie es nennen, leben, immer gerne besucht, weil sie so ein offenes Haus führen". Und schon hier erwähnt Kleeberg bereits die Hofoper, die von Dr. Rolf Umbach geschrieben und inszeniert, von den Bewohnern Altweilnaus mit Leben gefüllt wurde. „Woher kommt diese geteilte Lust am gemeinsamen nichtkommerziellen Tun?", fragt Kleeberg in seinem Aufsatz. Und er gibt selbst die Antwort mit Herbert Marcuses Begriff: durch „das überschüssige Bewusstsein". „Denn stets gab es Felder, wo das humane gemeinsame Tun auf fruchtbaren Boden fällt, wie sie von Natur aus der kommerziellen Logik enthoben sind: die Kunst, die Pädagogik, die karitative Hilfe, das Spiel. Und in genau diesen Bereichen entfalten sich die Glücksnetze des Taunusdorfes."[4]

Altweilnauern ein Denkmal gesetzt

Schon damals scheint bei Kleeberg der Gedanke gereift zu sein, Altweilnau und seinen Bewohnern in einem Roman ein Denkmal zu setzen. Zwar schreibt er in seinen Danksagungen am Schluss des Buches, „alle darin vorkommenden Figuren sind frei erfunden und jegliche Ähnlichkeit mit existierenden Menschen wäre Zufall und unbeabsichtigt".

Doch wer genau hinschaut, erkennt so manchen Protagonisten wieder. Auch wenn hier manche Charaktere verschiedener Personen zu einer verschmelzen. Wie bei dem inzwischen verstorbenen Dr. Rolf Umbach, Psychologe, Theologe und Schriftsteller, der im Buch in der Gestalt des Khalil Jean Younes mit verarbeitet ist. Und auch die anderen Per-

3 Michael Braun/Susanna Schmidt (Hrsg.), Literaturpreis der Konrad-Adenauer Stiftung, Michael Kleeberg, Sankt Augustin-Berlin, 2016, S. 73.

4 Michael Kleeberg, „Der Archipel Humanität", Frankfurt, 2012, Frankfurter Allgemeine Zeitung, S. 28.

Im alten Pfarrhaus: Yu Mo Umbach (im Buch Karoline), Dr. Rolf Umbach (im Buch Khalil Jean Younes) und Bruno Piberhofer (im Buch TK) (Foto: Lisa Dubenkropp, 22.11.2016).

sonen wie neben TK alias Bruno Piberhofer auch Ulla, dessen Frau Lisa Dubenkropp, deren Sohn, im Buch Ernst genannt, sowie der Freund Hermann als zentrale, unbestechliche Figur, Maryam, Martha und viele andere, die Kleeberg während seiner Aufenthalte im „offenen Haus“ von Bruno Piberhofer kennengelernt hat. „Wir dienen als Folie für seinen Roman“, sagt der Altweilnauer. Um den Tisch im Hof oder der Wohnküche als symbolisches Kommunikationszentrum versammeln sich im Buch wie im richtigen Leben immer wieder Personen aus verschiedenen Kulturkreisen, unterschiedlichen Alters, um gemeinsam zu essen, zu trinken, zu diskutieren, zu musizieren, zuzuhören und sich auszutauschen. Und in diesen Freundeskreis war Kleeberg hineingerutscht. Wie der Gastgeber schmunzelnd berichtete, sei der Autor manchmal mitten in einer Runde aufgestanden und habe sich in sein Zimmer zurückgezogen, um Notizen zu machen. Hierbei seien wohl erste Zeilen der Divane entstanden. „Es ist ein von der Thematik her spannender Roman“, sagt Piberhofer, „der die drängenden Probleme der Zeit aufnimmt“. Wie gelinge ein Zusammenleben, sei die zentrale Frage, trotz der unterschiedlichen Herkünfte, unterschiedlicher Schulbildung, ein Zusammenleben von Mann und Frau, von Flüchtlingen und Ortsansässigen. So habe Kleeberg ein internationales Netz von Charakteren gesponnen und diese lasse er am Tisch in Altweilnau zusammenkommen. „In einem kaleidoskopischen Roman in zwölf Büchern [...] erzählt Michael Kleeberg ihre Geschichten und Geschichten um sie herum und begibt sich zu den Wurzeln ihrer Kulturen. Sein Buch spielt in Deutschland, Iran, im Libanon und im Reich der Mythen; Kleeberg verarbeitet Motive östlicher und westlicher Kultur – von der persischen Erzählung bis zu den Blogs deutscher Islamistinnen im ‚Islamischen Staat‘; er mischt verschiedene Erzählperspektiven und Genres, Erzählung, Dialog, Essay und Parabel zu einem großen multiperspektivischen Ganzen, das den Suchbewegungen der Gegenwart gerecht wird.“[5]

Die Hofoper – Buch des Augenblicks

Dr. Rolf Umbach taucht im Roman Kleebergs als Khalil Jean Younes auf, hier mit Louis Böff, dem jüngsten Darsteller, der bei jeder Hofoper mitgespielt hat (Foto: Sabine Neugebauer, 11.6.2016).

Eines der Bücher im Divan dreht sich um die hier als Gartenoper bezeichnete Altweilnauer Hofoper. Kleeberg lässt den Handwerker Zygmunt erzählen, der eine Überdachung für den

5 Michael Kleeberg, „Der Idiot des 21. Jahrhunderts. Ein Divan.“, Berlin, 2018, Verlag Galiani, Klappentext.

Zum Abschluss der Hofoper 2014 erhält Dr. Rolf Umbach als Autor und Regisseur den ihm gebührenden Applaus (Foto: Sabine Neugebauer, 4.7.2014).

Innenhof des alten Pfarrhauses baut und dabei die Entstehung der Hofoper beobachtet. „Ich denke mir, ein humorvolles legendenhaftes Stück über die Frühgeschichte des Dorfes hier wäre eine gute Möglichkeit, die unterschiedlichen Menschen zusammenzubringen“[6], lässt Kleeberg Younes im Gespräch mit Zygmunt sagen. Und es gelingt im Buch, wie es in der Realität gelungen ist. „Younes Traum ging in Erfüllung, obwohl es ja eigentlich gar kein Traum war, sondern Arbeit, viel Arbeit, Charisma, Gespräche, Mund-zu-Mund-Propaganda, Neugierde, Lust und Motivation. Jedenfalls war wirklich das ganze Dorf präsent oder doch ein erstaunlicher Querschnitt durch die Dorfbevölkerung“.[7] Und sogar Gäste wurden eingereiht, denn auch Michael Kleeberg durfte bei einer Aufführung eine kleine Rolle übernehmen.

„Jedenfalls war wirklich das ganze Dorf präsent oder doch ein erstaunlicher Querschnitt durch die Dorfbevölkerung“, so lässt Kleeberg einen seiner Protagonisten, den Polen Zygmunt, erzählen. Mit dabei Michael Kleeberg (4. von links) (Foto: Lisa Dubenkropp, Juni 2016).

6 Ebenda, S. 120.
7 Ebenda, S. 122.

Elektrifizierung der Taunusbahn

Mobilität für das Usinger Land

Wir verbinden Menschen.
Mit Bussen und Bahnen.
VHT

www.taunusbahn.de

Eugen Ernst

Dem dreifach gefesselten Glücke

Goethe und das Schlösschen Ziegenberg im unteren Usatal

Kaum hat man im Pkw auf der B 275 den Hochtaunuskreis hinter Kransberg und der Herrenmühle verlassen, erkennt man, durch das enge Wiesental der Usa in Richtung Friedberg fahrend, die ersten Gebäude des Dörfchens Ziegenberg. Dann sollte man zurückschalten und in den ersten Hauptweg linksseitig kurz einbiegen, es lohnt sich auszusteigen. Dort steht man zunächst u.a. vor einem grauen Bunker, der an die letzte Phase ärgster deutscher Unkultur erinnert. Gemeint ist das sogenannte Führerhauptquartier, von dem aus ab September 1944 die sinnlose Ardennenoffensive geleitet wurde, die unzählige junge, z.T. noch nicht richtig ausgebildete, Soldaten das Leben kostete.

Doch einer anderen lokalen Besonderheit möchte ich im Folgenden Aufmerksamkeit widmen: Über dem Dörfchen Ziegenberg ragt eine ins Usatal vorspringende Felsszenerie auf, die einst ein schönes Barockschlösschen trug. Erst in der untergehenden Nazizeit wurde es durch amerikanische Jagdbomber am 19. März 1944 schwer beschädigt. Bei dem Angriff gab es Tote, Häuser wurden getroffen, und auch das Schlösschen brannte aus. Links vor den Bunkeranlagen beginnt der Weg des Aufstiegs zur Schlosshöhe. Just an diesem Wegebeginn stehen ein altes Wachthäuschen und ein bescheiden wirkendes, kleines Monument, das bedeutungsvoller ist, als es den Anschein hat, denn es markiert einen literaturhistorisch bemerkenswerten Ort.

Heute vernachlässigt und fast vergessen, das Denkmal, das einst in einer Parklandschaft stand (Foto: Gregor Maier).

Auf einem Sockel wächst ein nach oben sich verjüngendes dreiseitiges Postament. Darauf ruht eine Art Wolkengebilde, das eine Kugel trägt. An deren oberen Rundungen lassen sich zwei kleine Flügel erkennen. Über dieser Kugel kreuzen sich drei Rosengirlanden, die nach drei Seiten über die Ecken der Tragestele herunterhängen. Auf der Vorderseite des Monumentsockels findet sich die Inschrift:

DEM DREYFACH GEFESSELTEN GLYKE
WIDMET DANKBAR DER GATTE
WIDMET DER BRUDER DEN STEIN

An der Stützwand zum Berghang gibt eine Metalltafel schnelle Auskunft über das ungewöhnliche Gebilde. Den Sinn des Denkmals zu ergründen, sozusagen sein Geheimnis zu verstehen, bedarf es der Offenlegung der kulturellen Hintergründe, aber auch einer kurzen historischen Erinnerung.

Die aus dem 14. Jahrhundert stammende Burg gelangte durch mehrfachen Besitzerwechsel auch an Konrad Diede zum Fürstenstein, der seit 1557 den Ziegenberger Besitz weiter ausbauen ließ. Sein Nachkomme, Hans Etzel Diede zum Fürstenstein, taucht als hoher Verwaltungsbeamter der Landgrafschaft Hessen-Darmstadt auf. Er war als Hofmeister auch Oberamtmann der Grafschaft Nidda. 1672 hatte er im Auftrag des Reiches das Amt des Burggrafen in Friedberg übernommen und damit den Titel eines wirklichen geheimen kaiserlichen Rates erworben.

Aus dieser Familie stammte jener Baron, der eine gute Bekanntschaft mit Goethe pflegte, dem das Denkmal in seiner Form zu verdanken ist. Wilhelm Christoph von Diede zum Fürstenstein ließ am Schlösschen in Ziegenberg im ausgehenden 18. Jahrhundert einen Park anlegen und nahm hierzu auch Gestaltungsvorschläge Goethes in Anspruch. Von Diede zum Fürstenstein, 1732 in Eisenach geboren, war wie Goethe vorübergehend am Reichskammergericht in Wetzlar tätig. Er ging ebenso wie dieser auf Bildungsreisen, wurde Kammerjunker am Hof zu Kassel und trat in diplomatische Dienste in Dänemark, in Berlin und schließlich in London.

Als der Baron 1776 von London zurückkam, begann er mit der Anlage des Parks in Ziegenberg. Erbschaftsangelegenheiten führten ihn nach Sachsen zum Schloss Muskau, wo seine pianistisch hoch talentierte Frau Louise, geborene Gräfin Margaretha Constantia Louise von Callenberg zu Muskau, herstammte. Er machte wiederholt einen Abstecher nach Weimar, auch an den herzoglichen Hof, schon zu der Zeit, als der dortige junge Landesherr Karl August von Sachsen-Weimar noch seine letzten Jugendfreiheiten mit Freunden, darunter auch Goethe, auslebte.

Baron von Diede zum Fürstenstein konnte man in den nächsten Jahren öfter in Weimar antreffen. Dort ergaben sich auch Begegnungen mit Goethe, Herder und Wieland. Der bürgerliche Dichter aus Frankfurt fühlte sich in den Schranken der Standesunterschiede als „unberechtigter" Eindringling in die vom Herzog gewünschten Ämter, auf die auch Vertreter des niederen Adels ein Auge geworfen hatten. Erst im Jahr 1779 kam es zu einer engeren Beziehung zu dem Dichter, da gleichartige Interessen von Diede und Goethe verbanden. Es ging beiden um die Ideen von naturnahen Parklandschaften. Nachdem schließlich auch Goethe in den Adelsstand erhoben worden war, sorgte der Herzog selbst für einen ungezwungenen Umgang der diesbezüglich Gleichgesinnten.[1] Für die neuen Landschaftsgestaltungen diskutierte man, welche Bäume wo zu pflanzen, wo Sträucher anzulegen seien und Ruheplätze und auch kleine Monumente zu stehen hätten. Es gibt aufgezeichnete Erinnerungen von Diedes und Briefe Goethes, die den Austausch zur Entwicklung des Parks in Ziegenberg belegen.[2]

1809 schrieb Goethe in wenigen Wochen seinen ursprünglich als Novelle konzipierten Roman „Die Wahlverwandtschaften", die Geschichte eines Ehepaars, deren stille ländliche Zweisamkeit durch die Ankunft zweier Personen letztlich in einem tragischen Ende zerstört wird. Die im Roman geschilderte Szenerie erinnert stark an Schloss und Landschaftspark Ziegenberg.

Die gemeinsamen Ansichten zur Landschaftsgestaltung, die begeisterte Hinwendung zur Neugestaltung von Parkanlagen nach dem Vorbild englischer Landschaftsparks versteht man besser, wenn man den Dichter selbst zu Wort kommen lässt. Er schreibt nach einem Besuch in Wörlitz, dem

---

1 Veith, Valentin: Goethes Beziehung zu Wilhelm von Diede (mit 6 ungedruckten Briefen Goethes).

2 Als 1896 das Schlösschen Ziegenberg aus den Händen der Herren von Rantzau in die Familie Passavant-Gontard überging, fand man im Fürstenstein'schen Archiv nicht nur ein Tagebuch Diedes, sondern eine Fülle von Belegen und Rechnungen über bauliche Veränderungen und sogar Pläne der Parkanlagen und dazu auch Briefe Goethes. Daraus geht hervor, wie man bei aller barock-rationalistischen Grundplanung der Natur zu ihrem Recht verhelfen sollte.

Park des Herzogs von Dessau, 1788 an Frau von Stein: „Mich hats gestern Abend, wie wir durch die Seenkanäle und Wäldgen schlichen, sehr gerührt, wie die Götter dem Fürsten erlaubt haben, einen Traum um sich zu schaffen". An diesem und anderen Zitaten lässt sich das Denken Goethes diesbezüglich ablesen, und von Diede stimmte mit ihm darin überein. Da von Diede in Tiefurth und Wörlitz eine „rührende Wirkung" für die Errichtung von Monumenten gezeigt hatte, wuchs bei Goethe die Vorstellung von einem diesbezüglichen Geschenk an von Diede.

Goethe selbst lehnte leere Vasen und Urnen als Denkmal ab. Er vermisste meist die „Imagination", das Sinnbildhafte der Werke. Von Diede hatte in seinem Ziegenberger Park persönlich Gestaltungen vorgenommen, dann aber den Einfluss Goethes „zu höherer Anschauung" gewollt. Schon 1778 ließ er in Ziegenberg einen Ruhepunkt als Ziel von Promenaden anlegen, zu dem ein Hauptweg führte, ansonsten gab es nur verschwiegene, schlängelnde Pfade durch junges Holz und naturbelassenen Wald. Hohe Eichenbäume umgaben den „Sophienplatz", der etwas erweitert und mit Steinsitzen versehen wurde. Hier fand im Sommer das Geburtstagsfest seiner Schwester Sophie statt, die mit dem Ehepaar von Diede im Schlösschen Ziegenberg wohnte. War es nicht nur der Park, sondern auch diese Konstellation, die Goethe zu dem Roman anregte?

Unterhalb des Schlosses ließ der Baron ein Sommerhäuschen errichten und gegenüber im Tal am Weiher eine beleuchtete Ehrenscheibe mit dem „brennenden" Namen seiner Schwester. Am Sophienplatz kam das Sophiendenkmal zu stehen. Es war eine große Vase mit dem Bildnis der Schwester, die sich an eine girlandenumwundene Säule lehnt. Gemalt war das Medaillon von dem mit der Familie Goethe befreundeten Maler Nothnagel in Frankfurt. Die Unterschrift unter dem Medaillon lautete: „Die brüderliche Liebe". Am Sophienplatz entstand auch das ebenfalls mit einer Girlande geschmückte Denkmal für die Ehefrau des Barons. Es war ein runder Altar mit ihrer Silhouette in einem Medaillon, das mittig an der Vorderseite angebracht war.

Goethes Gestaltungsvorschläge waren dem Baron sehr wichtig. Einer Einladung des Ehepaars von Diede zum Fürstenstein wollte Goethe jedoch nicht folgen. Er dankte mit der Bemerkung „Die Tage, die ich vor mir sehe, scheinen mir wenig Ruhe und Erholung zu versprechen. Behalten Sie mir bei sich und der Frau Gemahlin die gütigen Gesinnungen bis auf Zeiten, die für mich vortheilhafter sind" (Brief vom 6.3.1781). Goethe fühlte sich damals „körperlich und geistig nicht wohl" (Häufung von Staatsgeschäften und der unerwartete Tod Lessings, der Goethe tief erschütterte).

Zu den beiden Monumenten am Sophienplatz sollte ein drittes Denkmal kommen. Der an Goethe gesandte Lageplan zeigte dem Dichter die genaue Örtlichkeit. Goethe schlug einen Standort auf der südlichen Seite des Sophienplatzes vor, damit das neue Denkmal den Herankommenden sofort ins Auge fallen sollte, um zugleich die beiden vorhandenen Denkmale auch innerlich zu verbinden.

Ende September 1781 weilte Goethe bei seinem Freund, dem Maler Oeser, in Leipzig. Er dankte ihm für die „viele Liebe und Freundlichkeit" und die künstlerische Ausarbeitung seiner, Goethes, Idee für das neue Monument in Ziegenberg, letztlich angefertigt von dem Weimarer Bildhauer Klauer. Es wurde „Das dreifach gefesselte Glück" genannt. In der vollendeten Gestalt der Kugel symbolisiert es das Glück. Dieses befindet sich aber auf Wolken, die vergehen können und mit ihnen das Glück. Auch mittels der angedeuteten Flügel kann das Glück entschwinden. Doch die Rosengirlanden sollen es festbinden, den Freunden das Glück sichern, die unverbrüchliche Harmonie zwischen dem Gatten, seiner Frau

Hier sind auch die kleinen Flügel zu erkennen (Foto: Gregor Maier).

und seiner Schwester in der kleinen Barockwelt von Ziegenberg.

1782 schreibt Goethe am 15. Juli: „Heute früh ist das Monument abgegangen. Ich wünsche und hoffe, dass es glücklich und zur rechten Zeit ankommen werde [...] Nur dass es die rechte Höhe erhält, weil es sich alsdann erst dem Auge gefällig zeigt."

Die ursprünglich von Oeser in Leipzig festgelegten Farben sind verblasst. Der Standort des Monuments wurde später von dem stillen Sophienplatz im Wald an den Aufgang zum Schloss verlagert, fast unmittelbar an die unruhige Verkehrsstraße 275 durch das Usatal.

1803 starb die Ehefrau des Barons auf einer Italienreise, 1807 verstarb er selbst. Eine der Töchter, die verheiratete Luise von Löw zu Steinfurth und Staden übernahm den Besitz und gab ihn weiter an die Erben ihrer älteren Schwester, an die Grafen Rantzau, einem alten schleswig-holsteinischen Landadel. Das Schloss und die Gartenanlagen sowie das dazugehörige landwirtschaftliche Gut wurden im Laufe der Jahre von der Familie Passavant-Gontard stark umgeformt. 1937/38 trat diese Familie das gesamte Anwesen an das Deutsche Reich ab. 1939 baute die Wehrmacht an dieser Stelle gewaltige Bunkeranlagen. Das zerstörte Schloss und das Gelände wurden 1992 von einem Investor zum Bau von bevorzugt ausgestatteten Eigentumswohnungen umgenutzt. Der alte Gutshof am Forbach wurde vorübergehend Heimatvertriebenen für Wohnungen überlassen. Die Wirtschaftsgebäude sind noch erhalten, stehen leer und warten auf eine neue Bestimmung.

An Schloss, Park, Goethe und das dreifach gefesselte Glück erinnert bescheiden und still heute nur noch das kleine Denkmal.

Verleihung des Saalburgpreises 2019

Saalburgpreis 2019 an Beate Großmann-Hofmann

Beate Großmann-Hofmann war vom 1. Januar 1989 bis zum 31. Januar 2019 fast genau 30 Jahre lang Stadtarchivarin von Königstein im Taunus. Neben ihren beruflichen Pflichten und auch nach deren Beendigung engagiert sie sich seit langem auch ehrenamtlich, beispielsweise im Vorstand des Historischen Vereins Rhein-Main-Taunus e.V. In Königstein hält Frau Großmann-Hofmann regelmäßig Vorträge zu historischen Themen, mit denen sie ein großes Publikum erreicht. Auch über Königstein hinaus war und ist Frau Großmann-Hofmann eine gefragte Referentin zu Themen der Stadt-, Regional- und Landesgeschichte.

Beate Großmann-Hofmann (Foto: privat).

Ebenso ist sie Autorin zahlreicher Veröffentlichungen, unter anderem von 34 Aufsätzen allein im Jahrbuch Hochtaunuskreis; auch für das Königsteiner Burgfestbuch steuert sie jährlich Aufsätze bei. Außerdem kuratierte sie in der Regel jeweils einmal im Jahr eine Ausstellung zur Königsteiner Stadtgeschichte im dortigen Rathaus.

Das Königsteiner Stadtarchiv war dank des außerordentlichen Engagements von Frau Großmann-Hofmann stets eine wichtige Anlaufstelle für historische Forschungen. So arbeitete sie beispielsweise intensiv und auch in ihrer Freizeit mit der Königsteiner Stolperstein-Initiative zusammen.

Ein besonderes Anliegen waren und sind Frau Großmann-Hofmann auch historische Stadtführungen mit unterschiedlichen thematischen Schwerpunkten. Besonders hervorzuheben sind die 2013 von ihr mitentwickelten Kostümführungen, die sich großer Beliebtheit erfreuen.

Veröffentlichungen (in Auswahl):

- zus. m. Hans-Curt Köster: Königstein im Taunus. Geschichte und Kunst, 2. Aufl., Königstein i. T. 2010.
- Hebammen, Ordensfrauen, frühe Demokratinnen. Außergewöhnliche und engagierte Frauen einst in Königstein, in: Jahrbuch Hochtaunuskreis 27 (2019), S. 96–104.
- Das Kapuzinerkloster in Königstein, in: Rad und Sparren 47 (2017), S. 10–16.

- „...die Felder hingegen sind sehr gering und auch bey den fruchtbarsten Jahren wegen der kalten Tage von schlechtem Ertrag“, in: Jahrbuch Hochtaunuskreis 26 (2018), S. 117–122.
- Erinnerung an Dr. Oskar Kohnstamm (1871–1917). Leben und Werk des charismatischen Arztes, in: Jahrbuch Hochtaunuskreis 25 (2017), S. 92–98.
- Kaltwasserkuren und Holzhacken in Königstein. Zum 200. Geburtstag des treuen Kurgasts Friedrich Stoltze, in: ebd. 24 (2016), S. 203–209.
- Bäder zwischen Taunus und Main in der zweiten Hälfte des 19. Jahrhunderts, in: Rad und Sparren 44 (2014), S. 11–19.
- Und wieder einmal Franzosen in Königstein. Leben unter der französischen Besatzung in Königstein 1918 bis 1925, in: Jahrbuch Hochtaunuskreis 23 (2015), S. 87–92.
- „Prächtige uralte Baumbestände, Sträucher und exotische Pflanzen“. Königsteiner Parkanlagen einst und jetzt, in: Heidrun Merk u. a., Pinien, Palmen, Pomeranzen. Exotische Gartenwelten in FrankfurtRheinMain, Frankfurt am Main 2012, S. 58–65.

Verleihung des Saalburgpreises an Ulrich C. Cannawurf

Ulrich C. Cannawurf (Foto: privat).

Ulrich C. Cannawurf ist seit vielen Jahren Vorstandsmitglied des Gemeinschaftskreises Unser Homburg. Er war lange Zeit Schriftleiter der Vereinszeitschrift „Unser Homburg“ und hat selbst zahlreiche heimatgeschichtliche Beiträge verfasst. Darüber hinaus engagiert er sich seit fast 20 Jahren im Denkmalbeirat der Stadt Bad Homburg und trägt damit dazu bei, historisch relevante Gebäude für die Zukunft zu erhalten.

In besonderem Maße ist das von ihm verfasste Buch „Bad Homburg im 20. Jahrhundert“ hervorzuheben. In langjähriger Recherchearbeit hat er dazu über 400 Familien befragt; das Ergebnis ist ein Standardwerk zur jüngeren Stadtgeschichte und vor allem durch sein reichhaltiges Bildmaterial eine wichtige Fundgrube, die ein zahlreiches Publikum anspricht und für die Bad Homburger Geschichte sensibilisiert.

Sowohl durch seine eigene Forschungs- und Publikationstätigkeit als auch durch sein ehrenamtliches Engagement in den genannten Institutionen hat Ulrich C. Cannawurf nachhaltige Beiträge nicht nur zu Erkenntnissen, sondern vor allem auch zur Vermittlung der Bad Homburger Stadtgeschichte in einer großen Öffentlichkeit beigetragen.

Veröffentlichungen (in Auswahl):

- (Hg.), Nachkriegselend, Währungsreform, Wirtschaftswunder. Zur Ausstellung im Gotischen Haus = Unser Homburg 52 (2009), Sonderausgabe.

- Bad Homburg im zwanzigsten Jahrhundert. Photographien aus Privatbesitz, Bad Homburg 2001.

Verleihung des Förderpreises zum Saalburgpreis an die Schülergruppe Philipp Cramer, Maximilian Voß und Ruben Voß

Die drei Schüler Philipp Cramer, Maximilian Voß und Ruben Voß, Bischof-Neumann-Schule Königstein, haben das Thema „So geht's nicht weiter! Krise, Umbruch, Aufbruch" des Geschichtswettbewerbs des Bundespräsidenten 2018/19 zum Anlass genommen, sich intensiv mit der Geschichte des Taunusklubs und dessen Sozialfürsorge zu beschäftigen. Als Tutor stand ihnen dabei Dominic Dehmel, Bischof-Neumann-Schule, zur Seite.

Ergebnis des Projektes ist die 21-seitige Arbeit „Die Not und Armut im Taunus. Die Arbeit und Bemühungen der Wohltätigkeitskommission des Taunusklubs", die im Februar 2019 fertiggestellt wurde. Zur Motivation ihrer Arbeit schreiben die Autoren einleitend: „Neben dem lokalen Bezug zu unserer Heimatgegend hat uns an der Thematik fasziniert, wie sich gesamtgesellschaftliche Umwälzungen im regionalen Kontext auswirkten und wie entscheidend bürgerliches Engagement zu positiven gesellschaftlichen Veränderungen beitragen konnte." Diese Verbindung aus konkreter Lokal- und Regionalgeschichte einerseits und gesamtgesellschaftlichen Entwicklungen andererseits zeichnet den Ansatz der Arbeit aus.

Inhaltlich beschäftigt sich die Schülerarbeit nach einer Darstellung der sozial- und wirtschaftsgeschichtlichen Bestandsaufnahme des Taunus im 19. Jahrhundert vor allem mit den Aktivitäten der Wohltätigkeitskommission des Taunusklubs, besonders mit der Korbflechtschule in Grävenwiesbach.

Methodisch ist hervorzuheben, dass die Schüler sich nicht auf Literatur- und Internetrecherche beschränkt haben, sondern intensiv die einschlägigen Archive konsultiert haben, was für eine Schülerarbeit nicht selbstverständlich ist. Sie recherchierten im Kreisarchiv des Hochtaunuskreises, im Stadtarchiv Kronberg und im Vereinsarchiv des Taunusklubs.

Bettina Müller

Vom Hochtaunus nach Hollywood

Die familiären Wurzeln des Schauspielers Conrad Veidt (1893–1943)

Das Kabinett des Dr. Caligari

Verzerrte, expressionistische Bühnenbilder. Eine große schlanke Gestalt, Cesare, schleicht durch die Nacht und drückt sich an der Wand entlang, fast katzenhaft, mit einer Aura der Einsamkeit umflort, dabei seltsam bedrohlich. Ein sargartiges Gebilde, in dem die Gestalt schläft, dirigiert von dem mysteriösen Dr. Caligari, der Cesare als Jahrmarktsattraktion durch das Land schickt und der auf sein Geheiß hin auch mordet. Als Cesare in einer Szene die großen, schwarz umrandeten Augen zum ersten Mal nach langem tiefem Schlaf öffnet, soll eine Kinobesucherin in Ohnmacht gefallen sein.

Es war diese Rolle, die 1920 den Schauspieler Conrad Veidt auf das Nachhaltigste dem Kinopublikum nahebrachte, das verstört und gleichzeitig fasziniert war von diesem Schauspieler mit der ungewöhnlichen Physiognomie. Der Film spiegelt das Verzerrte der Zeit und die extrem schwierigen Lebensumstände wider. Die Weimarer Republik lag noch in ihren Anfängen und stürzte von einer Krise in die andere, politische Morde sollten das Land erschüttern. Der expressionistische Stummfilm war geboren, der Angst und Entsetzen in düsteren Bildern kongenial auf die Leinwand bannte. Alles war aus den Fugen geraten.

Conrad Veidt, ca. 1921 (Fotografen: Becker & Maass, Starpostkarte, Ross-Verlag Nr. 272/2, Sammlung der Autorin).

Das dämonische Image

Conrad Veidt versuchte schon recht früh, sich von seinem dämonischen Image wieder loszusagen, das vor allem durch diesen Film entstanden war. Dass er ursprünglich Theaterschauspieler war, rückte zunehmend in den Hintergrund. Es sollte ihm jedoch nie wieder ganz gelingen, sein Image abzulegen. Hinzu kam, dass es nicht zuletzt auch gezielt von der Filmproduktion gesteuert wurde, die Veidt auf zeitgenössischen Starpostkarten des Ross-Verlags als bestimmten Typus verkaufte. Eine der unzähligen Postkarten, die es von

Veidt aus dieser Reihe gibt, zeigt ihn dekadent, mit einer Zigarette in der Hand, elegant gekleidet, jedoch mit schwarz umrandeten Augen, die einen Hauch des Drogenkonsums andeuten und ihm eine leicht verruchte Aura bescheren und nicht zuletzt auch den „dämonischen Blick" betonen sollen, der ihm nachgesagt wurde. In der allerersten Biografie, die 1927 über ihn geschrieben wurde, versuchte der Autor Paul Ickes[1] ihn als eigentlich ganz normalen Menschen zu porträtieren, der dem ausschweifenden Berliner Lebensstil entsagte und lieber den Abend bei seiner Familie verbrachte. Nachdrücklich betonte Veidt darin auch, dass er ganz und gar undämonisch sei. Es wurden aus dieser ersten Biografie aber auch gewisse persönliche Schwierigkeiten deutlich, die familiär bedingt waren und sich auf seinen Charakter ausgewirkt hatten: eine übergroße Nähe zu seiner Mutter und ein eher distanziertes Verhältnis zu seinem Vater. Schon früh arbeitete Veidt außerdem an einer bewussten Legendenbildung und setzte selber das Gerücht in Umlauf, er sei in Potsdam geboren worden und nicht in Berlin. Somit wurde er nicht zuletzt auch zu einem unzuverlässigen Autor über sein eigenes Leben, und Vorsicht ist geboten, was seine Aussagen angeht.

Biografische Skizzen

Hans Walter Conrad Veidt wurde am 22. Januar 1893 als Sohn des Feldwebels Philipp Heinrich Veidt und dessen Ehefrau Amalie Marie Anna geb. Göhtz in Berlin geboren und am 26. März in der Garnisonkirche unter Anwesenheit der Taufpaten Fräulein Haferstroh, Frau Jordan, Frau Lüpke und Oberfeuerwärter Kremser getauft.[2] Er wuchs in Berlin auf, ging dort zur Schule, wo er jedoch auf dem Gymnasium nicht mit großen Leistungen glänzte, sondern seine Freizeit lieber in der Nähe des Deutschen Theaters verbrachte in der Hoffnung, nur einmal die Chance zu erhalten, dort vorzusprechen. Die erhielt er tatsächlich auf Vermittlung des Hausfaktotums, durfte beim Theaterleiter Max Reinhardt höchstpersönlich vorsprechen und erhielt 1913/14 seine erste Statistenrolle. Der Erste Weltkrieg unterbrach seine künstlerischen Ambitionen für vier lange Jahre, die er jedoch dazu nutzte, Fronttheater zu spielen. Nach seiner Rückkehr nach Berlin wurde er durch Max Reinhardts Bruder Edmund erneut ans Deutsche Theater vermittelt. Es folgte eine steile Karriere, angefangen von kleinen Theaterrollen bis hin zum aufstrebenden deutschen Film, damals noch ein Medium in den Kinderschuhen. Seine Filmografie beinhaltet über 100 Filmrollen, darunter auch die des Major Strasser im Filmklassiker „Casablanca" mit Humphrey Bogart und Ingrid Bergmann (siehe auch „Ausgewählte Filmrollen"). Veidt war dreimal verheiratet, wobei böse Zungen stets behaupteten, dies sei nur dem Versuch geschuldet gewesen, seine unzähligen weiblichen Fans nicht mit dem Wissen zu verstören, dass er eigentlich homosexuell sei. Das Gerücht hielt sich besonders seit dem Film „Anders als die Andern" hartnäckig, einer der unzähligen sogenannter „Aufklärungsfilme" des Regisseurs Richard Oswald, in dem Veidt einen homosexuellen Musiklehrer spielt, der sich in seinen Schüler verliebt und am Ende Selbstmord begeht. Nach einer langen Filmkarriere, bei der Veidt zeitweise zu den größten und beliebtesten deutschen Filmstars gehörte – hinter Harry Piel, Otto Gebühr und Harry Liedtke, rangierte er in einem Ranking auf Rang 4 für die Jahre 1923 bis 1926 –, wurden die Schwierigkeiten, die er mit dem politischen System hatte, immer deutlicher, zumal seine dritte Ehefrau jüdischer Herkunft war. Seine erste Ehefrau,

1 Paul Ickes, Conrad Veidt, Ein Buch vom Wesen und Werden eines Künstlers, Berlin 1927.
2 Taufregister Garnisonkirche Nr. 43/1893, S. 228.

Gussy Holl, gehörte zum Freundeskreis von Kurt Tucholsky.

Als Schauspieler in England

Veidt emigrierte schließlich nach London und nahm 1938 die britische Staatsbürgerschaft an. Einer seiner in Deutschland kaum bekannten englischen Filme, bei denen er mitwirkte, war „The Passing of the Third Floor Back" (Der Fremde vom dritten Stock). Es ist offensichtlich, dass sich Veidt auch Jahre nach seiner Imageprägung immer noch nicht davon hatte lösen können bzw. sie immer noch auf seine Rollen Einfluss nahm. Veidt spielt darin einen mysteriösen Fremden, der in einer schäbigen Londoner Pension die Geschicke der Bewohner beeinflusst, in einer Szene sogar lediglich durch einen langen dämonisch-hypnotisierenden Blick, der die junge Pensionsbewohnerin davon abhalten wird, die von ihrer Mutter erzwungene Ehe mit einem unsympathischen Geschäftsmann einzugehen. Bis zum Ende wird die wirkliche Identität Veidts darin nicht aufgelöst, sie bleibt ambivalent, auch ein Synonym für seine eigene Persönlichkeit bzw. die Wahrnehmung durch das Kinopublikum.

Emigration nach Amerika und früher Tod

1940 übersiedelte Veidt schließlich für immer nach Amerika, wo er bereits drei Jahre später am 3. April 1943 beim Golfspiel an einem Herzinfarkt starb. Seine Heimat und seine Geburtsstadt hat er nie wieder gesehen. Die Rollenangebote waren bis zum Schluss schwierig, oft musste er nun den „bösen Deutschen" spielen. In Deutschland war ihm nicht zuletzt der Film „Jew Suess" (1935) zum Verhängnis geworden (nicht zu verwechseln mit dem antisemitischen Machwerk „Jud Süß" von Veit Harlan,1940), ein historisches Drama, in dem er als Süß Oppenheimer, Minister des württembergischen Herzogs, für die Gleichberechtigung der Juden an dessen Hof kämpft. Die Nachricht von seinem Tod durfte daher in Deutschland nicht gemeldet werden. Veidt hinterließ seine dritte Ehefrau Lili Prager und seine einzige Tochter, Vera Viola Maria (1925–2004) aus seiner zweiten Ehe mit Felizitas Radtke.

Legendenbildung in Veidts Selbstzeugnissen

Auffällig in den Selbstzeugnissen Veidts war, dass er sich nicht nur an bewussten Legendenbildungen versuchte, sondern dass er in keiner der gesichteten Quellen jemals auf die Herkunft seines Vaters einging. Es ist anzunehmen, dass die Herkunft aus einer eher ländlichen Region, die eben nicht das glamouröse Berlin war, nicht zu dem fabrizierten und wirkungsvollen Image Veidts passte. Ob dies nun von ihm selber oder von der Filmproduktion gesteuert war, muss an dieser Stelle offenbleiben, da es darüber natürlich keine Aussagen gibt. Es waren seine Hände, die ihn verrieten, die so gar nicht zu dem androgynen und schlanken Asketen passen wollten und somit zu dem Image, das ihn geprägt hatte, ob es nun der Wahrheit entsprach oder

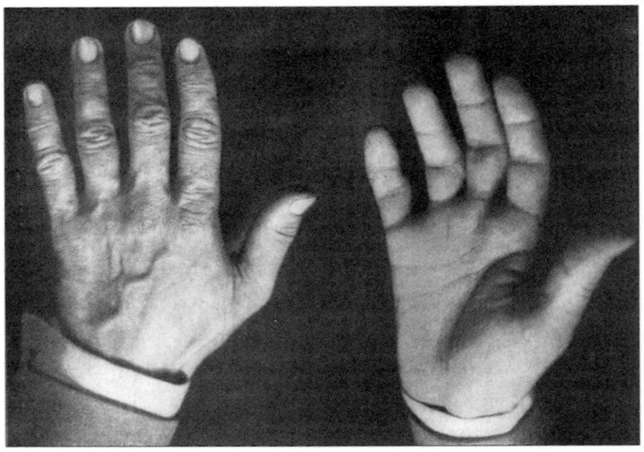

Die Hände Conrad Veidts; unbekannter Fotograf, 1933 (Bildquelle: Dr. M. Bott-Bodenhausen, Dr. S. B. Herrmann, Hg. Sterne Schriften Hände. Charakter- und Schicksalsdeutungen bekannter Frauen und Männer, 3. Auflage 1933, unpaginierte Seite).

nicht. Es sind Hände[3], die zu schwerer und harter körperlicher Arbeit passen, ein Erbe seiner Vorfahren aus dem abgeschiedenen, einsamen Hochtaunus, wo sein Großvater und Urgroßvater und vielleicht noch weitere Generationen vor ihnen als Zimmermänner in Rod an der Weil ihr Brot hart erarbeiten mussten.

Rod an der Weil: die Heimat der Familie Veidt

Philipp Heinrich Veidt[4] wurde am 15. Februar 1859 als Sohn des Zimmermanns Johann Conrad Veidt und dessen Ehefrau Marie Elisabeth Wölfinger in Rod an der Weil geboren.

Ein uraltes Kirchdorf im Hochtaunus[5] in einer sehr waldreichen Gegend war die Heimat der Familie Veidt. Steinbeilfunde in der Gegend lassen darauf schließen, dass sich dort bereits in der Jungsteinzeit Menschen angesiedelt hatten. Lediglich um die 135 Einwohner hatte das Dorf „Rode uff der Wilen" im Jahr 1511, 1279 wurde es zum ersten Mal als „Rode" erwähnt. Einschneidende und oft tragische Ereignisse mit grundlegenden Veränderungen brachten die Reformationszeit und der Dreißigjährige Krieg, der das Dorf verarmen ließ. 1714 wurde bereits ein Leinenweber Johannes Veit[6] erwähnt, der sehr wohlhabend gewesen sein soll.[7] Noch heute

Philipp Heinrich Veidt aus Rod an der Weil, seine Ehefrau Amalie Veidt geb. Göhtz mit Baby Conrad, (Bildquelle: T. Soister, Conrad Veidt on Screen. A Comprehensive Illustrated Filmography. Jefferson 2009, S. 9.).

ist der Name im Kreis weitverbreitet. Heinrich Veidt, ein Verwandter des Schauspielers, war von 1948 bis 1956 Bürgermeister der damals noch selbstständigen Gemeinde Rod an der Weil. Er erhielt aufgrund seiner Leistungen und besonderen Verdienste um die Allgemeinheit für seine Arbeit im Hochwasserschutz das Bundesverdienstkreuz. Ob Conrad Veidt Kontakt zu seinen hessischen Verwandten hatte, geht aus den über ihn vorliegenden Quellen an keiner Stelle hervor.

Biografische Skizzen: Philipp Heinrich Veidt, der Vater des Schauspielers

Zunächst hatte alles danach ausgesehen, dass Philipp Heinrich Veidt die Familientradition fortführen wollte, den Beruf des Zimmermanns erlernen und in der heimatlichen Gegend bleiben würde, so wie seine Brüder Wilhelm Christian (geb. 23.11.1860) und Johann Friedrich Carl (geb. 23.1.1864). Ihre Schwestern ehelichten beide Handwerker, auch sie wollten ihre angestammte Gegend nicht verlassen: Margarete Elisabeth heiratete den Maurer Johann Wilhelm Jung in Rod an der Weil (1876), Johanette Dorothea den Schuhmacher Carl Philipp August Müller (1877). Nach dem Besuch der örtlichen Ele-

3 Dr. M. Bott-Bodenhausen, Dr. S. B. Herrmann (Hg.), Sterne Schriften Hände. Charakter- und Schicksalsdeutungen bekannter Frauen und Männer, 3. Auflage 1933.

4 Biografische Details gehen aus seiner Personalakte hervor. Bundesarchiv R 86/692, „Acta Personalia betreffend den Kanzleisekretär Veidt beim Gesundheitsamt".

5 Zu Rod an der Weil, vgl. z.B. Historisches Ortslexikon Hessen, in: www.lagis.de (Hessisches Landesamt für geschichtliche Landeskunde). Eine ausführliche Chronik über die Gemeinde Weilrod erschien 1987: Die Geschichte von dreizehn Taunusdörfern, v. Rudi H. und Martha Kaethner, hg. v. Geschichtsverein Weilrod.

6 Weitere Namensvarianten sind z.B. Veith, Faid, Feyth, Vaidt, Veit.

7 Hessisches Hauptstaatsarchiv, Best. 135, Nr. IX 93, Privatinventare und Vermögensteilungen zu Rod an der Weil.

mentarschule und seiner Konfirmation an Pfingsten 1873 erlernte Philipp Heinrich auch tatsächlich das Zimmermannshandwerk, erhielt gleichzeitig aber noch Privatunterricht. 1880 wurde er zum Militär eingezogen, heiratete im selben Jahr in Berlin Anna Göhtz, es folgte eine schnelle berufliche Karriere, die schließlich 1887 mit der Ernennung zum Feldwebel gekrönt wurde. An der Regimentsschule hatte er sich außerdem noch weiter fortbilden können. Als er am 31. August 1893 schließlich als Invalide aus dem aktiven Militärdienst ausschied, hatte er die Berechtigung, in der Verwaltung arbeiten zu dürfen. Am 21. April 1896 wurde er Kanzlei-Hilfsarbeiter beim Kaiserlichen Gesundheitsamt in Berlin, am 1. Juli 1905 folgte schließlich die Ernennung zum Geheimen Kanzleisekretär im Reichsschatzamt. Vater Veidt scheint jedoch gesundheitlich schon damals angeschlagen gewesen zu sein, der Berliner Arzt Dr. Hugo Flatow bescheinigte ihm zum Beispiel 1897 eine „hochgradige Nervosität einer Influenza“ und empfahl „zu seiner Wiederherstellung einen sofortigen 4 bis 6 wöchentlichen Urlaub.“[8] Auch von einer schweren Operation ist in den Aufzeichnungen über Veidt die Rede, die Vater-Sohn-Beziehung schien schon früh durch Krankheiten des Vaters belastet. Er sollte ihm fremd bleiben. Für den konservativen Vater war die Berufswahl seines Sohnes mit eher unsicherer Zukunft zudem ein ganz schwerer Schlag, und Conrad konnte ihn nicht mehr vom Gegenteil überzeugen: Am 22. Juni 1917, es war ein Freitag, wurde Philipp Veidt tot in seiner Wohnung in der Salzburger Straße 5 in Berlin-Schöneberg aufgefunden. Die Todesursache: Gasvergiftung.[9] Offen bleiben muss an dieser Stelle, ob es eine Selbsttötung war oder ein Unfall. Zuletzt lebend gesehen wurde er noch um 17 Uhr nachmittags, um 20 Uhr fand man ihn leblos in der Wohnung.

Nachwort

Conrad Veidt war ein Schauspieler, dessen Physiognomie und Ausstrahlung perfekt in die Zeit der Weimarer Republik passten. In dieser Zeit entstanden seine besten Filme, und er feierte die größten Erfolge, an die er nach seiner Emigration nicht mehr anknüpfen konnte. Finanziell war die Mitwirkung an dem Hollywood-Klassiker „Casablanca“ sicherlich sehr lukrativ, doch legte sie den Schauspieler erneut auf eine Rolle fest, die auch wieder „dämonisch“ war, jedoch weniger von der sparsam angelegten Mimik als vom Charakter her. Von den Zeitumständen in der Weimarer Republik hatte er künstlerisch zunächst profitieren können, sie wurden ihm jedoch durch die Festlegung auf eine ganz bestimmte Typisierung her zum Verhängnis, sodass er sich in den späteren Rollen in Amerika künstlerisch nicht mehr verwirklichen konnte und sein deutscher Akzent ihm zudem keinen großen Spielraum ließ.

Veidts Herkunft aus dem Hochtaunus wurde vermutlich bewusst nicht thematisiert, um sein anfangs verruchtes und glamouröses Image nicht zu gefährden. Ebenso wenig fand sie Eingang in die diversen biografischen Quellen, die auch an keiner Stelle den tragischen Tod seines Vaters preisgeben.

Veidt hat seine Heimat nach der Emigration nie mehr wiedergesehen. Die Urne mit seinen sterblichen Überresten verblieb in London. Der Großteil seiner frühen Filme ist verschollen.

Ausgewählte Filmografie

- Das Tagebuch einer Verlorenen, R: Richard Oswald, 1918
- Anders als die Andern, R: Richard Oswald, 1918/19

8 Attest von Dr. Hugo Flatow v. 23.5.1897; wie FN 4.
9 Ev. Kirchenbuch Alt Schöneberg. Bestattungen Nr. 176/1917.

Rod an der Weil, Ansichtskarte 1959 (Bildquelle: Hch. Maurer, Rod an der Weil, Sammlung der Autorin).

- Unheimliche Geschichten, R: Richard Oswald, 1919
- Das Kabinett des Dr. Caligari, R: Robert Wiene, 1919/20
- Der Januskopf, R: Friedrich Wilhelm Murnau, 1920
- Lady Hamilton, R: Richard Oswald, 1921
- Lukrezia Borgia, R: Richard Oswald, 1922
- Orlacs Hände, R: Robert Wiene, 1924
- Die Brüder Schellenberg, R: Karl Grune, 1925/26
- Der Student von Prag, R: Henrik Galeen, 1926
- Der Kongreß tanzt, R: Eric Charell, 1931
- Ich und die Kaiserin, R: Friedrich Hollaender, 1932/33
- Jew Süss, R: Lothar Mendes, 1935 (GB)
- The Passing of the Third Floor Back, R: Berthold Viertel, 1935 (GB)
- The Spy in Black, R: Michael Powell, 1939 (GB)
- Casablanca, R: Michael Curtiz, 1942 (USA)

Auswahl von Theaterrollen in Berlin

- 23.5.1913, Deutsches Theater (Kammerspiele): Der Arzt am Scheideweg, von G. B. Shaw; Veidt als „ein Schreiber"
- 23.5.1913, Deutsches Theater: Penthesilea, von Heinrich von Kleist, Antilochus.
- 28.8.1914, Deutsches Theater: Prinz Friedrich von Homburg, von Heinrich von Kleist; Stranz
- 25.9.1914, Deutsches Theater: Wallensteins Lager, von Friedrich von Schiller; Ulan
- 13.11.1914, Deutsches Theater: Wallensteins Tod, von Friedrich von Schiller; Neumann
- 2.9.1916, Deutsches Theater (Kammerspiele): Der Schnellmaler, von Frank Wedekind; ein Polizeikommissar

- 30.10.1916, Deutsches Theater (Reihe: Deutscher Zyklus): Das leidende Weib, von Carl Sternheim, nach Friedrich M. Klinger; Ernst
- 15.12.1916, Deutsches Theater (Deutscher Zyklus): Dantons Tod, von Rudolf Dworsky, nach Georg Büchner; Philippeau
- 23.12.1917, Deutsches Theater: Der Bettler. Eine dramatische Sendung, von Reinhard Johannes Sorge; einer von drei Fliegern
- 17.1.1918, Deutsches Theater/Kammerspiele: Die Koralle, von Felix Holländer; ein Geistlicher
- 3.3.1918, Deutsches Theater (Gesellschaft „Das junge Deutschland"): Seeschlacht, von Reinhard Goering; 1. Matrose
- 4.6.1918, Deutsches Theater (Kammerspiele): Der Besuch im Elyseum, von Franz Werfel; Markus
- 8.11.1918, Deutsches Theater: Der Kaufmann von Venedig, von William Shakespeare; Antonio
- 19.4.1919, Lessing-Theater: Dies Irae, von Anton Wildgans; Rabaus
- 1.11.1919, Lessing-Theater: Der grüne Kakadu, von Arthur Schnitzler; Henry
- 27.1.1920, Deutsches Künstlertheater: Die Marquise von Arcis, von Carl Sternheim, nach Diderot; der Marquis von Arcis
- 31.12.1920, Theater in der Königgrätzer Straße: Salome, von Oscar Wilde; Jochanaan
- 18.10.1921, Lessing-Theater: Der lasterhafte Herr Tschu, von Julius Berstl; Herr Tschu
- 5.1.1922, Trianon-Theater: Elga, von Gerhart Hauptmann; „der Nebenbuhler"

Ein ausführlicher Aufsatz der Autorin über Conrad Veidt ist erschienen in: Mitteilungsblatt der Landesgeschichtlichen Vereinigung für die Mark Brandenburg e.V. 118 Jg. (2017) H 3, S. 143–165.
http://geschichte-brandenburg.de/lv-neu/

Diethelm Knauf

Aus Westerfeld im Taunus nach Newark in den USA

Zwei deutsche Musiker in Amerika

Dieser Briefnachlass ist sensationell: Über 130 Briefe schrieben Louis und Fritz Schütz bzw. ihre Nachfahren zwischen 1880 und 1960 in den Taunus; ein so umfangreiches Konvolut über einen so langen Zeitraum ist äußerst selten in der Geschichte der Auswanderung. Die Fülle der in den Briefen angesprochenen Themen ist bemerkenswert, die Selbstaussagen der Auswanderer lassen die subjektive Seite der Auswanderung, das Erleben der Protagonisten, aufscheinen, und sie legen ein einzigartiges Zeugnis ab von epochalen gesellschaftlichen und kulturellen Umbrüchen vor allem im Musikbetrieb.

„In dem armen Deutschland"

In Westerfeld im Kreis Usingen im Taunus wachsen die beiden Brüder Louis und Fritz Schütz in einer Bauernfamilie auf. Louis wird 1855 geboren, Fritz ist der jüngste Bruder, 1858 geboren. In der Bauernfamilie Johann Friedrich Schütz und Margarethe Elisabethe leben vier weitere Geschwister, den Hof wird der ältere Bruder Heinrich Peter übernehmen.

Musik wird in der Familie großgeschrieben. Der Vater hat sich das Spielen auf der Basstrompete selbst beigebracht und verdient sich nebenher ein wenig Geld mit dem Aufspielen auf Festen, Kirchweihen und anderen Tanzveranstaltungen. Die beiden Jungen Louis und Fritz interessieren sich schon sehr früh für Musik und lernen die Instrumente Klarinette, Viola und Basstuba spielen, auch dies weitgehend autodidaktisch.

Heinrich Peter Schütz (3.7.1849–24.5.1931), Urgroßvater von Bernd Höser, dem Besitzer des Brief-Nachlasses, und seine Ehefrau Christine Elisabethe Schütz geb. Wittmer (16.7.1849–15.8.1925). Heinrich ist der ältere Bruder von Louis und Fritz Schütz und Empfänger ihrer Briefe. Dass die Briefe aufgehoben wurden, ist Eugenie Höser, Bernd Hösers Großmutter, zu verdanken (Foto: © Privatbesitz Bernd Höser).

Louis leistet vom September 1875 bis September 1880 seinen fünfjährigen Militärdienst in Mainz-Kastel beim 88. Infanterie-Regiment ab und wandert im Dezember 1880 nach Amerika aus. Fritz folgt ihm drei Jahre später, auch er nach Ableistung des Militärdienstes im 88. Infanterie-Regiment. Beim Militär erhalten beide Brüder regulären Musikunterricht, Louis auf der Klarinette, Fritz auf Tuba und Tenorhorn.

„Proben, Proben, Proben ..." Die Mainzer Militärkapelle des 88. Infanterie-Regiments

Für die Brüder Louis und Fritz Schütz ist es – anders als für viele andere ihrer Landsleute – offenbar ein großes Glück, zum Militär nach Mainz-Kastel eingezogen zu werden. Hier werden sie in die Militärkapelle aufgenommen, wodurch sie nicht nur Geld verdienen können, sondern vor allem lernen, ihre Instrumente zu beherrschen, da ihnen eine ordentliche musikalische Ausbildung zuteilwird – was für sie bei ihrer zukünftigen Karriere in den USA sicher von großem Vorteil war!

Westerfeld im Hochtaunus gehörte zu Hessen-Nassau. Bis 1866 war das 88. Infanterie-Regiment ein Verband der Nassauischen Armee. Nach dem preußisch-österreichischen Krieg wurde es Teil des preußischen Heeres, die allgemeine Wehrpflicht wurde eingeführt. Die Militärkapelle beschäftigte 22 Musiker, schon seit der postnapoleonischen Zeit zwei Tambours und zwei Halbmondbläser, dazu einen Hornisten. Als solcher war schon Friedrich Schütz, der Vater von Louis, Fritz und Heinrich, beim Militär eingesetzt, wie eine Urkunde aus dem Jahre 1843 belegt.

Fotos, 1908. Die Militärkapelle des 88. Infanterie-Regiments beim Auszug aus der Kaserne in Mainz-Kastel, beim Fahnenappell und während der Zeremonie des „Löffelbegrabens", einem Ritual, bei dem mit großem Zeremoniell, launigen Ansprachen und stimmungsvoller Musik die Soldaten ihre blank geputzten Esslöffel „zu Grabe tragen" und in die Reserve entlassen werden. „Abbringen der Fahnen in das Gouvernement" – das „Gouvernement" war ein traditionsreiches Adelspalais am Schillerplatz, in dem ab Mitte des 19. Jahrhunderts der preußische Gouverneur residierte. Dort gab es einen großen Saal, in dem die Fahnen aufbewahrt wurden. (Foto: © Stadtarchiv Mainz (Fotos aus: 2. Nassauisches Infanterie-Regiment Nr. 88: 33 Bilder nach Original-Aufnahmen; anläßlich des hundertjährigen Jubiläums mit Genehmigung des Regiments herausgegeben ... – Oldenburg i. Gr.: Stalling, [1908]. – Stadtarchiv Mainz).

Abschiedsfoto der Militärkapelle des 88. Infanterie-Regiments. Fritz Schütz ist der Mann mit der Tuba in der hinteren Reihe ganz links (Foto: © Privatbesitz Bernd Höser).

In Mainz gab es insgesamt neun Militärkapellen, Musikdarbietungen gehörten zum täglichen Garnisonsleben. Zweimal wöchentlich führten die Kapellen Parole-Konzerte auf dem Schillerplatz auf, sie begleiteten Tanzveranstaltungen und Bälle und waren auch fester Bestandteil des Mainzer Karnevals.

Kein Wunder also, dass Fritz Schütz bei all diesen Aktivitäten seufzt: „Proben und Proben sind hier Tages-Ordnung. Ich blase bei Militärmusik zweites Tenorhorn und bei Streichmusik spiele Ich zweite Geige. [...] Heute Morgen hatten wir Probe mit den 87ern zusammen, denn morgen haben wir Morgenmusik bei unserem neuen Gouverneur."

Bei Sonntagskonzerten gibt „es jedes Mal 3 Mark 50 Pfg." schreibt er Anfang Dezember aus der „rothen Kaserne" in Mainz (Brief vom 6.12.1880). Er hatte dort im selben Jahr in der Mainzer Militärkapelle seinen Militärdienst angetreten.

Einige Tage später schreibt Fritz: „Heute Mittwoch haben wir große Parole gespielt" (Brief vom 15.12.1880). „Parole spielen" oder „Parole Musik" war ein zeitgenössischer Ausdruck für ein Platzkonzert. Ein typisches Programm, das die Militärkapelle bei solchen Konzerten zum Besten gab, bestand z. B. aus dem Schwedischen Reitermarsch aus dem Dreißigjährigen Krieg, der Ouvertüre zur Oper „Der Fliegende Holländer" von Richard Wagner, dem Strauss'schen Walzer „Rosen aus dem Süden" und der „Großen Fantasie" aus der Oper „Carmen" von George Bizet.

Fritz freut sich auf seine Entlassung, „lange dauert es nicht mehr, noch 84 Tage". Zum Abschied gibt es ein Foto: „Wir wollten uns ein Chor-Bild machen lassen, und da hat sich der Kapellmeister ausgeschlossen, und da haben wir den Hauptmann und den Feldwebel eingeladen, und haben wir Reservisten uns Bilder machen lassen ohne den Kapellmeister" (Brief vom 4.7.1883). „Chor" ist ein anderes zeitgenössisches Wort für Kapelle.

Kurz vor Weihnachten 1883 trifft Fritz dann in Amerika bei seinem Bruder Louis

Die älteste Ortsansicht Westerfelds. Zeichnung aus einem Skizzenbuch des Homburger Architekten Louis Jacobi, 1859 (Erinnerung an Westerfeld, Bleistift auf Papier, datiert 15.9.1859). Am Fuße der Kirche schlängelt sich der Bach entlang, an dem rechts nicht weit entfernt der Hof der Familie Schütz liegt (Foto: © Privatbesitz Ulrike Schneider).

ein, der drei Jahre vor ihm ins „gelobte Land" aufgebrochen war.

Wie sah es in Westerfeld und in den umliegenden Dörfern des Hochtaunus aus, als Louis und Fritz Schütz nach Amerika gingen und Briefe an ihre Familie zu Hause schrieben?

„Arbeit, Arbeit, Arbeit..."

Die Situation der Menschen in den Dörfern rund um den Taunus war im 19. Jahrhundert von geradezu grundlegenden historischen Entwicklungen gekennzeichnet, die für viele Menschen (auch in anderen Regionen Deutschlands und Europas) Anlass gaben, nach Amerika auszuwandern:

Einerseits führte das Ausbleiben von Seuchen und großen Kriegen zu einer regelrechten Bevölkerungsexplosion. In Hessen-Nassau etwa, zu dem Westerfeld gehörte, wuchs die Bevölkerung Mitte der 1840er Jahre von gut 300.000 auf fast 420.000. Generell gab es in allen hessischen Gebieten eine Steigerungsrate zwischen 23 und 38 Prozent.[1] Andererseits führte, obwohl die Landwirtschaft durch verbesserte Anbaumethoden (Optimierung der Dreifelderwirtschaft, Einführung der Stallwirtschaft, Trockenlegung von Wiesenflächen, Urbarmachung von Ödland) beträchtliche Fortschritte erzielen konnte, die Realerbteilung, nach der das Land auf alle Söhne aufgeteilt wurde, zur Zersplitterung der Hofstellen in Klein- und Zwergbetriebe, die nicht mehr wirtschaftlich arbeiten konnten. Die steinigen, mageren Böden des Hochtaunus warfen ohnehin nur geringe Erträge ab. Nasse und kalte Jahre brachten zudem Missernten, das Getreide konnte nicht trocken eingebracht werden, die Kartoffelfäule

1 Vgl. Peter Assion, Von Hessen in die Neue Welt. Eine Sozial- und Kulturgeschichte der hessischen Amerikaauswanderung mit Text- und Bilddokumenten, Frankfurt/M.: Insel Verlag 1987, S. 32.

verursachte schlimme Hungersnöte, Viehseuchen grassierten. Eine enorme Teuerungswelle mit großer Armut im Gefolge war Mitte des Jahrhunderts die Konsequenz.[2] Die ländliche Heimindustrie geriet zunehmend unter Konkurrenzdruck durch industriell gefertigte Waren vor allem aus England.

Westerfeld. Die Mühlstraße mit dem offenen Bachlauf, Blick auf die Kirche. In der Mühlstraße auf der im Bild linken Seite befindet sich der Hof der Familie Schütz (Foto: © Privatbesitz Sigrid Jungermann).

Wie begegneten die Dorfbewohner der um sich greifenden Armut? Viele Kleinbauern mussten sich als Tagelöhner oder Hirten verdingen, verdienten sich als Waldarbeiter oder im Sägewerk ein Zubrot oder zogen als saisonale Wanderarbeiter in die wachsenden Industriezentren im Rhein-Main-Gebiet oder an der Ruhr. Andere versuchten weiterhin, mit einem neben ihrer Landwirtschaft betriebenen Handwerk oder Heimgewerbe, sei es als Nagelschmied oder als Kranzflechter, als Wagenbauer oder Sattler, als Produzent von Fliegenwedeln, am Spinnrad oder als Maulwurffänger, über die Runden zu kommen. Auch die Schützens waren im Nebenberuf Leineweber und Dorfmusikanten. Für die vier Söhne ist der elterliche Hof zu klein, um alle zu ernähren.

Der Taunus weist eine lange und vielfältige Wandertradition auf. Singende Mädchen verkaufen in Heimarbeit hergestellte bunte Schachteln und Fliegenwedel in London und halb Europa, Hurdy-Gurdy-Girls tanzen und singen zur Drehleier in Bars und Saloons in den Goldgräbercamps in Kanada und Australien. Wandernde Musikanten reisen bis nach England, Kalifornien und Russland.

Auswanderung war von jeher eine Option. Damit Auswanderung in nennenswertem Umfang stattfindet, müssen die Lebenschancen in der Heimat sinken und traditionelle Milieus wie Familie und Dorfgemeinschaft sich in Auflösung befinden. Der Druck steigt, sich eine Lebensperspektive anderswo zu suchen. Bereits in der zweiten Hälfte des 18. Jahrhunderts zogen viele Hessen in die Wolgagebiete, wo 75 Prozent der Zuwanderer hessischer Herkunft waren, oder in das südeuropäische Banat. Nach den Napoleonischen Kriegen lautete die Parole zunehmend „Von Hessen in die Neue Welt“, das „Amerikafieber“ verbreitete sich rasant in den hessischen Mittelgebirgen.[3]

„Es lebt sich sehr schön in Amerika“

Den ersten Brief schreibt Louis Schütz aus Newark, wo er sich niedergelassen hat, schon am 17. Dezember 1880: „Es lebt sich sehr schön in Amerika, trotzdem man unter verschiedenen Nationen ist; man kann doch rechnen, dass fast die Hälfte hier in dieser Gegend Deutsche sind.“ Louis ist zufrieden

2 Eugen Ernst, Geschichte der Landwirtschaft, vorzugsweise im hessischen Raum, in: Freilichtmuseum Hessenpark (Hrsg.), Die Hessische Landwirtschaft im Wandel der Zeiten. Begleitheft zur agrarhistorischen Ausstellung, Schriftenreihe des Hessischen Freilichtmuseums, Heft 9, Neu-Anspach 1996, pp. 49 ff.

3 1881 verzeichnet die Statistik ca. 220.000 deutsche Auswanderer, zwischen 1867 und 1910 gehen über 114.000 Personen aus Nassau in die USA, vgl. Assion, loc.cit., S. 357. Louis und Fritz Schütz waren also durchaus Teil einer signifikanten Massenauswanderung.

mit der Meinungsfreiheit, sieht aber auch das Elend manch eines Landsmannes: „Man braucht keine direkten Steuern und Abgaben zu bezahlen, kann von Politik reden und sprechen was man will, während dem man in Deutschland jedes Wort auf die Waage legen muß; man lebt so recht frei wie ein Vogel in der Luft, doch fällt auch gar manchem armen Auswanderer das Herz in die Schuhe, wenn er hier in diesem Land ankommt mit seiner Familie, hat keinen Cent mehr in der Tasche, wie das so häufig vorkommt, hat keinen Freund oder Bekannten hier, der ihn aufnimmt, und weiß nicht wohin und wo hinaus, da sehnt sich gar mancher wieder zurück nach der Heimath." Amerika ist teuer, allein zwei Dollar kostet der Arzt[4], aber Louis scheint gut zu verdienen, er schickt Geld „für seine kleine Gothe"– 15 Mark – und noch mehr für die „liebe Mutter" und den Bruder Fritz, dem er rät „nicht immer so schimpfen über das Soldatenleben" (Brief vom 11.7.1881). Louis kennt das Leben der „armen Weber" aus eigener Anschauung und schlussfolgert: „[...] um das Loos in Deutschland als armer Mann ist Niemand zu beneiden, trotzdem, dass einem hier die gebratenen Tauben auch nicht gerade in den Mund fliegen, aber man ist ein freier Mensch hier" (Brief vom 12.7.1883). Dennoch: Was das Essen angeht: „die Hauptsache hier ist Fleisch" (ibid.). Morgens schläft Louis, so lange es ihm gefällt, Frühstück besteht aus „Kaffee, Eier[n] oder Beefsteak, Schinken oder kalte[m] Braten usw.", Zeitung lesen, einem kleinen Spaziergang, Frühschoppen. Um 12 Uhr gibt es dann im Boarding House Dinner mit feiner Suppe, Braten, Gemüse, Kartoffeln, einer Tasse Mocca und Dessert, und auch zum „Souper" wieder „jeden Abend Braten und sonst Manches mit Thee, und so geht immer ein Tag nach dem anderen hin" (ibid.). Kein Wunder, dass Fritz, nachdem er im Dezember bei Louis in Newark untergekommen ist, an seine Mutter schreibt: „Bruder Louis, das ist ein gemachter Mann" (Brief vom 20.12.1883), und für sich selber resümiert er: „Ach, was bin ich so froh, dass ich nicht beim Militär geblieben bin, denn was ists hier so schön leben gegen in dem armen Deutschland" (Brief vom 4.3.1884). Einzig die Sprache ist noch ungewohnt: „[...] nur mit dem englisch sprechen, das kostet noch ein bischen aufpassen", Bruder Louis hingegen „spricht schon ganz schön" (ibid.).

Und immer wieder: Fleisch ist hier die Hauptsache und „hier ist jeder Mensch frei". Doch auch kritische Anmerkungen gegenüber Amerika gibt es: „Das ist ein Jagen und Treiben nach die lieben Dollars", und Hektik bestimmt das Leben, wie das Beispiel von Mr Gehrhardts Bruder zeigt. Mr Gehrhardt ist der Betreiber des Boarding House, in dem die Schützens essen. Dessen Bruder „war letzten Winter draußen in Wiesbaden, der wollte eigentlich ganz draußen bleiben, aber er ist schon wieder hier, er sagte, es wäre ihm zu langweilig draußen in Deutschland, denn wer einmal hier war, der hat draußen keine Geduld mehr" (Brief vom 23.4.1886).

Fritz heiratet 1887 Emilie, die 1867 in Byron/Illinois geboren wurde. In der Folge berichtet er stolz: „Wir bauen ein schönes zweistöckiges Haus in einer sehr schönen Straße, wo dann der Lui mit uns zusammen wohnen wird. Es soll zum 1. Oktober fertig sein. Der Bauplatz hat 800 Dollar gekostet und das Haus kostete 3.000 Dollar. Es kommen 11 Zimmer hinein, so dass wir, wenn Ihr uns einmal besucht, genug Platz haben" (Brief vom 23.7.1889). Auch Louis heiratet, und zwar 1894 die Witwe eines befreundeten Musikerkollegen, Elizabeth Hinchcliffe. Begeistert schreibt er: „Besondere Neuig-

4 Immer wieder vergleicht Louis Preise und Löhne in Amerika mit denen in Deutschland: „Das Rasieren kostet hier im allergewöhnlichsten Barber Shop 10 Cents = 40 Pfg. und das Haarschneiden 25 Cents = 1 Mark, dabei geht der Barbier noch keinen Schritt aus dem Hause" (Brief vom 17.12.1880). Für 1 kg Schweinefleisch bezahlte man um 1900 in Deutschland ungefähr 1 Mark 50.

keiten wüsste ich nicht zu schreiben, als eine kleine Überraschung für Euch, welche meine Persönlichkeit betrifft, was Ihr gewiß nicht mehr erwarten werdet, nämlich dass ich mich verlobt habe und zwar mit einer echten Amerikanerin, denn meine Braut ist von englischer Abkunft und spricht nicht deutsch" (Brief vom 14.2.1894). Mit seinem Enkel spricht Louis nur deutsch, „während die anderen natürlich in englisch zu ihm sprechen" (Brief vom 26.8.1913). Der Kleine gedeiht prächtig, er spricht schon vieles „und es ist zu komisch, wie er das englische mit deutschen Worten vermischt" (Brief vom 30.7.1914). Im Ersten Weltkrieg schlägt sein Herz für das alte Vaterland, die Kriegsspekulanten werden heftig kritisiert: „Die Deutschen hier in Amerika thun Alles was sie nur können, die Noth in Deutschland lindern zu helfen, denn große Summen sind schon hinaus geschickt worden, und jeder, auch der Ärmste trägt sein Scherflein dazu bei, dem alten Vaterland zu helfen, aber gegen den Munitionsschacher scheinen sie nichts ausrichten zu können, trotzdem sie hart dagegen protestieren. Es scheint, der Dollar ist mächtiger hier denn das Herz" (Brief vom 9.2.1916). Die Geschäfte liegen infolge des Krieges danieder, „denn abgesehen von den Munitions- und Kriegsmaterial-Lieferanten, welche ein Heidengeld verdienen, steht alles still" (ibid.). Der Brief schließt mit der Hoffnung auf Frieden und speziellen Grüßen der Frau Elizabeth, „welche trotz ihrer englischen Abkunft die gerechte deutsche Sache vertritt" (ibid.).

Fritz Schütz stirbt 1920 an einer Influenza. Seine Tochter Ida informiert die Verwandten im Taunus. Abends habe er noch aufgespielt, kam um 3 Uhr morgens nach Hause und „um zwanzig Minuten nach fünf, bevor nun der Doktor kam, schließte (sic!) er seine Augen und ging ruhig schlafen". Wenn sie auch auf der Hochschule studiert habe, so entschuldigt sie sich für ihr schlechtes Deutsch, jedoch: „Wenn wir auch in Amerika geboren sind, haben wir noch echte deutsche Herzen" (ibid.).

War er, als er nach Amerika kam, hemmungslos von dem Land begeistert, so scheinen sich bei Louis Schütz mit den Jahren die Gefühle für die alte Heimat zu verstärken: „Daß Deutschland furchtbar zu leiden hat als Nachfolge dieses schrecklichen Krieges, lesen wir hier jeden Tag in der deutschen Zeitung, und es blutet einem das Herz, wenn man alle Schandthaten liest, welche besonders die Franzosen verüben. Wann wird die deutsche Regierung sich endlich einmal aufraffen und der Welt verkünden, wer für diesen unseligen Krieg verantwortlich ist?" (Brief vom 8.1.1923). Er freut sich über „die herrliche deutsche Musik", die beim Empfang des Luxusliners „Bremen" des Norddeutschen Lloyd in New York erklungen ist, und „das alte deutsche Herz fing wieder einmal an schneller zu schlagen", als der „Graf Zeppelin" „in stolzer Majestät" über das Gebiet hinwegzog. „Mußte es doch wieder ein Deutscher sein, welcher dieses Heldenstück vollbracht hat" (Brief vom 29.8.1929). Seinen letzten Brief schreibt Louis Schütz am 12. Dezember 1936 und freut sich, dass seine Angehörigen in Westerfeld „den alten Onkel in Amerika noch nicht vergessen haben". Drei Jahre später stirbt er.

„Trotzdem man unter verschiedenen Nationen ist; man kann doch rechnen, dass fast die Hälfte hier in dieser Gegend Deutsche sind."

1891 feiert die deutsche community das nationale Sängerfest in Newark: „und zwar das großartigste, welches bis jetzt abgehalten wurde, und haben die Deutschen den Amerikanern gezeigt, wie man Feste feiert. Als am 2. Morgens die ersten Sänger in unserer Stadt einrückten, da prangten die Straßen im schönsten Flaggenschmuck an jedem Haus und in jedem Fenster wehte die deutsche Fahne neben unserem schönen Sternenbanner der Ver. Staaten, und nicht allein Deutsche, sondern alle Nationen halfen mit, um den Fest den Erfolg zu sichern" (Brief vom 29.7.1891).

Orchester mit 85 Musikern und Massenchöre mit mehr als 4.000 Sängern und Sängerinnen und 50.000 Besucher: Da wurde so manches Fass Gerstensaft geleert.

Die kurzen Auszüge zeigen: Einwanderer bringen ihr kulturelles Gepäck mit in ihre neue Heimat. Kirchen, Kneipen, Vereine, Feste und Paraden werden zu Kristallisationspunkten ihrer Identität in einer zunächst als feindlich empfundenen Umwelt. Sie pflegen ihre Sprache und ihr Brauchtum. Und sie spielen häufig die Musik ihrer alten Heimat, manchmal bis in die dritte, vierte Generation.

Während des Ersten Weltkrieges schlagen sich die Brüder rückhaltlos auf die Seite des kaiserlichen Deutschen Reiches, stehen für die „gerechte deutsche Sache", ein Teil ihres patriotischen Herzens schlägt immer noch stark für das alte Vaterland. Offensichtlich lesen sie die deutschsprachige New Yorker Staatszeitung, sprechen untereinander sicher auch deutsch, nehmen wohl zumindest gelegentlich am kulturellen Leben der deutsch-amerikanischen Nachbarschaft teil.

„Wie geht es Euch in dieser schweren Zeit, wo unser liebes Deutschland von so vielen Feinden überfallen wurde um es zu vernichten. Stehen Angehörige unserer Familie auch im Felde, und wie befinden sie sich?

Die englisch-amerikanischen Zeitungen hier sind alle deutschfeindlich, und es könnte einem die Galle überschießen, wenn man Tag für Tag die Lügen liest, welche sie über Deutschland bringen, und die Greuelthaten, welche sie unseren braven deutschen Soldaten andichten sind einfach himmelschreiend.

Aber unsere brave deutsche New Yorker Staats-Zeitung hält treu zu Deutschland und bringt uns die Wahrheit über alles was vorgeht auf dem Kriegsschauplatz. Auch bringt sie jede Woche die Verlustlisten von draußen, und da habe ich denn schon verschiedene Namen aus unserer Heimath entdeckt z. B. aus Pfaffenwiesbach, Wehrheim, Obernhain, Eschbach usw. Das Herz möchte einem zerspringen, wenn man diese großen Listen braver Männer sieht, welche ihr Blut und Leben opfern müssen wegen solchem Raubgesindel, welches Deutschland angegriffen hat. Die Deutschen hier in Amerika stehen natürlich auf des Vaterlandes Seite wie ein Mann und jeder trägt sein Scherflein bei, um die Wunden dieses schrecklichen Krieges zu heilen" (Brief von Louis Schütz vom 22.11.1914).

Neben dem Kummer und der Sorge um Verwandte und Bekannte aus dem Taunus scheint in Louis Zeilen auch die ungefilterte Übernahme deutscher Kriegspropaganda auf: die braven deutschen Männer gegen das englische und französische „Raubgesindel", Deutschland als Opfer der Aggression der Entente, die angeblichen Lügen über deutsche Kriegsverbrechen. Nur die New Yorker Staatszeitung berichte offensichtlich wahrheitsgemäß...

Natürlich sind das Zeugnisse aus den zugespitzten Zeiten eines Krieges, sicherlich waren auch die Loyalitäten zur neuen Heimat Amerika stark ausgeprägt, Identität ist ein vielschichtiges Gebilde und selten eindimensional. Vielleicht fasst es der Satz von Ida Egginson, Fritz Schützens Tochter, ganz gut zusammen, die nach dem Tod ihres Vaters nach Westerfeld schrieb: „Vater war ein guter Amerikaner, aber sein Herz blutete für sein Vaterland" (Brief vom 28.5.1920).

„Hier kennt man keine Trompeten"

In Amerika ist die Trompete nicht gebräuchlich, man spielt das Kornett, ein trompetenähnliches Blechblasinstrument, das transponierend und zumeist in B, manchmal auch in Es, gestimmt ist. Auf den Veranstaltungen der deutschen community in New Jersey spielen

Voss' First Regiment Band Newark, ohne Jahr, wahrscheinlich um 1890. In dieser Band spielten die Brüder Schütz viele Jahre lang. Gleich einer Visitenkarte wurde die Band vom professionellen deutschen Fotografen Marcus Ulbricht in Newark aufgenommen, möglicherweise zu Werbezwecken. In der zweiten Reihe der Klarinetten vorne Louis Schütz, links vom Dirigenten mit Tuba Fritz Schütz (Foto: © Privatbesitz Bernd Höser).

die Brüder Schütz als professionelle Musiker in Frederick Voss' First Regiment Band das bekannte Repertoire der deutschen und italienischen Romantik: die Ouvertüre von Mendelssohns „Sommernachtstraum", die Cavatine aus dem Barbier von Sevilla, Meyerbeer, Verdi, Weber. Allmählich vollzieht sich jedoch ein Repertoirewandel: Victor Herberts „American Phantasy", die patriotischen Hymnen „My Own United States" und „America". Quadrillen lösen Rundtänze wie Polka und Walzer ab, moderne Tänze wie Quickstepp und Boston halten Einzug in das Repertoire der Musikkapellen.

Diese spielen in großen Hallen wie dem Kruger Auditorium oder in Freizeitparks wie dem Asbury Park oder Schlotterer's Schutzen Park, zunehmend aber auch für Freimaurerlogen, auf Feuerwehrbällen, auf Veranstaltungen der Demokratischen und Republikanischen Partei, sogar auf Reenactments wichtiger Schlachten aus dem Amerikanischen Unabhängigkeitskrieg, wie der Schlacht bei Trenton oder dem Monmouth Battle. Es vollzieht sich hier eine „Amerikanisierung" der Musik auch der deutschstämmigen Tanzkapellen.

Es gibt tatsächlich Musikaufnahmen der Voss' First Regiment Band aus dem Jahr 1891, einen galop „One Minute too Late", den Walzer „Loin du Bal" des französischen Komponisten Ernest Gillet und „Five Minutes with the Minstrels", alle auf Wachs-Zylinder-Walzen von Thomas Edison mit einer akustischen Ankündigung vor den Stücken. Diese Aufnahmen wurden für Münz-Nickelodeons produziert, man konnte sie hören, wenn man einen „nickel" in die Maschine steckte – eine

Attraktion auf Jahrmärkten, in Kneipen und music halls[5]. Steve Sullivan schreibt in seiner Encyclopedia of Great Popular Song Recordings: „Because of the severe limitations of early recording technology which made it difficult to proper record certain instruments or type of voices, military-style bands, whose full-bodied sound could be easily captured by the crude recording horns, were especially popular. One of the first bands to record extensively for Edison was the 1st Regiment Band, soon to be known as Voss' 1st Regiment Band." Schon spannend, Fritz Schütz an der Tuba und Louis Schütz an der Klarinette zu hören, über 120 Jahre später.

„Wir sind jetzt viel beschäftigt in Edisons Phonograph"

Dass Fritz ein guter Amerikaner wurde und sich schon bald mit seinem neuen Land identifizierte, wird auch daran deutlich, dass er 1895 seinen Namen amerikanisiert: Er heißt jetzt Fred, unter Profession steht „musician". 1905 ist er auch als „music teacher" verzeichnet.

Bis gegen Ende des 19. Jahrhunderts spielten die Musiker live. Dann setzte eine entscheidende Neuerung ein: Im Dezember 1877 stellte Edison seinen Phonographen der Weltöffentlichkeit vor. Musik ließ sich in Wachswalzen pressen und so konservieren. Bei Bedarf konnte man sie – auch ohne Musiker – wieder abrufen und hören. Für Musikanten eine ganz grundlegende Wandlung ihres Berufes: „Hier hat ein Amerikaner Namens Edison ein Instrument erfunden, er nennt es Phonograph; wenn man da hinein spricht oder singt oder spielt, so kann man genau dasselbe wieder hören, wenn es fortschickt und in Bewegung setzt, was man hinein gespielt [...] hat" (Brief vom 24.8., unleserlich, wahrscheinlich 1890). Folgerichtig konstatiert Fritz einige Jahre später: „Wir sind jetzt viel beschäftigt in Edisons Phonograph, wo Ihr gewiß auch schon von gehört habt" (Brief vom 9.7.1893). Zu Beginn des neuen Jahrhunderts werden die Aufnahmen im Studio immer wichtiger: „Bruder Fritz und ich sind noch recht aktiv und müssen noch recht hart arbeiten, denn unser Hauptgeschäft ist jetzt, für den Edison Phonograph zu spielen, wo wir diese Musikwalzen herstellen, und da muß man so stark wie nur möglich blasen, denn p. und pp [piano und pianissimo] werden da nicht beobachtet" (Brief vom 27.3.1901).

Neben solch revolutionären Erfahrungen spielt der normale Musiker-Alltag in den Briefen eine große Rolle: Bruder Fritz wird „einen neuen Tuba" (sic) bekommen, einen „großen B-Bass", der in New York gemacht wurde, „und kostet 100 Dollar" (Brief vom 29.7.1891). Im Brief vom 20. November 1891 freut sich Fritz: „Mein neues Tuba ist sehr gut ausgefallen. Da kann man einen Ton darauf blasen wie auf einer Orgel; es wiegt aber auch zwanzig Pfund. Hier machen sie viel bessere Instrumente wie in Deutschland." Zu Beginn der Musikerkarriere in den USA ließ zumindest Louis sich seine Instrumente noch in Deutschland fertigen und sie nach Amerika schicken, sogar das Holz für die Klarinetten-Blättchen.

1909 stirbt der Kapellmeister Voss ganz plötzlich bei einer Probe an Herzschlag, die beiden Brüder sind berührt. „Ich und Louis haben, seitdem wir in Amerika sind, unter Herrn Voss gespielt; er war ein feiner Herr" (Brief vom 2.6.1909).

Auch mit einer zweiten großen Veränderung im Mediengeschäft kommt Louis Schütz im Laufe seines langen amerikanischen Profimusikerlebens in unmittelbaren Kontakt. Am 7. Mai 1920 schreibt er: „Seit Dezem-

5 Darauf folgten The Forge in the Forest (1892), Aunt Dinah's Supper Party (1898) und Indian War Dance (1899). Den Hinweis auf die Aufnahmen der Voss Band verdanke ich Bernd Schirrmeister, Journalist bei der taz. Unter folgendem Link findet man Informationen zur Voss Band: https://archive.org/details/FiveMinutesWithTheMinstrelsByVosssFirstRegimentBand1891.

Louis Schütz mit Klarinette, aufgenommen in Amerika, wohl um 1890 (Foto: © Privatbesitz Bernd Höser).

ber letzten Jahres habe ich ein Engagement in einem großen Wandelbilder Theater, wo wir jeden Tag, Sonntags eingeschlossen, Nachmittags und Abend spielen, und es wird immer nach 11 Uhr Abends, wenn ich sehr müde nach Hause komme."[6] Die „Wandelbilder-Theater" sind Stummfilm-Kinos, in denen Orchester die Filmaufführung begleiten. Louis ist stolz, dass er seine „Stimme noch ganz gut leisten" kann, denn „heutzutage stellen die Componisten und Dirigenten große Anforderungen an den Clarinettisten" (ibid.). Auch das nächste Jahr ist Louis „sehr beschäftigt im Theater" (Brief der Nichte Ida vom 30.11.1921). Dass er gesund ist, bestätigt Louis selber, er sei „mit seinen 70 Jahren immer noch im Stande im Orchester mitzuwirken" (Brief vom 15.9.1925). Das gelingt ihm auch noch ein Jahr später. Bald aber gibt er nur noch Unterricht: „Die Musik habe ich diesen Winter aufgegeben, denn wenn man 73 Jahre alt ist, hört das Blasen von selbst auf" (Brief vom 12.1.1929), nachdem er noch im Jahr vorher mitgeteilt hatte, dass er nur noch ein bisschen hier und da aushelfe, allerdings zu „einer Zivil-Blaskapelle von 50 Mann" gehöre, „welche jeden Mittwoch Abend in einem unserer schönen Parks ein Freiconzert gibt", das durch Geschäftsleute und Sponsoren finanziert werde (Brief vom 26.7.1918). Doch sein Interesse am Fortgang des Musikbetriebes bleibt rege, so registriert er mit großem Mitgefühl den Niedergang der Theater-Orchester, die die Stummfilme begleitet hatten: „Für unsere Musiker in den Theatern sind die Aussichten besonders schlecht. Seitdem die Sprechfilme eingeführt sind, wurden viele entlassen, und die Theater-Manager versuchen ihr Bestes ohne Orchester fertig zu werden" (Brief vom 7.12.1930). Der Tonfilm hatte 1927 mit „The Jazz Singer" in den Kinos Einzug gehalten: Ein komplettes Geschäftsfeld bricht für die Musiker weg.

Überhaupt werden die Zeiten für die großen Concert Bands, in denen oft bis zu 40 Mann spielen, schwerer. Kleine Combos setzen sich in den 1920er Jahren zunehmend durch, und diese spielen eine andere Musik. Schon in den 1890 Jahren taucht ein neuer Musikstil auf: Ragtime – und auch die Tanzkapellen sind zunehmend gezwungen, solche Ragtime-Stücke in ihr Programm mit aufzunehmen. John Philipp Sousa, die wohl bekannteste Concert Band, spielt z. B. auch auf ihrer Europa-Tournee 1.900 Plantation Songs, „A Coon Band Contest" oder „Hula

6 Ein paar Sätze später stellt er fest, dass die „Clarinete ein gar trubelsames (=troublesome, DK) Instrument" sei, immer müsse man die Lage der Blätter nachsehen und neue Polster unter den Klappen anbringen.

Hula Cake Walk“[7], der Posaunist Arthur Pryor übernimmt in seiner Komposition „Trombone Sneeze“ Elemente einer schwarzen Spielweise, hier das Glissando, das gleitende Verändern der Tonhöhe, mit dem man einen spannungsreichen Klangeffekt erzielt.

Aus dem Ragtime wird der Jazz, eine echte wirklich amerikanische Musikform.

Eine musikalische Auswanderergeschichte

Der Lebensweg der Brüder Schütz beschreibt zunächst eine nicht untypische Einwandererkarriere: In Amerika gelingt ihnen ein sozialer Aufstieg, der in Deutschland so kaum möglich gewesen wäre – eine Bauernstelle war im Taunus nicht in Aussicht, ein Handwerk hatten sie nicht erlernt, als professionelle Musiker standen ihnen in den USA sicher mehr Möglichkeiten offen. Bis zum Ersten Weltkrieg existierte eine deutsch-amerikanische Kultur, die mit Konzerten, Tanzvergnügungen, Vereins- und Familienfeiern (Geburt, Kommunion oder Konfirmation, Heirat, Begräbnis), Sänger- und Turnerfesten ein großes Angebot an Auftrittsmöglichkeiten vorhielt. Parallel entwickelten sich Spielmöglichkeiten im Kontext der amerikanischen dominanten Kultur: patriotische Paraden und politische Veranstaltungen, Bälle und Freiluftkonzerte, Auftritte bei Freizeitveranstaltungen anderer ethnischer Gruppen. Louis und Fritz Schütz waren Zeitzeugen großer Veränderungen in der Medienwelt: Mit dem Phonographen hielt aufgezeichnete Musik Einzug in die Musikgeschichte, der Tonfilm löste den von Orchestern begleiteten Stummfilm ab, Musikaufnahmen für Grammofon (erfunden 1887) und Schallplatte, für das Radio (ab 1925) und die Jukebox (z. B. der Firma Wurlitzer ab 1932) nahmen rasant an Fahrt auf. Mit Blues, Ragtime, Jazz und Dixie begann sich eine genuin amerikanische Musik herauszubilden. Ob die Schützens auch solche Musik spielten, wissen wir nicht, wohl aber, was Fritz' Tochter Ida 1929 in den Taunus schrieb: „Vater erzählte oft von seinem militärischen Leben. Ich freute mich zu hören, wie die Musik in unserer Familie weiter lebt, und hoffe, dass wir immer Musiker in der Familie haben“ (Brief vom 6.1.1929).

Nachwort

Ab 1929 beklagt Louis die schlechten wirtschaftlichen Verhältnisse in Amerika im Zuge der Great Depression. „3 Millionen Menschen sind hier beschäftigungslos“ (Brief vom 18.6.1930). „Unsere wirtschaftlichen Verhältnisse liegen sehr im Argen hier. Vier- und eine halbe Million Menschen sind schon Monate lang außer Arbeit, und dabei werden noch jede Woche Tausende mehr abgelegt, und die Noth wird jeden Tag größer“ (Brief vom 7.12.1930); „Die Geschäftsverhältnisse sind hier gerade so schlecht wie in Deutschland. Augenblicklich hat unser neuer Präsident Roosevelt alle Banken schließen lassen, um den Gold-Standard wieder in die Höhe zu bringen; ob es helfen wird, müssen wir abwarten“ (Brief vom 10.3.1933). Im Brief vom 12.12.1934 beklagt er dann schon 12 Mio. Arbeitslose, „und ein strenger und harter Winter steht uns bevor“. Und drei Jahre später sieht die „Geschäftslage“ immer noch „recht traurig aus. Es sind immer noch Millionen von Leuten außer Arbeit, und jeden Tag liest man von neuen Streiks, was denn die Lage noch viel schlimmer macht“ (Brief vom 10.12.1937). Dafür freut er sich über den Brief seiner Nichte Eugenie im Taunus „mit den schönen Photographien der lieben kleinen Hitler-Jungen“ (11.1.1938).

Schon während Louis' letzter Lebensjahre und vor allem nach seinem Tod 1939 führen

7 Plantation Songs beziehen sich auf die Musik der schwarzen Sklaven, „coon“ ist ein übles Schimpfwort für Schwarze, „cake walk“ ein Tanz der Schwarzen, der oft die Sitten und Verkehrsformen der Weißen parodiert.

vor allem Ida Egginson, Fritz' Tocher, und Olga Riede, Louis' Stieftochter, die Korrespondenz mit Eugenie Höser in Westerfeld fort. Familiäre Dinge stehen nun im Vordergrund, Glückwünsche werden zu Geburtstagen ausgetauscht, ebenso wie Weihnachts- und Neujahrswünsche. 1938 erwähnt Ida, dass sie eine Rede von „Herrn Hitler" gehört habe, in dem es in München um die Tschechoslowakei und die Verhandlungen mit England und Frankreich gegangen sei. Am 7.12.1939 schreibt sie, dass Onkel Louis gestorben sei.

Nach dem Krieg äußert Ida ihr Mitgefühl mit den Menschen in Deutschland: „Wir lasen in unsere Zeitung von den grossen not in Europa und über die ganze Welt. Durchaus die krieg's jahre haben wir für den Red Cross und für unsere kirche gestrickt und genäht. Alle gaben gelt für verandere sammlungen. Frauen, kinder und männer kleidung wurden gesammelt und zu nötigen familien in England, Holland. Greece, Russia und Norway abgesendet. Am 4 Oct. Haben wir ein packet zu dir abgesandet, mit 2 kleider, ein rock und jacke, und kleidergestück" (Brief vom 7.10.1946). Päckchen kommen aus Amerika in den Taunus noch bis 1950, z. B. ein Frauenmantel und Männerkleidung (15.5.1947), von Olga Riede am 12.6.1947 Pullover, Männerschuhe, Gesichtspuder, 1 Paar Nylonstrümpfe und drei Paar Männersocken, Ida beklagt am 26.12.1947, dass sie nur „zwei pfund kaffe auf einmal absenden" kann, „wegen dem ‚black market' in kaffee in Deutschland". Immer wieder wird Kleidung geschickt, mal werden die Verhältnisse in der „Russian Zone" beklagt („Ich wünsche das die Verwandte im Russian Zone hätten es besser", 28.11.1949), mal wird sich für das schlechte Deutsch entschuldigt („Olga hat auch Euren Brief von 21 Aug. erhalten und fragte mich für Sie zu schreiben. In Hochschule war Olga ein gute Deutsche Studentin, – viel besser wie ich, – aber Sie scheint alles zu vergessen zu haben. Vater hat mich immer geholfen mit meine Deutsche Studien. Aber das ist so viele Jahre zurück!", (ibid.), mal bedanken sich Ida und Olga für eine gestickte Tischdecke, die Eugenie wohl nach Amerika geschickt hatte. 1951 (es ist die Zeit des Koreakrieges) drückt Ida ihre Hoffnung auf Frieden aus: „Wir hoffen mit ganzem Herzen, das wir nicht einen dritten Krieg durchleben müssen. Gierigkeit und Unterdrückung sind nicht allmächtig. Wir müssen wissen, dass der allmächtige Gott hat das Reich eingenommen" (Brief vom 12.4.1951). Ida bittet Eugenie, da diese die Briefe von Fritz und Louis noch habe, ihr diese zu schicken, und bedankt sich: „Es war sehr hilfreich von Dir, Eugenie, die Briefe zu schicken. Ich konnte Vaters Stimme hören, als ich die Briefe las" (Brief vom 9.5.1952). Der letzte Brief dieses ungewöhnlichen Nachlasses datiert vom 8.1.1963, Arthur Egginson hat ihn geschrieben: „Ida had a sudden heart attack in the morning of the 5th of August and by 6 o'clock in the evening she was gone. Ida was a very loving and helpful wife and I was very sorry to see her go. I am very grateful for the many years we had together. A happy New Year for you all."

Louis Schütz, 1939 (Foto: © Privatbesitz Bernd Höser).

Ingrid Ehrhardt

Zwei Entdeckungen in der Kunstsammlung Kronberger Malerkolonie

Die Ausstellung „Hans Meinke"

Vom 24. Februar bis 22. April 2019 würdigte eine Ausstellung im Museum Kronberger Malerkolonie das Werk Hans Meinkes. Die Vorbereitungen dazu begannen im Grunde genommen mit dem Umzug der Stiftung Kronberger Malerkolonie im Sommer 2017. Bei diesem Umzug wurden zwei Bilder, die von ihrer Malweise und Motivwahl für die Sammlung Kronberger Malerkolonie eher ungewöhnlich sind, wiederentdeckt. Es handelte es sich dabei um „Die große Angst" von 1961 und „Sommerzeit" aus dem Jahr 1964 von Hans Meinke.

Wenige Wochen nach dem Umzug kam dann die Tochter des Künstlers auf uns zu und gab die Anregung zu einer Ausstellung anlässlich des 30. Todestages von Hans Meinke im letzten Jahr. Durch den Umzug und die

Hans Meinke: „Die große Angst", Stiftung Kronberger Malerkolonie.

Hans Meinkes: „Die Geißel", Privatsammlung.

Neueröffnung im Frühjahr 2018 musste der Termin jedoch ins Jahr 2019 verschoben werden, da natürlich die Eröffnung mit einer Präsentation der Künstler der Malerkolonie erst einmal Vorrang hatte.

Hans Meinke steht nun gleich in mehrfacher Hinsicht in der Nachfolge der Kronberger Malerkolonie. Ein Foto in der Ausstellung zeigte ihn beim Malen draußen in der freien Natur, wenngleich viele seiner Motive im Atelier aus der Erinnerung entstanden sind.

Ferner wissen wir von Meinkes Bekanntschaft mit Fritz Wucherer und auch mit Fritz Best. Eine kleine Landschaft aus Obergmain von Fritz Wucherer, die während des Krieges entstanden ist, trägt auf der Rückseite eine Widmung Wucherers an seinen Künstlerkollegen Hans Meinke, der dieses Bild zeitlebens in guter Erinnerung an Wucherer bewahrt hat.

Und noch ein weiterer Aspekt verbindet Meinke mit der Kronberger Malerkolonie: Oftmals folgen seine Landschaften der in Kronberg gepflegten Landschaftstradition, die besonders den Stimmungsgehalt eines Bildes in den Vordergrund stellte.

Meinke malte häufig Landschaften aus dem Taunus, aber auch von seinen Reisen nach Italien, Frankreich und in die Schweiz. Die Verarbeitung dieser Reisen zeigte sich in der Ausstellung vor allem in seinen Aquarellen, die besonders stimmungsvoll und atmosphärisch wirken und einem späten Impressionismus folgen.

Letztlich lehnte Meinke – wie Fritz Wucherer und seine Künstlerkollegen – die abstrakte Malerei ab und hielt in seinen Arbeiten stets am Gegenstand, d. h. der menschlichen Figur und der Landschaft fest.

Blick in den Ausstellungsraum der Villa Winter mit den Bildern von Hans Meinke.

Die Einladungskarte zur Ausstellung im Museum der Kronberger Malerkolonie.

1961 entstand ein Hauptwerk von Hans Meinke: das eingangs erwähnte Bild mit dem Titel „Die große Angst". Das großformatige Gemälde, das Meinke wenige Monate vor seinem Tod der Stiftung Kronberger Malerkolonie übereignete, thematisiert die Bedrohung des Menschen durch eine Atomexplosion. Grüngesichtige Figuren mit aufgerissenen Augen blicken wie erstarrt gen Himmel. In Zeiten des Kalten Krieges, als sich die Supermächte unerbittlich gegenüberstanden, war für Wochen der atomare Erstschlag nur einen Knopfdruck entfernt, und nur knapp entging die Menschheit damals einem Atomkrieg. Die angstvolle Atmosphäre dieser Zeit wird von Meinke auf die dargestellten Menschen übertragen – die Furcht vor einem großen Unglück wird auch im Bild allgegenwärtig.

Ein zweites Bild mit dem Titel „Die Geißel" greift die Thematik abermals aus einem anderen Blickwinkel auf: Meinke kritisiert in dem Gemälde, das er in der ihm eigenen Wachs-Kratz-Technik ausführte, die Diktatoren dieser Welt, die zu allen Zeiten die Menschheit durch Krieg und Gewalt ins Verderben stürzten.

Dem gegenüber stellten wir in der Ausstellung das Gemälde „Fischzug", das als Metapher für menschlichen Reichtum zu lesen ist und das Meinke zeitlebens als unverkäuflich deklariert und behalten hat. In der Mitte zeigt es einen Fischer, der auf seinem Lebensweg nicht die materiellen Reichtümer, sondern vielmehr die wertvollen Dinge des Lebens wie Freundschaft und Mitgefühl aus dem Fluss der Zeit herausfischt.

Die Bilder der Ausstellung konnten allerdings nur einen Teil von Meinkes vielfältiger Kunst zeigen. Neben seinen Bildern und Aquarellen waren es vor allem seine Sgraffiti-Arbeiten im öffentlichen Raum, die ihn zu Lebzeiten besonders im Taunus bekannt gemacht hatten. In jedem Fall hat die Ausstellung in der Kronberger Malerkolonie dazu beigetragen, den Namen Hans Meinkes wieder ins Gedächtnis zu holen und auch den Blick für die Sgraffiti-Kunst und die Wandmalereien der Nachkriegsmoderne zu schärfen, auf dass diese weiterhin erhalten bleiben und nicht – wie vielerorts – aus Unkenntnis oder Geringschätzung zerstört werden und für immer verloren gehen.

Ulrike Mieth

Hans Meinke, Künstler im Hochtaunuskreis

Landschaften und Kunst an Bauten der Nachkriegsmoderne

Hans Meinke, im Dezember 1907 in Offenbach geboren, war sein Leben lang als Maler und freischaffender Künstler tätig. Er trat frühzeitig dem Künstlerbund Taunus bei, dem 1948 gegründeten wichtigsten Zusammenschluss regionaler Künstler, dem er als engagiertes Mitglied sehr verbunden war und es bis zu seinem Tode blieb. Mit den damaligen Mitgliedern, den Maler- und Bildhauer-Kollegen, verband ihn echte Freundschaft. Sie alle folgten ihrer Berufung trotz Not und schwierigster Einkommensverhältnisse. Auch Hans Meinke hatte eine schwere Zeit nach dem Krieg, in dem seine Wohnung und das Atelier in Frankfurt den Bomben zum Opfer gefallen waren. Umso wichtiger waren für alle Künstler die Verkaufsausstellungen des Künstlerbundes Taunus, die in der Volksschu-

„Taunus", Aquarell von Hans Meinke, 1981 (Kunstsammlung des Hochtaunuskreises).

le Kronberg, Oberursel und im Kurhaus Bad Homburg veranstaltet wurden. Sie waren auch für Hans Meinke regelmäßig ein Erfolg und machten ihn bekannt.

Hans Meinke hatte insbesondere wegen seiner duftigen, meisterhaften Landschaftsaquarelle eine treue Fan-Gemeinde. Aber auch seine großformatigen Tempera- und Ölbilder – zunächst meist Landschaften – fanden großen Anklang und wurden gekauft. Bei der Jahresausstellung des Künstlerbundes in Bad Homburg 1964 wurde seine Taunuslandschaft (Öl auf Leinwand) als bestes Taunusbild der Ausstellung prämiert und erworben.

Hans Meinke hatte von 1928 bis 1934 an der Kunstschule in Nürnberg studiert und dabei auch Kurse für Wandmalerei belegt. 1934/35 unternahm er eine zweijährige intensive Studienreise durch die Schweiz nach Italien. Er war in dieser Zeit u.a. Schüler bei dem renommierten Expressionisten Prof. Ettore Burzi, in Lugano und Bologna. Seine Studien führten ihn durch die Toskana nach Umbrien und Rom. Besonders prägend wirkte jedoch sein mehrmonatiger Aufenthalt in Venedig. Es entstanden Aquarelle und Skizzen in reicher Zahl. Nach seiner Ateliergründung in Frankfurt wurde Hans Meinke Mitglied der Frankfurter Künstlergesellschaft und des Frankfurter Kunstvereins und stellte regelmäßig aus.

Wie erwähnt, hatte er sich schon während seines Studiums mit Wandmalerei und Fresko beschäftigt. Ein frühes Zeugnis seines Könnens auf diesem Gebiet ist das 1936 von ihm im Auftrag von Felix von Richter-Rettershof gefertigte, im historischen Stil gehaltene Wandgemälde am Torgebäude von Gut Rettershof über dem Torbogen. Es ist wohl allen Bürgern im Umkreis bestens bekannt, ohne dass sie den Künstler kennen, da bei der letzten, nicht von ihm selbst durchgeführten Auffrischung des Gemäldes die Signatur unberechtigt entfernt wurde.

Nach Ausbruch des Krieges wurde Hans Meinke zunächst in Frankfurt beim Feuerschutz verpflichtet. 1940 hat er Ria Russ, die er 1938 kennengelernt hatte, geheiratet. Etwa 1942 wurde er dann zum Militär eingezogen und als Besatzungssoldat an die südlichere französische Atlantikküste geschickt. Da dort keine Kampfhandlungen stattfanden, hatte Hans Meinke Zeit und Gelegenheit für Skizzen, Zeichnungen und Aquarelle von kleinen Orten und besonders von Küste und Meer.

Zu seinem großen Glück musste Hans Meinke, der überzeugte Pazifist, nie an Kampfhandlungen teilnehmen. Das war ihm sehr wichtig. Nach seiner Rückkehr zog er mit seiner Frau nach Mammolshain, wo sich auch seine Eltern aufhielten. Im Dezember 1945 kam ich – seine Tochter Ulrike – zur Welt.

Hans Meinke im Atelier (1964).

Er hatte sich in Mammolshain in den Gartenräumen einer alten Villa ein Atelier eingerichtet. Dort nahm er sofort wieder die Arbeit auf. Es waren vor allem Landschaften, denen er sich widmete, so z.B. Zeichnungen, weitgehend naturalistisch, oft vor Ort gefertigt, und Aquarelle nach Motiven rund um Mammolshain, Königstein und Kronberg, dort z.B. der Blick vom Schafhof auf das Städtchen und den Taunus, in impressionistischer Auffassung. Es entstanden im Atelier aber auch Bilder nach Skizzen, die er während seines Militärdienstes in Frankreich gemacht hatte (z.B. vom Hafen von La Rochelle), großformatig in Öl und Tempera.

Oberbayern, Wagenbruchsee (1959), Aquarell, Privatsammlung.

Nach einer Ausstellung seiner Gemälde im Schloss Kronberg, dem damaligen Sitz der Generalität der amerikanischen Luftwaffe in Deutschland, wurde Hans Meinke des Öfteren in seinem Atelier von amerikanischen Offizieren aufgesucht, die ein Gemälde von ihm erwerben wollten. So gelangten damals schon einige Bilder in die USA.

Diese Verkäufe und einzelne Aufträge, auch für weitere Wandmalereien am Rettershof, linderten die Not der ersten Nachkriegsjahre, ebenso die schon erwähnten Ausstellungen des Künstlerbundes Taunus.

Die große Zeit, sein Können auf dem Gebiet der Wandgestaltung zu zeigen, kam für Hans Meinke, als die öffentliche Hand mit dem Aufruf zur „Kunst am Bau" in den 1950er Jahren nach der Not der Nachkriegszeit neue Möglichkeiten für die Künstler schuf.

Hans Meinke bewarb sich und erhielt in der Folge zahllose Aufträge für öffentliche Gebäude, aber auch für Bauten großer Wirtschaftsunternehmen wie die Farbwerke Hoechst, die AEG und Banken, ebenso für private Unternehmen und auch für Privatleute.

Ansicht des Dorfgemeinschaftshauses Mammolshain mit dem Wandbild von Hans Meinke (Foto: Ulrike Mieth).

„Die Geißel" (Wachs-Kratz-Technik), 1968.

„Fischzug", 1966, beide Privatsammlung.

Einige seiner großen Wandbilder aus den 1950er und den 1960er Jahren sind inzwischen dem Abriss von Verwaltungsgebäuden und Umbauten zum Opfer gefallen und somit wohl für immer verloren.

So auch im und am Dorfgemeinschaftshaus Mammolshain: das Wandbild innen mit Motiven der Gemeinde Mammolshain und das Sgraffito an der Außenfassade – Darstellung heiterer Freizeitbeschäftigung –, Letzteres verschwand unter einer Isolierung.

Ein Mosaik mit Stadtansichtsmotiven, das eine ganze Innenwand einer Bankfiliale in Königstein zierte, verschwand hinter der Schrankwand einer Eisdiele, die inzwischen diese Räume nutzt, und wurde bei deren Befestigung auch schwer beschädigt.

Eine wichtige, noch erhaltene Arbeit hat Hans Meinke für den Main-Taunus-Kreis geschaffen: 1970 wurde ihm der erste Preis zugesprochen im Künstlerwettbewerb für die Gestaltung der Eingangshalle des neu erbauten Kreiskrankenhauses Bad Soden. Er schuf eine ganz ungewöhnliche Metallplastik aus sieben Aluminiumgussplatten, für die er die verlorenen Formen selbst gefertigt hatte und die er dann mit buntem Glasmosaik auslegte. Sie ist heute im Krankenhaus im Durchgang zum Konferenzzentrum angebracht und kann dort besichtigt werden.

Die noch erhaltenen Wandbilder – wie z.B. in Eschborn, Schwalbach, Sulzbach, Höchst und andernorts im Raum Frankfurt – sind wichtige Zeit- und Kulturzeugen einer Epoche, die bis in die 1970er Jahre andauerte.

Für Hans Meinke führte die Beschäftigung mit den Wandbildern auch zu einer Fortentwicklung in seiner Malweise. Die erzwungene Vereinfachung der Linien, die Reduzierung auf das Wesentliche der künstlerischen Aussage wirkte sich mehr und mehr auf seine Bilder aus.

Naturalismus und optische Impression werden zugunsten tiefer liegender Erkenntnisse zurückgedrängt, der Stil wird expressionistischer. Dies wird außer in den Landschaftsbildern besonders bei figürlichen Darstellungen, meist symbolischen Charakters, sichtbar. So etwa bei dem im Besitz der Kronberger Museumsgesellschaft befindlichen großformatigen Kunstharzgemälde „Die große Angst" aus den 1960er Jahren, das sich auf die Angst vor der atomaren Bedrohung bezieht. Dasselbe gilt für die in besonderer Wachs-Kratz-Technik ausgeführten Tafeln, die menschliche Gefühle und Verhaltensweisen darstellen, von denen die hier abgebildete „Verführung leidender Menschen durch einen Heilsbringer" ein eindrucksvolles Zeugnis ablegt.

Auch diese Bilder mit den Titeln „Verheißung" und „Fischzug" fanden bei den Ausstellungen in Kronberg, Oberursel und Bad Homburg sowie bei den Privatkunden großes Interesse. Dementsprechend hoch war der Zuspruch bei seinen exklusiven Ausstellungen, z. B. in Königstein in der Villa Borgnis und im Hellhof in Kronberg (1979), mit bestem Verkauf.

Der persönliche Kontakt zu den Besuchern und die für ihn sehr befruchtenden Gespräche bedeuteten Hans Meinke viel. So ergab sich manche persönliche Verbindung. Auch heute noch stehe ich, die Tochter, in Kontakt zu einigen Verehrern der Kunst meines Vaters, die ihn immer wieder in seinem Atelier aufgesucht haben, um seine neuesten Gemälde zu sehen und auch zu erwerben. Dabei sind ganze Privatsammlungen entstanden.

Nachdem er sich mit meiner Mutter ein – wenn auch kleines – eigenes Häuschen mit Atelier erbaut hatte, wurde es Hans Meinke durch die Aufträge für Wandbilder, Sgrafitti, Mosaiken und Metallplastiken finanziell wieder möglich, auf Reisen zu gehen. Er liebte es zu reisen und dabei neue Eindrücke zu sammeln, immer in Begleitung seiner Frau, die seine Interessen teilte. Seine Neugier galt

Côte d'Azur, Tempera, 1977, Privatsammlung.

auch der Geschichte und Kunstgeschichte des Landes. Landschaften im Süden Europas, vorzugsweise im Tessin und in Südfrankreich, faszinierten ihn. Das ist gut an seinen Bildern abzulesen.

Hans Meinke war ein „Augenmensch", er nahm die Schönheit und Besonderheit von Natur und Landschaft ebenso wie die Farbstimmungen des Lichts atmosphärisch wahr, Wasser- und Himmelsnuancen, die nicht nur seine Aquarelle prägen.

Ebenso fein waren seine Antennen auf den Ausdruck menschlicher Gefühle, Freude, Zuneigung, Vertrauen, aber auch Ängste eingestellt, die deshalb von ihm oft in seinen figürlichen Arbeiten thematisiert wurden.

Hans Meinke gehörte in der Mitte des 20. Jahrhunderts zu den wichtigen Kunstschaffenden im Hochtaunuskreis und war seinerzeit prägendes Mitglied des Künstlerbundes Taunus. Er war ein sehr empathischer, herzlicher Mensch, hat Freundschaften von Jugend an ein ganzes Leben lang gepflegt, und seine kleine Familie bedeutete ihm alles. Er war ein stets verlässlicher Freund und ein sehr liebevoller Ehemann und Vater.

In seinen letzten Jahren war seine Schaffenskraft durch eine schwere Herzkrankheit beeinträchtigt, der er schließlich erlegen ist. Dies ist nun schon 30 Jahre her, er starb am 29. Dezember 1988. Doch für alle, die seine Gemälde lieben, bleibt er unvergessen.

Walter A. Ried

Landgräfin Margarethe

Vor 100 Jahren war sie für zwei Monate Königin von Finnland

Landgräfin Margarethe von Hessen, geborene Prinzessin von Preußen, war die jüngste Tochter der ab 1894 in Kronberg lebenden Victoria Kaiserin Friedrich. Zeitlebens standen die beiden in engem Kontakt miteinander. 1901 zog Margarethe mit ihrem Mann – Prinz Friedrich Karl von Hessen-Kassel – nach Kronberg, nachdem sie Schloss Friedrichshof, das heutige Schlosshotel, von ihrer Mutter geerbt hatte. 1954 verstarb sie in Kronberg.

Landgräfin Margarethe von Hessen (Aufnahme aus dem Jahr 1932. Bildquelle: Archiv des Hauses Hessen, Schloss Fasanerie).

Diese Kurzbiografie will die einst in Kronberg sehr beliebte, aber heute fast vergessene Landgräfin wieder in Erinnerung rufen.

Kindheit in Potsdam

Am 22. April 1872 wurde sie im Neuen Palais in Potsdam geboren – Prinzessin Margarethe Beatrice Feodora von Preußen. In der engeren Familie trug sie den Spitznamen „Mossy“. Ihr 1939 geborener Enkel, Prinz Rainer von Hessen, vermutet, dass der ausgefallene Kosename eventuell von Margarethes einst „moosigem“ Babyhaar abgeleitet werden kann.

Margarethe war die jüngste Tochter von Kronprinz Friedrich Wilhelm von Preußen, der 1888 für gerade einmal 99 Tage als Kaiser Friedrich III. regierte. Ihre Mutter war als Victoria Princess Royal und spätere Kaiserin Friedrich die älteste Tochter von Königin Victoria von Großbritannien und Irland.

Margarethe erhielt ihren Vornamen wohl von ihrer gleichnamigen Taufpatin Kronprinzessin Margareta (ital.: Margherita) von Italien. Diese – seit 1878 Königin von Italien – soll nebenbei die angebliche Namensgeberin der heute noch weltberühmten Pizza Margherita gewesen sein.

Margheritas Mutter, Elisabeth von Sachsen, war als zweite Tochter des sächsischen

Königin Margherita von Italien (1851 – 1926), Namensgeberin und Taufpatin von Landgräfin Margarethe (Bildquelle: Wikipedia).

Königs Johann I. sogar weitläufig mit der Familie der Landgrafen von Hessen verwandt.

Queen Victoria schrieb damals ihrer Tochter zur Namensgebung ihrer Enkelin hocherfreut: „Die Namen des Babys sind endlich einmal – verzeih mir, daß ich es sage – alle hübsch."

Im Jahr 1885 schilderte Kronprinzessin Victoria, die mit ihren Kindern im Privatkreis meist in englischer Sprache kommunizierte, ihre Tochter folgendermaßen. „Sie ist ein solcher Engel, ein kleiner Sonnenstrahl, so gut und so begabt, sie wird einmal eine reizende kleine Person werden, aber manchmal fürchte ich, keine sehr glückliche, sie ist nämlich so sensibel und ihr kleines Herz so zart und liebevoll, so anhänglich, daß sie in ihrem Leben gewiß viel zu leiden haben wird, wie alle, deren Gefühle tief und innig sind, und die viel Liebe zu verschenken haben."

Der Tod von Kaiser Friedrich III. am 15. Juni 1888 nach nur dreimonatiger Regentschaft bedeutete für die Familie einen tiefen Einschnitt, somit auch für Prinzessin Margarethe. Da sich Margarethes Bruder Wilhelm, der jetzt den Thron als Kaiser Wilhelm II. und neues Familienoberhaupt bestieg, damals zu seiner Mutter in einem sehr spannungsgeladenen Verhältnis befand, zog es diese vor, Berlin mit ihren noch drei unverheirateten Töchtern – dazu zählte Margarethe – zu verlassen.

Noch im selben Jahr erwarb die Kaiserwitwe die Villa Schönbusch in Kronberg, um an deren Stelle ihren Witwensitz, Schloss Friedrichshof, bis 1894 zu errichten.

Während dieser Phase hielt sich die Monarchin mit ihren Töchtern häufig im ehemaligen Homburger Landgrafen-Schloss – seit 1866 ein gern besuchter Sommersitz der Hohenzollernfamilie – auf, um die Bauarbeiten in Kronberg überwachen zu können.

Heiratspläne – ein Hesse anstelle eines Badeners

Ihre noch ledigen Töchter beabsichtige die Kaiserwitwe „gut" zu verheiraten. So hatte sie laut Prinz Rainer ihrem Mann bereits im Jahr 1886 anvertraut: „Wenn man sich nach so genannten brillanten Partien sehnt, so braucht nur ein Wort von Dir zu fallen, und Sophie und Mossy würden Kaiserin von Rußland oder Großfürstin werden. Ich möchte aber gar nicht so sehr die Hand danach ausstrecken." Sophie wurde später immerhin Königin von Griechenland.

Im Jahr 1891 verliebte sich Margarethe in den späteren Reichskanzler Max von Baden, der damals in einem Potsdamer Garderegiment diente. Doch reagierte der Badener auf das Werben der Prinzessin nicht.

Max von Baden (1867–1929). Von Oktober bis November 1918 war er der letzte Reichskanzler im Kaiserreich (Bildquelle: Wikipedia).

.Ein Jahr später war es dann umgekehrt, als sich Prinz Friedrich Karl von Hessen, der den Spitznamen „Fischy" trug, in Margarethe verliebte. Dazu deren Mutter: „Unsere Not und Verwirrung sind groß. Der arme Fischy scheint sich Hals über Kopf in Mossy verliebt zu haben. Er hat sich ihr erklärt und scheint Schreckliches durchzumachen. [...] Er hat noch keinen förmlichen Antrag gestellt oder mich gefragt, aber er kam gestern zum Mittagessen, und ich habe wirklich nichts geahnt, nichts gemerkt, nichts erraten, außer, dass er mir ein wenig befangen, kühl, angespannt und steif vorkam."

Friedrich Karl, 1868 auf Gut Panker in Holstein geboren, hatte drei Schwestern und einen fast blinden Bruder. Sein Vater, Landgraf Friedrich Wilhelm von Hessen, war mit Anna von Preußen, einer Nichte von Kaiser Wilhelm I., verheiratet. Nach dem Studium der Germanistik, Archäologie, Geschichte und Kunstgeschichte war Friedrich Karl in das 1. Gardedragoner-Regiment in Potsdam eingetreten. Jetzt war es Margarethe, die sich zunächst nicht für den Hessen entscheiden wollte, da sie immer noch auf „ihren" Max setzte. Im Juni 1892 kam es dann aber doch noch zur Verlobung von Margarethe und Friedrich Karl.

Kaiserin Friedrich bemerkte dazu in einem Brief an ihre Mutter: „Mossy hat sich mit dem jungen Friedrich Karl von Hessen verlobt. Er hat sie schon vor einem Monat gefragt, aber sie konnte sich nicht entscheiden. Jetzt hat sie eingewilligt, und ich glaube, dass sie sehr glücklich und zufrieden ist. Er liebt sie hingebungsvoll und ist wirklich ein netter Junge, so beständig und ruhig. [...] Er ist nicht reich und hat keinen eigenen Wohnsitz, aber er ist gut versorgt und ich hoffe, dass er unabhängig sein wird."

Nachdem Margarethes Bruder Wilhelm die Heirat der beiden genehmigt hatte, fand deren Trauung am 25. Januar 1893 in der Kapelle des Berliner Schlosses statt.

Von Rumpenhain nach Kronberg

Schloss Rumpenhain – vor der Zerstörung im Zweiten Weltkrieg (Bildquelle: Archiv des Hauses Hessen, Schloss Fasanerie).

Margarethe mit Ehemann und den sechs Söhnen (Aufnahme 1904) (Bildquelle: Archiv des Hauses Hessen, Schloss Fasanerie).

Margarethe lebte mit ihrem Mann, der schon bald nach der Hochzeit den Militärdienst quittiert hatte, zunächst auf Schloss Rumpenhain bei Offenbach, das im Besitz der Verwandtschaft von Friedrich Karl war. Die erneute Nähe zu ihrer Lieblingstochter erfreute Kaiserin Friedrich sehr, da die beiden nach wie vor engen Kontakt pflegten.

Aus der Ehe gingen sechs Söhne hervor. Der Erstgeborene war Friedrich im Jahr 1893. Es folgten Max ein Jahr später und 1896 die Zwillinge Philipp und Wolfgang. 1901 komplettierten schließlich Richard und Christoph als nochmalige Zwillinge die Familie. Die Sommermonate verbrachte Margarethe mit ihren Kindern regelmäßig auf Schloss Friedrichshof.

Nach dem Tod von Kaiserin Friedrich im August 1901 erbte Margarethe unerwartet Schloss Friedrichshof inklusive Burg Kronberg. Diese Entscheidung wurde von Kaiserin Friedrich testamentarisch damit begründet, dass „das kurfürstliche Haus Hessen durch die politischen Ereignisse des Jahres 1866 den größten Teil seiner schönen Besitzungen eingebüßt hat und zugleich mit der Gegend um Frankfurt so eng verbunden ist". Im Krieg von 1866 hatten die Preußen das Kurfürstentum Hessen annektiert und das kurfürstliche Vermögen kurzerhand eingezogen. Friedrich Karls Vater, nunmehr der Thronfolge beraubt, musste daraufhin ins Exil gehen.

Schloss Friedrichshof heute (Bildquelle: Walter A. Ried).

Nachdem Margarethe mit ihrem Mann nach Kronberg umgezogen war, setzten die beiden die von Kaiserin Friedrich begonnene Restaurierung der alten Burg in Kronberg fort, um diese ab 1912 als Museum der Öffentlichkeit zugänglich zu machen. Zudem übernahm Margarethe zahlreiche Ehrenämter, die bereits ihre Mutter übernommen hatte.

Im Ersten Weltkrieg fallen zwei Söhne

1899 setzte Margarethes Mann seine militärische Laufbahn erneut fort, um 1911 zum General ernannt abermals die Armee zu verlassen. Dafür starteten jetzt dessen Söhne Friedrich, Max und Wolfgang ihre soldatische Laufbahn in der Berliner Kadettenanstalt.

Mit Beginn des Ersten Weltkriegs trug Friedrich Karl zum dritten Mal Uniform. Doch schon ein paar Wochen später kehrten er sowie sein Sohn Friedrich schwer verwundet aus Frankreich nach Kronberg zurück. Ende Oktober 1914 fiel Max, der gerade seinen 20. Geburtstag gefeiert hatte, in Flandern den Kampfhandlungen zum Opfer. In einem Brief schildert Margarethe ihre Trauer: „Gestern Morgen kam nun die entsetzliche Nachricht, die mir jede Hoffnung raubt und mich in den tiefsten Schmerz stürzt. Kann es ja noch nicht fassen, dass unser geliebter Max uns wirklich genommen ist. Ich bin vollständig gebrochen."

Während Friedrich Karl nicht mehr zurück in den Krieg zog, da er infolge seiner Verletzungen von nun an mit chronischen kardiologischen Beeinträchtigungen zu leben hatte, ließ sich Friedrich nach seiner Genesung an die Ostfront versetzen. Hier verstarb er im September 1916 bei Kämpfen im rumänischen Dobrudscha-Gebiet nahe des Schwarzen Meeres.

Kurzer Traum: Königin von Finnland

Etwas Ablenkung in ihrer tiefen Trauer erfuhren Margarethe und ihr Mann im Spätsommer 1918 kurz vor Kriegsende. Damals erhielt das Paar die unerwartete Anfrage, ob es bereit wäre, König und Königin von Finnland zu werden.

Zuvor hatte Finnland in den Wirren der russischen Oktoberevolution Ende 1917 seine Unabhängigkeit von Russland erklärt. Es kam danach zu einem kurzen, aber blutigen Bürgerkrieg zwischen den sogenannten roten (sozialistischen) und weißen (bürgerlichen) Kampftruppen. Die „Weißen" gewannen, nicht zuletzt aufgrund der Unterstützung durch das deutsche Militär. Dazu Prinz Rainer weiter: „Die dankbare finnische Regierung war noch im Sommer 1918 fest überzeugt, dass Deutschland den Krieg gewinnen würde und Finnlands Selbstständigkeit nur durch die Einführung einer Monarchie mit dem Kaiserreich als Schutzmacht gegen den Bolschewismus garantiert werden könnte. Und als die Finnen den Kaiser baten, ihnen einen Thronkandidaten zu benennen, schlug dieser seinen hessischen Schwager vor." Dessen Sohn Wolfgang war als Kronprinz und Thronfolger vorgesehen.

Nach kurzer Bedenkzeit willigte Friedrich Karl ein, den finnischen Königsthron besteigen zu wollen, falls im finnischen Landtag für seine Wahl eine solide Mehrheit zustande käme. Sogleich wurden in Schloss Friedrichshof fleißig die finnische Sprache, Geschichte sowie Kultur studiert.

Am 9. Oktober wählte daraufhin der finnische Landtag den Hessen zum König. Der Wahlmodus war jedoch von Beginn an verfassungsrechtlich sehr umstritten, und die Sozialdemokraten in Finnland sahen die Wahl eher als Staatsstreich an. Zudem erklärten umgehend Frankreich und England als siegreiche Kriegsgegner Deutschlands, dass sie einen Kaiserschwager als finnischen König niemals anerkennen würden. Nichtsdestotrotz hofften sowohl Margarethe als auch Friedrich Karl bis zuletzt auf die Thronbesteigung, obwohl die unmittelbare Niederlage Deutschlands immer realistischer geworden war. Am 9. November 1918 floh Margarethes Bruder Wilhelm ins holländische Exil. Noch am selben Tag wurde in Berlin das deutsche Kaiserreich offiziell zur Republik erklärt, nachdem Max von Baden – Margarethes einstiger Schwarm – als damaliger Reichskanzler kurz zuvor eigenmächtig die Abdankung von Kaiser Wilhelm II. verkündet hatte. Zwei Tage später kam es dann zum Waffenstillstand. Wilhelm dankte schließlich am 28. November 1918 offiziell als deutscher Kaiser ab. Aber erst am 14. Dezember 1918 verzichtete Friedrich Karl schweren Herzens endgültig auf die Thronbesteigung, unter anderem auf Drängen der finnischen Regierung.

Finnische Königskrone – Nachbildung des Entwurfs der nie realisierten Krone (Bildquelle: Wikipedia).

Franzosen in Schloss Friedrichshof

Inzwischen hatte sich wegen des verlorenen Kriegs die politische Lage in Deutschland einschließlich Kronberg drastisch verändert. Überall kam es zur spontanen Bildung sogenannter Arbeiter- und Soldatenräte, so auch in Kronberg. Prinz Rainer weiter: „Der Kronberger Arbeiter- und Soldatenrat requirierte in Friedrichshof das Automobil, einen Teil der Pferde und Wagen. Die Ankündigung, auch das Schloss zu beschlagnahmen, wurde jedoch nicht in die Tat umgesetzt. Die Schlossbewohner blieben unbehelligt. Eine anonyme Morddrohung ignorierten sie." Mitte Dezember 1918 marschierten dann die Franzosen als Siegermacht von ihrem Hauptquartier in Mainz aus in Kronberg ein, um dieses für die nächsten Jahre zu besetzen. Für Schloss Friedrichshof bedeutete das laut Prinz Rainer: „Im Marstall von Friedrichshof wurde eine französische Gebirgseinheit mit Maultieren einquartiert, für das Schloss eine Besatzung angekündigt. Die Besitzer wurden jedoch nicht ausgewiesen."

Erst im Juni 1919 verschärfte sich die Situation auf Schloss Friedrichshof deutlich, wie Friedrich Karls Tagebuchaufzeichnungen zeigen: „Offiziere und einige Mannschaften drangen ins Schloß und quartierten sich gewaltsam ein. Die Offiziere sind unverschämt, befahlen Zimmer aufzuschließen, bestimmten, welches sie für sich haben wollten. Sie mußten Hals über Kopf geräumt werden. Sie wiederholten immer wieder, sie würden zeigen, daß sie die Herren seien."

In den folgenden Jahren fiel es Margarethe und ihrem Gatten immer schwerer, Schloss Friedrichshof zu unterhalten, denn auch für sie hatte sich die finanzielle Lage wegen der temporären Hyperinflation extrem verschärft. Zeitweilig stand sogar der Verkauf des Anwesens im Raum, obwohl sich gemäß Aussage von Prinz Rainer seine Großmutter die Erhaltung des Erbes ihrer Mutter zur Lebensaufgabe gemacht hatte.

Dank eines strikten Sparprogramms gelang es letztlich, den Verkauf von Schloss Friedrichshof abzuwenden. Die Familie zog nunmehr in das sogenannte Cottage, welches sich noch heute oberhalb des Schlosses befindet und ursprünglich dem Hofmarschall von Schloss Friedrichshof als Unterkunft diente. Das weiträumige Schloss selbst wurde nicht länger bewohnt, wobei das darin befindliche

Friedrichstraße 22 in Kronberg-Schönberg: Hier verbachte Margarethe ihre letzten Lebensjahre. (Bildquelle: Walter A. Ried).

wertvolle Inventar unberührt blieb. Lediglich einige Kunstobjekte mussten in den Folgejahren zwecks laufender Unterhaltungskosten des Hauses verkauft werden.

1925 übernahm Friedrich Karl den Landgrafentitel, weil sein fast blinder älterer Bruder Landgraf Alexander auf seine weiteren Rechte als Chef des Hauses verzichtet und diese nunmehr auf ihn übertragen hatte. „Seither führten er und Margarethe den Landgrafentitel im Namen, weil die Adelstitel durch die Weimarer Verfassung 1919 abgeschafft worden waren“, so Prinz Rainer.

Margarethe hielt weiterhin engen Kontakt zu ihren Kindern. Außerdem reiste sie regelmäßig zu ihrem Bruder ins holländische Exil nach Doorn bei Utrecht.

1923 schrieb sie aus Doorn: „Mit Wilhelm gehe ich oft spazieren. Er ist reizend und der Verkehr mit ihm ist so viel leichter und natürlicher geworden.“

Im Dritten Reich: Begeisterung für Hitler

Prinz Rainer vermutet, dass die negativen Erfahrungen während der Weimarer Republik und nicht zuletzt die persönlichen Demütigungen durch die Franzosen Margarethe und ihre Familie für die Ideologie des Dritten Reichs empfänglich machten. So meinte Friedrich Karl 1923: „Demokratie ist der Ruin des deutschen Wesens“, und Margarethe soll sich im selben Jahr laut Prinz Rainer nach der Wahl von Gustav Stresemann zum Reichskanzler gefragt haben: „Mich erfüllt es mit Angst, denn was können anständige Leute jetzt ausrichten, wo alles drunter und drüber zu gehen scheint?"

Der direkte Kontakt zu den Nationalsozialisten begann, nachdem Margarethes Sohn Philipp im Herbst 1930 bei einem Aufenthalt in Berlin Hermann Göring kennengelernt hatte, der wiederum Philipp mit Adolf Hitler bekannt machte. Prinz Rainer weiter: „Dieses Ereignis löste eine Kettenreaktion in Philipps Familie aus, die durch den persönlichen Kontakt mit Hitler wie ‚elektrisiert' gewesen zu sein scheint. 1931 traten Philipp und Christoph, 1932 Richard und 1933 Wolfgang in die Partei ein. 1932 wurde Philipp Mitglied der SA und Christoph der SS, Wolfgang trat 1933 in die SA ein. [...] Die Aufbruchsstimmung ergriff auch die Eltern."

1932 wurde erstmalig die Hakenkreuzfahne auf Burg Kronberg gehisst. Dieses öffentliche Bekenntnis zu den Nationalsozialisten erregte in Kronberg großes Aufsehen. 1938 beschrieb Margarethe ihrem Mann Hitler geradezu euphorisch, nachdem sie diesem persönlich begegnet war: „Es war so spannend und gleichzeitig ergreifend, wie er sprach, dass man geradezu an seinen Lippen hing und man am liebsten stundenlang zugehört hätte. [...] Meine Begeisterung für ihn hat womöglich noch zugenommen, es war wie ein Traum, ihn so vor sich zu haben und ihm zuhören zu können." Noch im selben Jahr erhielt das Landgrafenpaar dann auf persönliche Veranlassung Adolf Hitlers zu Friedrich Karls 70. Geburtstag die Parteiabzeichen ohne die sonst zuvor obligatorische Schulung.

Am 28. Mai 1940 verstarb Margarethes Mann in einem Sanatorium in Kassel infolge eines Angina-Pectoris-Anfalles nach 47 gemeinsamen Ehejahren. Kurz nach dessen Beisetzung in der Kronberger Burgkapelle beschrieb die Witwe ihre tiefe Trauer: „Er fehlt mir so namenlos und das Viele, das an ihn erinnert, tut so weh."

Sogenanntes Cottage im Schlosspark (Bildquelle: Walter A. Ried).

1943 folgte der nächste Schicksalsschlag. Margarethes Sohn Christoph, seit 1939 bei der Luftwaffe tätig, stürzte bei einem Rückflug von Italien nach Deutschland tödlich ab. Damit hatte die Landgräfin ihren dritten Sohn kriegsbedingt verloren.

Die Amerikaner kommen

Ende März 1945, als der Zweite Weltkrieg für die Deutschen endgültig verloren war, marschierten die Amerikaner in Kronberg ein. Am 19. April kam dann der Befehl der Amerikaner, dass die durch eine Lungenentzündung gerade sehr geschwächte Landgräfin mit ihren zahlreichen Verwandten, die im Laufe des Kriegs auf dem Schlossgelände eine Unterkunft gefunden hatten, Schloss Friedrichshof samt Cottage innerhalb weniger Stunden räumen mussten. Die neuen Schlossherren richteten daraufhin in dem Schloss einen Offiziersclub ein. Zeitweilig residierte dort sogar der damalige Oberkommandierende der US-Armee in Europa, General Dwight D. Eisenhower.

Zunächst fand die nunmehr 73-jährige Dame in Kronberg im Haus Leisler Kiep, danach bei der Familie ter Mer eine temporäre Unterkunft, bis sie in der Friedrichstraße 22 unweit von Schloss Friedrichshof in Kronberg-Schönberg in ein Haus auf dem Gelände der Schlossgärtnerei dauerhaft einziehen konnte. Dort wohnte bereits der langjährige Verwaltungschef von Schloss Friedrichshof, Heinrich Lange, welcher inzwischen von den Amerikanern zum Treuhänder des landgräflichen Besitzes eingesetzt worden war, da er als Nazigegner politisch unbelastet war.

1948 wurde die Treuhandschaft wieder aufgehoben, sodass die landgräfliche Familie ihren Familienbesitz zurückerhielt. Jetzt übernahm Wolfgang von Hessen die Verwaltung dieses Besitzes nach Rücksprache mit Margarethe und seinen Brüdern.

Als das US-amerikanische Militär 1953 Schloss Friedrichshof, das seit 1923 Bestandteil der Kurhessischen Hausstiftung (heute Hessische Hausstiftung) ist, wieder der landgräflichen Familie zurückgab, entschloss sich Wolfgang, in dem nach wie vor beeindruckenden Bauwerk ein Hotel einzurichten und den umfangreichen Park künftig als Golfplatz zu nutzen. Nur so konnten entsprechende Einnahmen für die Finanzierung der aufwändigen und unumgänglichen Renovation des Hauses generiert werden. Nicht zuletzt hatte die eigentlich sehr solide Bausubstanz unter dem amerikanischen Militär gelitten.

Die geplante Umwandlung von Schloss Friedrichshof zu einem Hotel wurde laut Prinz Rainer seiner Großmutter ganz bewusst verheimlicht. „Den Gedanken, daß die geheiligte Schöpfung ihrer Mutter durch Fremde, durch zahlende Gäste profaniert werden sollte, hätte sie nicht ertragen. Sie war damals schon sehr gebrechlich und litt unter Herz- und Atembeschwerden", so der Kommentar des Prinzen.

In ihren letzten Lebensmonaten unterstützte Margarethe den österreichischen Autor Egon Caesar Conte Corti bei der Erstellung seiner heute noch berühmten Biografie über Kaiserin Friedrich, die den Titel „Wenn ... Sendung und Schicksal einer Kaiserin" trägt.

Am 22. Januar 1954 verstarb Margarethe im Haus in der Friedrichstraße mit fast 82 Jahren. Ihr Leichnam wurde zunächst in Schloss Friedrichshof aufgebahrt, damit die Bevölkerung von der beliebten und angesehenen Landgräfin Abschied nehmen konnte. Nach dem Trauergottesdienst in der Kronberger Johanniskirche, deren Restaurierung Kaiserin Friedrich einst sehr gefördert hatte, fand Margarethe ihre letzte Ruhe neben ihrem Mann in der Kronberger Burgkapelle.

Schlussanmerkung

Der Autor dankt Prinz Rainer von Hessen für die Überlassung des Vortragsmanuskripts für sein Referat, das dieser im Juli 2004 anlässlich des 50. Todestags seiner Großmutter Margarethe auf Burg Kronberg vorgetragen hatte. Das Manuskript bildete die Basis für den vorliegenden Artikel. Weitere Quellen können beim Autor erfragt werden.

Prinz Rainer von Hessen, Jahrgang 1939, erforscht als Sohn von Christoph von Hessen und damit Enkel von Landgräfin Margarethe seit vielen Jahren intensiv die jahrhundertealte Geschichte seiner Familie, die so berühmte Personen wie die Heilige Elisabeth von Thüringen hervorgebracht hat.

Johannes Tuchel

Normalität der Integration oder Ignoranz der Verbrechen?

Überlegungen zu Manfred Roeder als Beigeordneter in Glashütten

Ein 2018 im Jahrbuch Hochtaunuskreis erschienener Aufsatz hat auf der Grundlage vor allem der lokalen und regionalen Archive die lokalpolitische Bedeutung des ehemaligen Generalrichters der Luftwaffe Manfred Roeder in den 1960er Jahren gewürdigt. Es ging dabei „ausdrücklich nicht um eine Biografie Manfred Roeders, nicht um seine Rolle im verbrecherischen Apparat des Dritten Reiches und erst recht nicht um eine Beurteilung seines Handelns nach heutigen ethischen Maßstäben. Es geht vielmehr um die Rolle, die Manfred Roeder in der Glashüttener Kommunalpolitik zugekommen ist."[1] Trotz dieser Einschränkungen nennt die Autorin Ingrid Berg eine Reihe von biografischen Daten und liefert allgemeine Einschätzungen des Roeder'schen Handelns, die nichts mit Glashütten zu tun haben. Diese scheinen mir an einigen Stellen ergänzungs- und korrekturbedürftig zu sein. Vielleicht lassen sich dann auch einige Fragen an den Umgang mit Manfred Roeders Vergangenheit in Glashütten präziser als bisher stellen.

Welche prägenden Erlebnisse lassen sich in der Biografie Roeders finden?[2] Der am 20. August 1900 in Kiel Geborene machte als 17-Jähriger 1917 sein „Notabitur" an einem Berliner Gymnasium. Er meldete sich freiwillig zum Heer und diente beim 3. Rheinischen Feld-Artillerie-Regiment Nr. 83 als Artilleriebeobachter. Im Juli 1918 erlitt er in Frankreich eine Gasvergiftung und eine Verletzung am Oberschenkel. Das Regiment wurde nach dem Waffenstillstand nach Lohne/Oldenburg verlegt und im Dezember 1918 demobilisiert, Roeder als Leutnant entlassen. Roeder schloss sich danach der Garde-Kavallerie-Schützen-Division an und war an den Berliner Straßenkämpfen im Januar 1919 beteiligt. 1920 kämpfte er in der Freiwilligen Russischen Westarmee (Westrussische Befreiungsarmee), einer weißrussischen antikommunistischen

1 Ingrid Berg, Kommunalpolitik mit NS-Vergangenheit? Manfred Roeder als Beigeordneter in Glashütten, in: Jahrbuch Hochtaunuskreis 26 (2018), S. 205 ff., hier S. 206.

2 Zum Folgenden: Staatsarchiv Nürnberg, Bestand Interrogations, R 118, Vernehmung Roeders vom 9. Juli 1948. Zur Biografie Roeders und zum Ermittlungsverfahren gegen ihn ausführlich: Hiska D. Bergander, Das Ermittlungsverfahren gegen Dr. jur. et rer. pol. Manfred Roeder, einen „Generalrichter" Hitlers. Eine Untersuchung zur unbewältigten Rechtsgeschichte der NS-Justiz, Diss. jur., Bremen 2006 sowie: Stefan Roloff mit Mario Vigl, Die Rote Kapelle. Die Widerstandsgruppe im Dritten Reich und die Geschichte Helmut Roloffs, München 2002, S. 324 ff. Instruktiv auch Heinrich Grosse, „Niemand kann zwei Herren dienen". Zur Geschichte der evangelischen Kirche im Nationalsozialismus und in der Nachkriegszeit, 2. Auflage, Hannover 2010, S. 71 ff., und ders., Ankläger von Widerstandskämpfern und Apologet des NS-Regimes nach 1945 – Kriegsgerichtsrat Manfred Roeder, in: Kritische Justiz 38 (2005), S. 36 ff. Biografische Informationen liefert auch Roeders Personalakte aus dem Reichsjustizministerium: Bundesarchiv, R 3001/72501.

Formation im Baltikum.[3] Es ist davon auszugehen, dass diese Zeit für Roeders weiteres politisches Denken und Handeln prägend war.

Im Anschluss daran begann Roeder in Berlin ein Jurastudium, das er in Würzburg fortsetzte. Seine Eltern und eigene Ersparnisse aus der „Leutnantszeit" finanzierten das Studium. In Würzburg wurde Roeder am 23. Februar 1922 mit einer Arbeit über den „öffentlich-rechtlichen Arbeiterschutz der Seeleute" promoviert.[4]

Er kehrte nach Berlin zurück und arbeitete – nach eigenen Angaben bis 1924 – bei den Charlottenburger Wasser- und Industriewerken AG, einem damals in Berlin bedeutenden Wasserversorger. Am 15. November 1922 heiratete er Hedwig-Luise von Estorff. Damit waren für ihn ein gesellschaftlicher und ein sozialer Aufstieg verbunden, denn das Gut Neetze bei Lüneburg, das Roeder nach eigenen Angaben zwischen 1924 und 1928 bewirtschaftete, war mindestens seit dem frühen 19. Jahrhundert im Estorffschen Familienbesitz.[5] Das Ehepaar bekam 1924, 1925 und 1929 drei Töchter, 1937 folgte noch ein Sohn. Nach 1928 arbeitete Roeder dann bei der Unterelbischen Einkaufs-Kommanditgesellschaft, die ihren Sitz in Hamburg hatte, und nutzte die Zeit zur Fortsetzung seines Studiums in Göttingen und Hamburg. Es scheint für ihn eine Zeit des Suchens gewesen zu sein: „Ich habe mich mit allem möglichen befaßt, mit Psychologie, medizinischen Vorlesungen, kunsthistorischen Vorlesungen."[6] Zur selben Zeit gehörte er dem „Stahlhelm – Bund der Frontsoldaten" und bis 1931 der Deutschnationalen Volkspartei an.[7]

Das Jurastudium schloss Roeder mit dem Referendarexamen am 1. Mai 1931 mit „voll ausreichend" ab und ging dann ins Referendariat nach Lüneburg (bis Ende April 1934), kurz nach Hannover und später nach Berlin. Hier legte er am 17. August 1934 das Assessor-Examen mit „ausreichend" ab und war nach einem kurzen Dienst als Ergänzungsoffizier im Alten Lager Jüterbog seit dem 1. Oktober 1934 als Einzelrichter beim Amtsgericht Charlottenburg tätig.[8] Dies scheint aber noch keine feste Planstelle als Richter gewesen zu sein.

Roeder will sich bereits 1933 bei der Militärjustiz beworben haben, angeblich, um einen NSDAP-Eintritt zu vermeiden. Hier konnte er seine militärischen Erfahrungen im Ersten Weltkrieg und im Baltikum sowie seine juristischen Kenntnisse miteinander verbinden. Seit April 1935 war er dann beim Gericht des Artillerieführers in Königsberg (auf Probe) tätig, um dann zum 1. November 1935 eine Stelle als Kriegsgerichtsrat beim Gericht des Luftkreiskommandos I in Königsberg anzunehmen. Er hatte dort die Funktion eines „Dienstaufsichtsrichters", leitete also die Verwaltung dieses Gerichts. Mit derselben Aufgabe wurde er im April 1937 im Luftkreis VII (Braunschweig) und ab Dezember 1938 beim Luftgau-Kommando III Berlin eingesetzt. In einem Befähigungsbericht vom Sommer 1938 zur „bevorzugten Beförderung" zum Oberkriegsgerichtsrat hieß es: „Er steht auf dem Boden der nationalsozialistischen Staatsauffassung. Er hat es daher auch verstanden, mit den Dienststellen der Partei

3 Bergander, Ermittlungsverfahren, S. 5.

4 In seinen Vernehmungen verlegt Roeder mehrfach den Termin auf das Jahr 1921, also ein Jahr früher. Aus der Publikation der Dissertation ergibt sich eindeutig 1922 als Promotionsjahr. Vgl. zu dem strittigen Datum auch Bergander, Ermittlungsverfahren, S. 5, Anm. 11.

5 Vgl. Friedrich Wilhelm Boldewin Ferdinand von dem Knesebeck (Hrsg.), Die allgemeinen Stände und die Provinzial-Landschaften des Königreichs Hannover, Hannover 1841, S. 41.

6 Staatsarchiv Nürnberg, Bestand Interrogations, R 118, Vernehmung Roeders vom 9. Juli 1948, S. 4.

7 Grosse, Ankläger, S. 37.

8 Bergander, Ermittlungsverfahren, S. 8.

in engster Führung zu arbeiten."[9] Diese Formulierung – so Hiska Bergander – „geht über standardisierte Formeln [...] weit hinaus und drückt Roeders politische Nähe zum Nationalsozialismus aus."[10] Im Januar 1939 folgte die Beförderung zum Oberkriegsgerichtsrat, im August 1941 zum Oberstkriegsgerichtsrat, am 25. Januar 1945 mit Wirkung zum 1. Dezember 1944 zum Generalrichter der Luftwaffe.

Nach eigenen Angaben wurde Roeder zwischen März und August 1941 zur neu errichteten Dienststelle des Luftwaffenbefehlshabers Mitte in Berlin-Wannsee kommandiert. Zum 1. September 1941 übernahm er seine alte Funktion als Dienstaufsichtsrichter im Luftgau-Kommando III erneut.[11] Bald darauf untersuchte er die „dienstlichen und damit die technischen und rüstungsmäßigen Hintergründe" des Selbstmords des Generalluftzeugmeisters Ernst Udet am 17. November 1941.[12] In diesem Fall berichtete Roeder offensichtlich mehrfach Göring direkt. Seit dieser Zeit war er der Mann der Luftwaffenjustiz für politisch heikle Fälle wie die Verfahren gegen die Angehörigen der Roten Kapelle, die Untersuchung des Selbstmordes des Generalstabschefs der Luftwaffe Hans Jeschonnek und die Ermittlungen gegen die Widerstandskämpfer im Amt Ausland/Abwehr.

Roeder trat nicht in die NSDAP ein, wohl aber im Mai 1933 in den „Bund nationalsozialistischer Deutscher Juristen" und im November 1933 in die SA. Dort will er auf eigenen Antrag im Februar 1935 im Rang eines SA-Rottenführers ausgeschieden sein.[13] 1940 erhielt er die Spange zum Eisernen Kreuz Zweiter Klasse, 1941 das Kriegsverdienstkreuz Erster Klasse und 1945 nach eigenen Angaben auch das „Deutsche Kreuz" in Silber, einen Orden, der für „vielfache außergewöhnliche Verdienste in der militärischen Kriegführung" verliehen wurde. Worin diese bei Roeder bestanden, bleibt unklar.

Von einem amerikanischen Ermittler nach seiner politischen Überzeugung gefragt, antwortete Roeder im Juli 1948: „Die war absolut klar, war deutsch, meine Aufgabe war, meinem Vaterlande und meinem Volk zu dienen. Ich habe meinem Volke gedient in der Weimarer Republik, in der Kaiserzeit. Ich habe meinem Volke auch unter dem Nationalsozialismus gedient, konnte nicht emigrieren, weil wir volksgebunden sind und nach meiner Überzeugung auf dem Platz, auf den wir gestellt waren, etwas zu leisten hatten und auch die Einstellung ihrer Regierungsführer ist, daß, je schlechter die Regierung ist, je mehr der Beamte seine Pflicht tun muß."[14] Weder hier noch in irgendeiner anderen Aussage Roeders lässt sich eine Reflexion über den verbrecherischen Charakter des nationalsozialistischen Systems finden. Doch diese scheinbar unpolitische Haltung lässt sich nicht mit seinem Handeln während der Zeit vor 1945 in Einklang bringen.

Roeder will am 17. Oktober 1942 in Winniza, wohin er mit dem Chef des Luftwaffenrechtwesens und dem Senatspräsidenten des Reichskriegsgerichts, Dr. Alexander Kraell, geflogen war, von Reichsmarschall Hermann Göring den Auftrag zur Untersuchung und Anklagevertretung im Fall Rote Kapelle erhalten haben.[15] Ob dies wirklich so spät ge-

9 Zit. nach ebd., S. 8.

10 Ebd.

11 Staatsarchiv Nürnberg, Bestand Interrogations, R 118, Vernehmung Roeders vom 25. November 1947.

12 IfZ München, ZS 124, Niederschrift einer Unterredung mit Roeder vom 3. und 4. Dezember 1951 in Neetze.

13 Staatsarchiv Nürnberg, Bestand Interrogations, R 118, Vernehmung Roeders vom 4. Juni 1948, S. 5.

14 Staatsarchiv Nürnberg, Bestand Interrogations, R 118, Vernehmung Roeders vom 9. Juli 1948, S. 9.

15 Gedenkstätte Deutscher Widerstand, Sammlung Rote Kapelle, Aussage des Generalrichters Manfred Roeder, Oberursel, 27. Februar 1947.

schah, muss dahingestellt bleiben.[16] Formell wurde Roeder zum Oberreichskriegsanwalt, zur Anklagebehörde des Reichskriegsgerichts kommandiert. Roeder selbst behauptete später, diese Kommandierung habe nur von Oktober 1942 bis August 1943 bestanden.[17]

Schon zwei Tage nach dem von ihm behaupteten Ernennungstermin berichtete Roeder am 19. Oktober 1942 Generalfeldmarschall Erhard Milch über den Sachstand.[18] In den nächsten zwei Monaten bereitete Roeder die Verfahren im Komplex „Rote Kapelle Berlin" vor, die am 14. Dezember 1942 begannen und nach heutiger Kenntnis mit insgesamt 45 Todesurteilen endeten.[19] Er vertrat in den meisten dieser Verfahren die Anklage vor dem Reichskriegsgericht.

Sein kaltes, offensichtlich menschenverachtendes Verhalten gegenüber den Angehörigen der Menschen, die auf seinen Antrag zum Tode verurteilt worden waren, ist vielfach dokumentiert.[20] Nur ein Beispiel aus den Akten: Meta Strelow, Mutter des am 13. Mai 1943 in Berlin-Plötzensee enthaupteten Heinz Strelow, schrieb ihm am 24. Mai 1943: „Ihre grausige Mitteilung, daß mein einzigstes Kind nicht mehr lebt, das Urteil wirklich vollstreckt wurde, hat mich erreicht. Damit ich meinem Sohne in Liebe ein Grab geben kann, bitte ich um die Nachricht, wann und wo ich den Leichnam meines Kindes empfangen kann."[21] Roeder antwortete postwendend – ohne Anrede – am 26. Mai 1943: „Die Freigabe der Leiche Ihres Sohnes kann jetzt nicht mehr erfolgen. Nach den geltenden Bestimmungen wäre aber ohnehin eine Bestattung außerhalb Berlins unzulässig gewesen."[22] Soweit die harte, aber formal korrekte Antwort. Fraglich ist aber, ob der nächste Satz in Roeders Antwort gegenüber der trauernden Mutter zynisch gemeint ist oder paradigmatisch für sein Denken in dieser Zeit steht: „Im übrigen weise ich daraufhin, daß nicht einmal den an der Front auf dem Felde der Ehre gefallenen deutschen Soldaten eine Ruhestätte in der Heimat gegeben werden kann."[23] Subtext: Und ihr Sohn, der Landesverräter, der soll dann ein Grab in seiner Heimatstadt erhalten?

Mindestens bei den elf Erhängungen und Enthauptungen am 22. Dezember 1942 war Roeder in Plötzensee selbst dabei, „um eventuelle Wiederaufnahmeanträge entgegenzunehmen und sie dem bis zur Vollstreckung in Permanenz tagenden Senat zur sofortigen Entscheidung zuzuleiten."[24] Er sah in dem neu installierten Galgen etwas Positives: „Der Tod trat auf der Stelle ein und war soweit man hier überhaupt das Wort Humanität gebrauchen kann, humaner als das Fallbeil."[25]

Ingrid Berg hat auf Roeders Rolle als Anklagevertreter und seine Charakterisierung als „Bluthund Hitlers" verwiesen, eine Bezeichnung, die sich übrigens auch für Heinrich

---

16 Heinrich Himmler hatte Göring bereits am 29.9.1942 über die Aufdeckung der Berliner Gruppe informiert. Vgl. David Irving, Göring, Hamburg 1987, S. 546 sowie Peter Witte/Michael Wildt/Martina Vogt/Dieter Pohl/Peter Klein/Christian Gerlach/Christoph Dieckmann/Andrej Angrick (Bearbeiter), Der Dienstkalender Heinrich Himmlers 1941/42. Bearbeitet im Auftrag der Forschungsstelle für Zeitgeschichte in Hamburg, mit einem Vorwort von Uwe Lohalm und Wolfgang Scheffler (= Hamburger Beiträge zur Sozial- und Zeitgeschichte, herausgegeben von der Forschungsstelle für Zeitgeschichte in Hamburg, Quellen, Bd. 3), Hamburg 1999, S. 571 f.

17 Staatsarchiv Nürnberg, Bestand Interrogations, R 118, Vernehmung Roeders vom 25. November 1947.

18 Gedenkstätte Deutscher Widerstand, Sammlung Rote Kapelle, GL-Besprechung am 20.10.1942.

19 Vgl. Norbert Haase, Der Fall „Rote Kapelle" vor dem Reichskriegsgericht, in: Hans Coppi/Jürgen Danyel/Johannes Tuchel (Hrsg.), Die Rote Kapelle im Widerstand gegen den Nationalsozialismus, Berlin 1994, S. 160 ff.

20 Vgl. ausführlich Bergander, Ermittlungsverfahren, S. 52 ff.

21 Militärhistorisches Archiv (MHA) Prag, RKG, Verfahren StPL (RKA) III 525/42 gegen Heinz Strelow und 8 andere, Bl. 191.

22 Ebd., Bl. 192.

23 Ebd.

24 Gedenkstätte Deutscher Widerstand, Sammlung Rote Kapelle, undatierte Denkschrift [1947] von Manfred Roeder, Betrifft Rote Kapelle, S. 7 f.

25 Ebd.

Himmler und Reinhard Heydrich, aber auch für den Präsidenten des „Volksgerichtshofes" Roland Freisler finden lässt. Was in diesem Zusammenhang allerdings nicht Thema der Darstellung ist und was sich erstaunlicherweise auch in den biografischen Arbeiten zu Roeder nur in Ansätzen findet, ist Roeders Rolle als Richter im Frühjahr 1943.[26]

Für die weiteren Verfahren in Sachen „Rote Kapelle" hatte angeblich Göring selbst das „Feldgericht z. B. V. [zur besonderen Verwendung] beim Kommandierenden General und Befehlshaber im Luftgau III" eingesetzt, zu dem u.a. Roeder sowie die Kriegsgerichtsräte Werner Falkenberg und Carl-Adolf Gut-hard gehörten. Roeder hat sich später sehr unbestimmt und durchaus widersprüchlich zu den Verfahren geäußert: „Ich weiß, daß die Gesamtzahl der Urteile nicht über 20 bis 25 gelegen hat. Davon werden meiner Schätzung nach etwa ein Drittel Todesurteile gewesen sein."[27] Danach wäre Roeder an nicht mehr als acht Todesurteilen beteiligt gewesen. Tatsächlich lassen sich aber Manfred Roeder mindestens 24 vollstreckte Todesurteile nachweisen, an denen er als Vorsitzender Richter oder als Richter beteiligt war. Hinzu kommen fünf sehr wahrscheinliche weitere Fälle und ein nicht vollstrecktes Todesurteil.

Die schriftliche Überlieferung aus diesen Verfahren ist bruchstückhaft, einige Abschiedsbriefe und Todesurkunden sind hier die letzten Zeugnisse. So konnte Manfred Roeder seine Verantwortung an diesen justizförmigen Tötungen nach 1945 herunterspielen. Ob seine Beteiligung hier entweder Rechtsbeugung oder ein Verbrechen gegen die Menschlichkeit war, ist von der Staatsanwaltschaft Lüneburg nicht einmal geprüft worden.

Heinrich Grosse und Elisabeth Chowaniec haben die weiteren Stationen Roeders 1943/44 im Zusammenhang mit dem Verfahren gegen Widerstandskämpfer aus dem Amt Ausland/Abwehr im Oberkommando der Wehrmacht, darunter Hans Oster, Hans von Dohnanyi und Dietrich Bonhoeffer nachgezeichnet.[28] Seit dem 1. Januar 1944 war Roeder dann Chefrichter der Luftflotte IV und behielt diese Funktion auch nach seiner Ernennung zum Generalrichter Ende 1944. Dies war eine besondere Auszeichnung, wie aus dem Beförderungsvorschlag deutlich wird: „Eine bevorzugte Beförderung aber erscheint besonders deswegen angezeigt, um dem wegen seines scharfen Vorgehens als Untersuchungsführer des RKG in der Strafsache gegen v. Dohnanyi u. a. in seiner Ehre schwer angegriffenen Dr. Roeder auch äußerlich volle Genugtuung zu verschaffen, nachdem sich nach den Ereignissen des 20. Juli herausgestellt hat, daß die Angriffe gegen Dr. Roeder von Personen ausgingen, die an der Beseitigung dieses scharfsinnigen Untersuchungsführers das größte Interesse hatten, weil sie selbst zu dem Kreis derer gehörten, die an dem geplanten Sturz der Regierung mitarbeiteten."[29] Reichsmarschall Hermann Göring befahl dem Chef des Luftwaffenrechtswesens, Christian von Hammerstein, am 20. Dezember 1944 persönlich, Roeder rückwirkend zum 1. Dezember 1944 zu befördern.[30]

26 Auch Bergander, Ermittlungsverfahren, S. 16, die ansonsten sehr sorgfältig Roeders Karriere analysiert, schreibt nur: „Zu seiner dortigen Arbeit liegen keine näheren Informationen vor. Roeder schmälert aber die Bedeutung des im Oktober 1942 eingerichteten ‚Feldgerichts z.B.V.', wenn er behauptet, primär sei es für technische Angelegenheiten dem Generalluftzeugmeister zur Verfügung gestellt worden. Tatsächlich kam ihm die zentrale Zuständigkeit für politische Straftaten zu."

27 Vernehmung von Manfred Roeder vom 16.9.1948, zit. nach Heinz Höhne, Kennwort: Direktor. Die Geschichte der Roten Kapelle, Ungekürzte Ausgabe, Frankfurt 1972, S. 254.

28 Grosse, Ankläger, S. 41 ff., sowie Elisabeth Chowaniec, Der „Fall Dohnanyi" 1943–1945. Widerstand, Militärjustiz, SS-Willkür, München 1991.

29 Zit. nach Bergander, Ermittlungsverfahren, S. 24.

30 Ebd.

Dem Kriegsverlauf entsprechend wurde das Hauptquartier dieser Luftflotte mehrfach verlegt, aus der Nähe Lembergs nach Rumänien, später nach Ungarn und danach nach Österreich. In Tirol begab sich Roeder am 8. Mai 1945 in amerikanische Gefangenschaft. Im Spätherbst 1946 wurde er in den Zeugentrakt des Internationalen Militärgerichtshofes in Nürnberg verlegt und sagte dann am 4. und 5. Juni 1947 als Zeuge der Anklage im „Case III", dem Nürnberger Nachfolgeprozess gegen hohe deutsche Juristen, aus.[31] Mitte 1948 beschwerte er sich bei Vernehmungen mehrfach, dass er nicht wisse, warum er noch einsitze, gleichzeitig betonte er, schon gegenüber dem amerikanischen militärischen Nachrichtendienst CIC (Counter Intelligence Corps) Aussagen gemacht zu haben und von diesem mit einer Schweigeverpflichtung belegt worden zu sein.[32]

Im Oktober 1948 wurde Roeder dann dem Nürnberger Amtsgericht vorgeführt, und am 26. Oktober 1948 erging ein Haftbefehl gegen ihn.[33] Ihm wurde vorgeworfen „in den Jahren 1942 und 1943 als Untersuchungsführer in den militärgerichtlichen Verfahren der ‚Roten Kapelle' und der ‚Depositenkasse' durch mehrere selbständige Handlungen als Beamter in einer Untersuchung Zwangsmittel angewendet oder deren Anwendung zugelassen zu haben, um Geständnisse oder Aussagen zu erpressen." Zugleich wurde ihm vorgeworfen, „als Beamter in Ausübung seines Amtes die Begehung einer schweren Körperverletzung zugelassen zu haben, indem er Harro Schulze-Boysen, Graudenz und

Manfred Roeder 1947 beim Nürnberger Juristenprozess (Foto: Wikipedia gemeinfrei).

Kuckhoff verschärft vernehmen und schlagen ließ."[34]

Doch bereits im Januar 1949 stellte der zuständige Staatsanwalt Erhard Heinke[35] fest, dass „ein beträchtlicher Teil der gegen den Angeklagten erhobenen strafrechtlichen Vorwürfe nicht mehr aufrecht erhalten werden kann [...] Fernerhin ist nicht damit zu rechnen, daß selbst bei voller Verurteilung in all den Punkten, in denen nach dem gegenwärtigen Ermittlungsergebnis noch Tatverdacht besteht, die Strafe die Internierungs- und Haftzeit von über 3 ½ Jahren, die der Beschuldigte hauptsächlich wegen dieser Sache erlitten hat und

31 Trials of War Criminals Before the Nuernberg Military Tribunals Under Control Council Law No. 10, Vol. III, „The Justice Case", Washington 1951, S. 1214 unter Verweis auf die Protokollseiten 3993 bis 4033.

32 Staatsarchiv Nürnberg, Bestand Interrogations, R 118, Vernehmung Roeders vom 4. Juni 1948.

33 Bundesarchiv, NL 263/300, Kopie des Fragebogens für die politische Überprüfung, von Manfred Roeder am 2. März 1949 unterschrieben.

34 Gedenkstätte Deutscher Widerstand, Sammlung Rote Kapelle, Kopie des Haftbefehls vom 26. Oktober 1948. Ausführliche Auszüge aus dem Haftbefehl sind abgedruckt bei Roloff mit Sigl, Rote Kapelle, S. 325 f.

35 Zu der von Heinke geleiteten Untersuchung vgl. Bergander, Ermittlungsverfahren, S. 46 ff.

deren Anrechnung auf die Strafe daher wahrscheinlich ist, nicht wesentlich überschreiten dürfte."[36] So musste auf Roeders Antrag vom 27. Dezember 1948 der Haftbefehl am 7. Januar 1949 wieder aufgehoben werden.[37] Noch am selben Tag wurde Roeder aus dem Gefängnis entlassen und fuhr nach Lüneburg, der dem Gut Neetze nächsten Bahnstation.

So verlor die Staatsanwaltschaft in Nürnberg ihre Zuständigkeit an die Staatsanwaltschaft Lüneburg. Diese lag in der britischen Besatzungszone, wo Ermittlungen wegen Verbrechen gegen die Menschlichkeit nach Kontrollratsgesetz Nr. 10 durchgeführt werden konnten, die in Nürnberg in der amerikanischen Besatzungszone nicht möglich waren. Dies kam Heinke gelegen, der den Fall loswerden wollte. Er selbst war als Staatsanwalt am Sondergericht Breslau tätig gewesen und hatte keinerlei Interesse daran, in der Nachkriegszeit die nationalsozialistische Unrechtsjustiz zu thematisieren. Heinke war später als Richter am Landgericht Nürnberg, dann als Oberlandesgerichtsrat am OLG Nürnberg tätig. Ein gegen ihn 1959 eingeleitetes Verfahren wegen Rechtsbeugung in der NS-Zeit wurde eingestellt. Nach Bergander scheiterte eine Berufung an den Bundesgerichtshof 1960 an dem „formalen" Grund, Heinke sei für einige Zeit am Sondergericht Breslau eingesetzt gewesen.[38]

Doch in Lüneburg geriet das Verfahren endgültig zur Farce. Der ermittelnde Staatsanwalt Hans-Jürgen Finck machte sich zum Komplizen Roeders in der Diffamierung der Widerstandskämpfer in der Roten Kapelle und im Amt Ausland/Abwehr des Oberkommandos der Wehrmacht.[39] Hiska Bergander hat alle Stationen des Verfahrens untersucht und detailliert dargestellt.[40] Ausführlich hat auch Gerhard Sälter das Verfahren gegen Roeder analysiert: „Finck hatte gar nicht gegen Roeder ermittelt, sondern zu dessen Entlastung gegen den Widerstand. Finck versuchte, die Gestapo-Fiktion erneut zu beweisen. Auf der Basis ihrer Ermittlungsergebnisse führte er aus, dass die Haupttätigkeit der Roten Kapelle Spionage für die Sowjetunion gewesen sei, auch wenn ihre Mitglieder dies nach 1945 und insbesondere in ihren Anzeigen gegen Roeder verschwiegen hätten. Die Vorwürfe gegen Roeder tat er als gegenstands- und belanglos ab. Sein Schlussbericht liest sich wie eine Anklageschrift gegen Schulze-Boysen und andere."[41] Und weiter: „Fincks Darstellung war offenkundig sachlich fehlerhaft und bewegte sich am Rande der Rechtsbeugung."[42]

Am 12. November 1951 wurde das Verfahren eingestellt. In seinem sehr ausführlichen Abschlussbericht hielt Staatsanwalt Finck fest: „Die Ermittlungen haben den Eindruck hinterlassen, daß das Reichskriegsgericht zwar viele Todesurteile im Verfahren ‚Rote Kapelle' verhängt hat, daß aber in diesen Fällen auch beim allerbesten Willen nicht um ein Todesurteil herumzukommen war." Hiska Bergander kommentiert zutreffend: „Damit waren die Mitglieder der Schulze-Boysen-Harnack-Gruppierung ein zweites Mal zum Tode verurteilt worden. Finck bekannte sich insoweit unmissverständlich zur nationalsozialistischen Rechtsprechung. Auch sonst machte er in seinem Abschlussbericht keinen Hehl aus seiner politischen Gesinnung. Diffamierende

36 Gedenkstätte Deutscher Widerstand, Sammlung Rote Kapelle, Kopie des Berichts des Oberstaatsanwalts bei dem Landgerichte Nürnberg-Fürth an den Herrn Generalstaatsanwalt in Nürnberg vom 13. Januar 1949.

37 Bundesarchiv, NL 263/300, Kopie des Fragebogens für die politische Überprüfung, von Manfred Roeder am 2. März 1949 unterschrieben.

38 Bergander, Ermittlungsverfahren, S. 87.

39 Grosse, Ankläger, S. 48 ff.

40 Vgl. Bergander, Ermittlungsverfahren, S. 87 ff.

41 Gerhard Sälter, Phantome des Kalten Krieges. Die Organisation Gehlen und die Wiederbelebung des Gestapo-Feindbildes Rote Kapelle", Berlin 2016, S. 176.

42 Ebd., S. 179.

Aussagen, die insbesondere zu Lasten überlebender ehemaliger Mitglieder der ‚Roten Kapelle' gingen, reihten sich aneinander."[43]

Hiska Bergander resümiert das Verfahren: „Nach alledem hätte es nicht nur nach heutigem Gerechtigkeitsempfinden zu einer Anklage Roeders kommen müssen. Noch nicht einmal die damalige, NS-Justizverbrechern gegenüber milde Rechtsprechung westdeutscher Gerichte gebot, die Ermittlungen einzustellen und Roeder zu rehabilitieren. So hätte die Staatsanwaltschaft ihn zumindest wegen des dringenden Verdachts anklagen müssen, sich in mehreren Fällen der Rechtsbeugung, § 336 StGB, und des Justizmordes durch Rechtsbeugung, §§ 211, 336 StGB schuldig gemacht zu haben. Ferner wäre es Aufgabe der Lüneburger Staatsanwaltschaft gewesen, herauszustellen, dass Roeder nur aus formalen Gründen nicht wegen eines Verbrechens gegen die Menschlichkeit angeklagt werden könne, materiellrechtlich aber eines gegeben sei."[44]

Schon vor der Verfahrenseinstellung bereiteten Finck und Roeder eine Medienkampagne vor, die in drei Serien in den Zeitschriften „Kristall", „Fortschritt" und „Stern" umgesetzt wurde.[45] Finck versorgte die Zeitschriften mit Details aus den Verfahrensunterlagen. Auf mehreren Versammlungen der ein Jahr später verbotenen „Sozialistischen Reichspartei" warf Roeder dann 1951 in der Öffentlichkeit der Roten Kapelle einen „wirklichen Dolchstoß" vor und griff Adolf Grimme, den Intendanten des Nordwestdeutschen Rundfunks direkt an: „Wenn Dr. Grimme auf Vorwürfe geantwortet habe, er habe es nicht nötig, sich als alter Widerstandskämpfer gegen rechtsradikale Kreise zu verteidigen, so müsse er ihm jetzt antworten: ‚Ich führe den Kampf als ehemaliger deutscher Richter!' Es sei nach Recht und Gesetz gerichtet worden, betonte Dr. Roeder weiter."[46]

Roeder hatte schon 1947 und 1948 als „Othello" mehrere Berichte für den CIC verfasst und war Ende 1947/Anfang 1948 für einige Zeit aus Nürnberg gemeinsam mit Walter Huppenkothen („Fidelio") in eine CIC-Einrichtung verlegt worden.[47] Die Berichte lassen erkennen, dass das CIC keine Zweifel an der Interpretation Roeders über die Rote Kapelle hatte. Seit Herbst 1951 stand Roeder dann in Verbindung zur Organisation Gehlen, vermittelt durch Heinrich Reiser, einem früheren Angehörigen der Sonderkommission Rote Kapelle in Paris.[48] Die alten Seilschaften funktionierten noch, obwohl seine SRP-Nähe im Bundeskanzleramt auf Bedenken stieß. Roeder wurde daher nicht direkt als V-Mann registriert, sondern sein Freund Herbert Niewerth. Im selben Jahr wurde auch Staatsanwalt Hans-Jürgen Finck unter dem Decknamen „Vogel" als Informant der Organisation Gehlen angeworben.[49] Ausgehend vom Schlussbericht Fincks sollte dann in der Organisation Gehlen „eine fast 900 Blatt umfassende Personenkartei von Verdächtigen"[50] entstehen. Fast unnötig zu sagen, dass sich hier tatsächlich „kein konkreter Spionageverdacht" findet. Es waren „die aktenmäßige Zusammenfassung der Fiktionen der NS-Verfolgungsbehörden, der politischen Aversionen Roeders und Fincks und daran anknüpfende Vermutungen von Reile und Reiser. Das Material bildet ein auf den Widerstand bezoge-

43 Bergander, Ermittlungsverfahren, S. 105.
44 Ebd., S. 130.
45 Details bei Sälter, Phantome, S. 185 ff.

46 Landeszeitung für die Lüneburger Heide vom 26.4.1951. Vgl. zu Roeders Zusammenarbeit mit der SRP auch Bergander, Ermittlungsverfahren, S. 160 ff.
47 Ein großer Teil der CIC-Berichte von und über Roeder ist digital zugänglich unter https://www.cia.gov/library/readingroom. Die weiteren Unterlagen sind in den National Archives zugänglich.
48 Vgl. Sälter, Phantome, S. 196 ff.
49 Ebd., S. 247.
50 Ebd., S. 253.

nes Ressentiment ab. Darin trafen sich die Exkulpationsbemühungen Roeders mit den geschichtspolitischen Interessen Fincks und den Verschwörungsphantasien Reisers."[51]

1952 schließlich legte Roeder in seinem Pamphlet „Die Rote Kapelle" eine Gesamtschau seiner wilden Behauptungen über die Widerstandsgruppe vor.[52] Die offenbar aus unterschiedlichen Aufzeichnungen Roeders zusammengestellte Collage aus persönlichen Diffamierungen und Falschbehauptungen gipfelte in der These über die angeblich noch funkende Rote Kapelle. Und damit das Ganze schön selbstreferenziell war, belegte Roeder es mit Auszügen aus der „parteifreien Wochenzeitung ‚Der Fortschritt'" – also genau jener Zeitschrift, die er und Finck mit Material aus dem Ermittlungsverfahren versorgt hatten.

Heinrich Grosse verweist zu Recht darauf, dass Roeder nicht nur eine stattliche Pension erhielt, sondern nach dem „Gesetz zur Rechtsstellung der unter Art. 131 GG fallenden Personen" ein „Generalrichter zur Wiederverwendung" war, auch wenn diese natürlich nicht mehr erfolgte.[53]

Warum Manfred Roeder 1963 von Neetze in den Taunus bei Frankfurt am Main zog, ist bisher ungeklärt. Heinrich Grosse gibt eine mündlich überlieferte These wieder, Roeder sei aus Neetze weggezogen, weil er in dem nahe der Grenze zur DDR gelegenen Dorf befürchte, von sowjetischen Agenten entführt zu werden.[54] Zwischen 1963 und seinem Tode 1971 war Manfred Roeder in Glashütten gemeldet. Er starb am 18. Oktober 1971.

Mit dieser Zeitspanne hat sich Ingrid Berg in ihrem Aufsatz befasst und wertvolles lokalhistorisches Material erschlossen. Doch in den Teilen, die sich mit der Biografie Roeders befassen, fehlen wichtige Fakten oder werden nicht richtig kontextualisiert. Dies beginnt bei der Bezeichnung „Rote Kapelle": „Eine Widerstandsbewegung unterschiedlicher Bestrebungen. Der Name leitet sich von einer Musikkapelle ab, deren Mitglieder auch uneinheitlich zusammengesetzt sind."[55] Vielmehr handelt es sich dabei um eine Bezeichnung der Abwehr aus dem Jahr 1941, Funker sind „Pianisten", mehrere „Pianisten" sind eine „Kapelle" und „rot" bedarf als Symbolfarbe des Kommunismus wohl keiner weiteren Erläuterung.[56]

Das Ermittlungsverfahren der Staatsanwaltschaft Lüneburg gegen Roeder wird bei Berg referiert. Sein Verlauf und seine Ergebnisse verdienen es aber, problematisiert zu werden, zumal dessen Kontext – ohne den nachrichtendienstlichen Hintergrund, den erst Gerhard Sälter 2014 aufdeckte – in der Forschung spätestens seit 1990 bekannt ist.[57] Mehr als problematisch ist die Aussage: „Eine heute ausführlich recherchierte Tatsache ist, dass Manfred Roeder nach Beendigung des Zweiten Weltkriegs sowohl von den Amerikanern als auch von der Vorläuferorganisation des BND unter Reinhard Gehlen gebraucht wurde. Da Mitglieder der Roten Kapelle wegen Landesverrats und Sowjetkontakten verurteilt worden waren, galt Roeder als Experte im sich entwickelnden ‚Kalten Krieg' zwischen den USA und der Sowjetunion, insbesondere mit Blick auf sowjetische bzw. kommunistische Spionagetätigkeiten. Er selber konnte dieses Image ausnutzen [...] Noch in den 50er Jahren glaubte man an eine Nach-

51 Ebd., S. 253.
52 Die Rote Kapelle. Aufzeichnungen des Generalrichters Dr. M. Roeder, Hamburg 1952. Der Verlag Hans Siep, in dem die Broschüre erschien, kann zumindest als SRP-nah gelten.
53 Grosse, Ankläger, S. 53.
54 Grosse, Ankläger, S. 53.
55 Berg, Kommunalpolitik, S. 206.
56 Vgl. ausführlicher Johannes Tuchel, Die Gestapo-Sonderkommission „Rote Kapelle", in: Coppi/Danyel/ Tuchel (Hrsg.), Die Rote Kapelle, S. 145 ff.
57 Vgl. „Das Ermittlungsverfahren gegen Dr. Manfred Roeder", in: Ulrich Sahm, Rudolf von Scheliha 1897 – 1942. Ein deutscher Diplomat gegen Hitler, München 1990, S. 296 ff. sowie ausführlich Bergander, Ermittlungsverfahren.

kriegsorganisation der ‚Roten Kapelle' und an deren Agententätigkeit, die den Westen bedrohe."[58]

Nein, Roeder wurde nicht „gebraucht". Er bot sich an – und wurde gern angehört, weil er den ideologisch begründeten Konstruktionen der alten Gestapo-Angehörigen in der Organisation Gehlen entsprach und weil er seinem eigenen Ideologem von der kommunistischen Gefahr folgte, die er immer „als deutscher Richter" bekämpft hatte. Nur wenn er diese Fiktion aufrechterhielt und seiner Umwelt gegenüber glaubhaft machte, konnte er sicher sein, wegen seiner Taten in der NS-Zeit nicht belangt zu werden.

Tatsächlich aber ist Sälter zuzustimmen: „Roeder war denkbar ungeeignet als Auskunftsperson, weil er dubiose Gerüchte aus der rechtsradikalen Szene weitergab. Er förderte die in der Organisation Gehlen ohnehin vorhandene Bereitschaft, auch den unglaubwürdigsten Geschichten nachzugehen [...] Glaubhaft wurden Roeders Bezichtigungen, weil er als politisch verlässlich galt. Mitarbeiter studierten seine 1952 erschienene Broschüre. Reiser hielt die Schrift zwar für unvollständig und bemerkte, sie enthalte keine neuen Erkenntnisse [...] Diese ambivalente Haltung – einerseits von Roeder niemals verwertbares Material zu erhalten, andererseits aber seine Auskunftsfähigkeit nie ganz infrage zu stellen – dominierte die Haltung der Organisation Gehlen und des BND zu Roeder bis Ende der 1950er Jahre."[59]

Die Angehörigen des Widerstandsnetzwerkes der Roten Kapelle waren auch nicht nur „wegen Landesverrats und Sowjetkontakten" – also wegen Spionage – zum Tode verurteilt worden. Dies hat Manfred Roeder Zeit seines Lebens behauptet oder suggeriert. Auch dies war Teil seiner Strategie, sich einer möglichen Strafverfolgung zu entziehen. Tatsächlich zeigt die seit 1992 vorliegende Prozessübersicht eine Vielzahl von Gründen, darunter Vorbereitung zum Hochverrat, Kriegsverrat, Zersetzung der Wehrkraft, Feindbegünstigung, Ungehorsam im Felde und Preisgabe von Staatsgeheimnissen, Beihilfe zur Vorbereitung zum Hochverrat u.v.m. Damit waren jene Widerstandsaktionen der Roten Kapelle geahndet worden, wie etwa die Flugblattverteilung in Berlin, die Klebezettelaktionen, die Unterstützung für Kriegsgefangene u.a.m., die Roeder immer wieder in seiner Darstellung der Roten Kapelle unterschlagen oder herabgesetzt hat.

Die Frage des Wissens um Manfred Roeder in Glashütten wird von Ingrid Berg gestellt und eher verneint. Sie verweist darauf, dass Roeder die Bezeichnung „Generalrichter z.Wv." in Glashütten nicht geführt habe – weil er ja zu dieser Zeit bereits im Ruhestand gewesen sei.[60] In den Glashüttener Akten finde sich kein Schriftstück, in dem Roeder selbst sich als „Generalrichter a. D." bezeichne.[61] Allerdings verwendet etwa der Oberstaatsanwalt beim Landgericht Frankfurt am Main die Titulatur „der Beigeordnete der Gemeinde Glashütten i.Ts., Generalrichter a. D. Dr. Manfred Röder".[62] Tatsächlich unterzeichnete Roeder noch eine im SPIEGEL 1969 abgedruckte „Gegendarstellung" mit „Generalrichter a. D."[63] Er stand sogar im Telefonbuch als „Generalrichter a. D."[64]

Ingrid Berg meint: „Allgemein zugängliche, kritische Veröffentlichungen zu Roeders

58 Berg, Kommunalpolitik, S. 206.
59 Sälter, Phantome, S. 199 ff.

60 Berg, Kommunalpolitik, S. 206.
61 Ebd., S. 212.
62 Gemeindearchiv Glashütten.
63 DER SPIEGEL, Nr. 27/1969, S. 105.
64 Faksimile des Eintrags etwa bei Alexander S. Blank/Julius Mader, Rote Kapelle gegen Hitler, Berlin (Ost) 1979. S. 428. Auch in seiner Anmeldung in Glashütten vom 23.12.1963 gab Roeder als Beruf „Generalrichter a. D." an. Ich danke Ingrid Berg für den Hinweis und das mit Mail vom 7.5.2019 übermittelte Dokument aus dem Gemeindearchiv.

Vergangenheit gab es zu dem Zeitpunkt nicht." Allerdings vermerkt schon die 1946 erschienene Erstausgabe der Tagebücher von Ulrich von Hassell unter dem 20. April 1943: „Dank von Devisenunkorrektheiten als Vorwand ist Dohnanyi mit Frau und Schwager verhaftet worden, aber kriegsgerichtlich ist nur ein schwacher Punkt gefunden worden. Untersuchungsführer ist ein Kriegsgerichtsrat der Luftwaffe Roeder, der ehrgeizig zu sein scheint und auch schon gegen Sch.-B. [Schulze-Boysen] amtiert hat. Diese Sache fehlte wirklich noch gerade."[65]

In der ersten Studie von Allen Welsh Dulles über den Widerstand gegen den Nationalsozialismus findet sich 1948 die Passage: „Ein sehr fähiger und verschlagener Nazibeamter namens Röder hatte die ‚Rote-Kapelle'-Untersuchung geleitet. Göring sorgte dafür, daß Röder auch die Untersuchung über die Abwehr übertragen bekam."[66] Auch in der damals schon vorhandenen Literatur zur Abwehr erscheint Roeder immer wieder, so schon 1949 in der Canaris-Biografie von Karl Heinz Abshagen: „Roeder, der nun Blut geleckt hatte, führte die Untersuchung wochenlang weiter. Er trat sehr großspurig auf, bedrohte Zeugen, prahlte mit seinen persönlichen Beziehungen zu Göring, aber er kam nicht sehr viel weiter."[67] In Hans Rothfels' Übersichtswerk „Deutsche Opposition gegen Hitler", das zwischen 1958 und 1964 immerhin in diversen Auflagen in mehr als 110.000 Exemplaren erschien, findet sich genau jene Charakterisierung Roeders als „Bluthund"[68], die Ingrid Berg erst dem SPIEGEL 1968 zuschreibt.

In der monumentalen Biografie Eberhard Bethges über Dietrich Bonhoeffer, erstmals 1967 erschienen, findet sich ein ganzes Kapitel über das Verfahren gegen Hans von Dohnanyi, in der es etwa unter der Überschrift „Kampffronten" heißt: „Die Untersuchung führte Dr. Roeder, der als Oberstkriegsgerichtsrat zur Luftwaffe gehörte. Er rühmte sich, bei Göring in Karinhall zu verkehren. 1942 hatte er sich mit den Todesurteilen gegen Arvid und Mildred Harnack und Schulze-Boysen im Prozeß ‚Rote Kapelle' die Sporen verdient."[69]

Und schließlich erschien 1969, nachdem auch in Glashütten die Vergangenheit Roeders bekannt geworden war, Gilles Perraults Studie „Auf den Spuren der Roten Kapelle" mit einer Schilderung seines Besuchs in Glashütten, einer wenig schmeichelhaften Charakterisierung Roeders und der Behauptung, dieser sei stellvertretender Bürgermeister.[70]

Ingrid Berg geht davon aus, dass in Glashütten im Rahmen der allgemeinen „Schlussstrichmentalität der Nachkriegszeit" eher wenig Interesse an der „Problematik der dunklen Vergangenheit des Dr. Manfred Roeder" bestanden habe. „In der Nachkriegsöffentlichkeit betrachtete man die Tätigkeit der ‚Roten Kapelle' weithin nicht als Widerstand gegen ein Terrorregime, sondern akzeptierte die Todesurteile wegen Spionage, Landes- und Hochverrats." Sie belegt diese These mit einer

65 Ulrich von Hassell, Vom andern Deutschland, Zürich 1946, S. 305. Zur Problematik der Edition von 1946 vgl. die Neuausgabe: Ulrich von Hassell: Die Hassell-Tagebücher 1938–1944: Aufzeichnungen vom Andern Deutschland. Nach den Handschriften rev. u. erw. Ausg., hrsg. von Friedrich Freiherr Hiller von Gaertringen, Berlin 1988. Hier findet sich die entsprechende Passage auf S. 362 mit der stärkeren Originalformulierung „der sehr ehrgeizig zu sein scheint".

66 Allen Welsh Dulles, Verschwörung in Deutschland, Zürich 1948, S. 104.

67 Karl Heinz Abshagen, Canaris. Patriot und Weltbürger, Stuttgart 1949, S. 360 f.

68 Hans Rothfels, Die deutsche Opposition gegen Hitler. Eine Würdigung, Krefeld 1949, vgl. dazu das Vorwort von Hermann Graml, in: Hans Rothfels, Deutsche Opposition gegen Hitler. Eine Würdigung. Neue, erweiterte Ausgabe. Hrsg. von Hermann Graml, Frankfurt am Main 1977.

69 Eberhard Bethge, Dietrich Bonhoeffer. Theologe Christ Zeitgenosse. Eine Biographie, München 1967, hier zit. nach der 5. Auflage München 1983, S. 899.

70 Gilles Perrault, Auf den Spuren der Roten Kapelle, Reinbek 1969, S. 332.

weiteren Behauptung: „Erst 2009 wurden die Urteile gegen die Mitglieder der Roten Kapelle aufgehoben, und zwar pauschal, ohne Einzelfallprüfung."[71] Dies ist in mehrfacher Hinsicht falsch: Bereits 1998 wurden durch das Gesetz zur Aufhebung nationalsozialistischer Unrechtsurteile in der Strafrechtspflege Urteile, die „unter Verstoß gegen elementare Gedanken der Gerechtigkeit" ergangen waren, pauschal für nichtig erklärt. Unter diese gesetzliche Regelung fiel auch eine Reihe der Urteile des Reichskriegsgerichts aus den Jahren 1942/43 gegen die Rote Kapelle. 2009 entschied der Deutsche Bundestag, dass auch die Urteile wegen „Kriegsverrats" nach § 57 des Militärstrafgesetzbuches aufgehoben wurden. Hierunter fielen zwar einige Urteile gegen Angehörige der Roten Kapelle, aber das Urteil vom 19. Dezember 1942 gegen Harro Schulze-Boysen und elf andere war auf Antrag seines Bruders Hartmut Schulze-Boysen von der Staatsanwaltschaft Berlin bereits am 24. Februar 2006, also nach einer Einzelfallprüfung aufgehoben worden.[72]

Für die Bewertung Roeders ist noch der Abschnitt „Das Jahr 1968" von besonderem Interesse. In Glashütten hätten sich nach dem SPIEGEL-Bericht vom 8. Juli 1968[73] die Ereignisse „überschlagen". Interessant ist aber, dass bereits im SPIEGEL vom 20. Mai 1968 auf Roeders Rolle hingewiesen und seine Begegnung mit der Mutter Schulze-Boysens nach dem Todesurteil gegen ihren Sohn dargestellt worden war.[74] Dies scheint in Glashütten noch nicht so wahrgenommen worden zu sein, wobei das Tempo verwundert, das nach dem Erscheinen des SPIEGELS vom 8. Juli 1968 angeschlagen wurde. Der Bericht des Bürgermeisters Franz Johann Gottschalk an den Landrat vom 12. Juli 1968 enthält nach Berg wörtliche Formulierungen Roeders und einen fatalen Schluss: „Es besteht m.E. kein Grund, besorgt zu sein. Mir, wie auch der Öffentlichkeit steht kein Recht zu, die angesehene Person durch die bis heute in keiner Weise belegbaren Anschuldigungen mit irgendwelcher Manipulation abzuwerten."[75] Roeder beabsichtige zudem „selbstverständlich" gegen den Verfasser des Artikels „Schritte zu unternehmen". Er habe fünf Jahre zuvor die ZEIT gezwungen, einen ähnlichen Anwurf „unter Übernahme der nicht unerheblichen gerichtlichen und außergerichtlichen Kosten" zurückzunehmen. Doch in diesem Fall konnte sich Roeder nicht durchsetzen. Im SPIEGEL finden sich zu dem Bericht von 1968 keine Korrektur und keine Gegendarstellung. Erst 1969, im Zusammenhang über die Widerstandsgruppe um Hans Oster, druckte der SPIEGEL eine Gegendarstellung Roeders, wobei der Nachspann des SPIEGELS die Falschaussagen Roeders in der Gegendarstellung deutlich aufzeigte.[76]

Die Einschätzung von Bürgermeister Gottschalk, dass kein Grund zur Besorgnis bestehe, scheint richtig gewesen zu sein. Ingrid Berg weist darauf hin, die Veröffentlichung im SPIEGEL sei „in Glashütten entweder gar nicht wahrgenommen [...] oder [...] schnell wieder ad acta gelegt"[77] worden. So konnte Roeder bald darauf von den Gemeindevertretern – wie sie betont, „nicht von den Bürgern" – zum Ersten Beigeordneten in Glashütten gewählt werden.[78] Diese Funktion nahm er bis Mai 1971 wahr. Ingrid Berg gibt die Vermutung wieder, dass Roeder aus Krankheits-

71 Berg, Kommunalpolitik, S. 208, Anm. 208.

72 Vgl. Johannes Tuchel „Weihnachten müsst Ihr richtig feiern" – Im Dezember 1942, zwei Tage vor Heiligabend, wurden die ersten Mitglieder der Roten Kapelle hingerichtet, in: DIE ZEIT, Nr. 51 vom 12. Dezember 2007, S. 96.

73 DER SPIEGEL, Nr. 28/1968, S. 60 ff.

74 DER SPIEGEL, Nr. 21/1968, S. 78 ff, hier S. 79.

75 Berg, Kommunalpolitik, S. 212. Bedauerlich ist, dass der aktuelle Erschließungsstand des Gemeindearchivs Glashütten keine präzisen Quellenangaben zulässt.

76 DER SPIEGEL, Nr. 27/1969, S. 105.

77 Berg, Kommunalpolitik, S. 213.

78 Ebd., S. 215.

gründen auf eine Teilnahme an der Wahl am 9. Mai 1971 verzichtete, denn er starb am 18. Oktober 1971.

Während Roeder in Glashütten wohnte, erstattete der Frankfurter Rechtsanwalt R.M.W. Kempner nach dem Erscheinen der SPIEGEL-Serie noch einmal Anzeige wegen Mordes gegen Roeder bei der Staatsanwaltschaft beim Landgericht Frankfurt am Main. Die Akten aus Lüneburg wurden angefordert, und in der Einstellungsverfügung vom 23. Mai 1971 wurde ihnen gefolgt: „Selbst wenn die genannten Verurteilten nicht wegen Spionage, sondern wegen Hochverrats und Feindbegünstigung verurteilt worden wären, so wäre diese nach dem damals geltenden Recht kein Missbrauch der gesetzlichen Bestimmungen gewesen, da diese Vorschriften in erster Linie die Todesstrafe androhten. Bei der Gruppe Schulze-Boysen handelte es sich zudem um einen sehr aktiven und zahlenmässig umfangreichen Spionage- und Widerstandsring. In den von ihnen verfassten Propagandaschriften wurden nicht nur die Reichsangehörigen, sondern auch die Fremdarbeiter zu Sabotageakten und zum gewaltsamen Widerstand aufgefordert. Unter Berücksichtigung dieser Umstände und der damaligen Kriegslage dürfte das Reichskriegsgericht – aus der damaligen Sicht verständlich – die Herbeiführung eines nur ‚unbedeutenden Nachteils für das Reich und nur eines unbedeutenden Vorteils für die feindliche Macht' verneint zu haben. Dabei ist auch zu berücksichtigen, daß derartige Delikte, insbesondere Spionage im Kriege, von sämtlichen Staaten unseres Kulturkreises mit der Todesstrafe bedroht werden."[79] Abgesehen davon, dass der hessische Staatsanwalt offensichtlich übersah, dass die Todesstrafe in der Bundesrepublik Deutschland 1949 grundsätzlich abgeschafft worden war, besaß auch er sehr viel Verständnis für Roeder. Wie bitter und richtig klingt da der Kommentar einer Angehörigen der Hingerichteten: „So kommt man zu der Frage, ob der Wortlaut der Einstellungsverfügung statt 1971 nicht ebenso gut vor 1945 verfasst worden sein könnte." Hiska Bergander hält über die Frankfurter Entscheidung fest: „Damit wurden die gegen die ‚Rote Kapelle' verhängten Todesurteile abermals für rechtens erklärt. Überspitzt formuliert sind die Widerstandskämpfer damit ein drittes Mal zum Tode verurteilt worden – und das, obwohl mit Cato Bontjes van Beek zumindest eine Hingerichtete bereits durch das Urteil einer westdeutschen Entschädigungskammer als Opfer des Nationalsozialismus anerkannt worden war."[80]

Was bleibt? Ausgangslage des Aufsatzes von Ingrid Berg waren die Aussagen in Christian Weisenborns Film „Verräterkinder": „Die Bürger von Glashütten wählten ihn für die CDU zum stellvertretenden Bürgermeister." Sie hält fest: „Keine dieser Aussagen stimmt mit der Aktenlage überein." Korrekt ist: Roeder wurde von einer Mehrheit der Gemeindevertreter zum Ersten Beigeordneten gewählt, er stand – so Berg – der CDU nahe, und er vertrat den Bürgermeister mehrfach bei dessen Abwesenheit. So viel Distanz, wie jetzt zwischen Glashütten und Roeder hergestellt werden soll, war offensichtlich doch nicht vorhanden. Dazu war Roeder zu gut in die lokalen Eliten integriert. Doch bleiben Fragen offen, die – wenn überhaupt – vielleicht nur an den lokalen Archivakten geklärt werden können. Bei der Darstellung der „Kommunalwahlen 1968 in Glashütten" ist nicht erkennbar, ob und welche Rolle Roeder bei der Aufstellung der „Einheitsliste (parteilos)" spielte. Waren hier bei ihm noch Elemente nationalsozialistischen politischen Denkens wirk-

79 GDW, Sammlung Rote Kapelle, Einstellungsverfügung vom 23. Mai 1971 im Verfahren 4 Js 1285/68 der Staatsanwaltschaft Frankfurt am Main.

80 Bergander, Ermittlungsverfahren, S. 172.

sam, die die „Volksgemeinschaft" über die demokratische Auseinandersetzung stellten? Der Leser erfährt eine Seite später, dass die Kommunalwahl angefochten und im Januar 1971 für ungültig erklärt wurde – offenbar eben wegen dieser Einheitsliste.[81] Welchen Einfluss nahm Roeder auf die Entscheidungen des Bürgermeisters und der kommunalen Gremien? Nahm er wirklich hauptsächlich repräsentative Aufgaben wahr? Lässt sich noch erkennen, welche Ziele Roeder mit seinem lokalpolitischen Engagement verfolgte?

Manfred Roeder war nach vielen übereinstimmenden Beurteilungen ein ehemaliger Freikorpskämpfer, ein Jurist mit sehr mittelmäßigen Noten, der in der nationalsozialistischen Militärjustiz seine Karrierechancen erkannte und rücksichtslos ausnutzte. Sein Förderer Hermann Göring sorgte Anfang 1945 für seine Beförderung zu einem der höchsten Militärjuristen Deutschlands.

Roeder wird von den Angehörigen der Berliner Angeklagten der Roten Kapelle oder später des Widerstandskreises im Amt Ausland/Abwehr fast durchwegs als kalt, arrogant, gefühllos und dadurch grausam geschildert. Als Ankläger beantragte er allein im Fall Rote Kapelle mindestens 45 vollstreckte Todesurteile, als Richter 1943 war er für mindestens 24 vollstreckte Todesurteile verantwortlich. Für diese Beteiligung an justizförmigen Tötungen, für die Zusammenarbeit mit der Gestapo, die die Beschuldigten folterte, und für seine weiteren Urteile der nationalsozialistischen Militärjustiz hätte sich Roeder nach 1945 verantworten müssen. Doch ebenso, wie er vor 1945 seine Chancen zu nutzen wusste, gelang ihm dies nach 1945. Pauschal diffamierte er die Rote Kapelle als Spionageorganisation, die schweren Landesverrat begangen habe und deren Funksprüche den Tod vieler deutscher Soldaten zur Folge gehabt hätten. Er wusste es besser, denn schon das erste Urteil gegen Harro Schulze-Boysen und andere vom 19. Dezember 1942 hatte festgehalten, dass es aus Berlin nur Funkversuche gegeben hatte: „Kurz bevor der Sendebetrieb in größerem Umfang aufgenommen wurde, gelang es der Geheimen Staatspolizei, die sämtlichen Beteiligten festzunehmen."[82]

Kein einziges der von Roeder überlieferten Zeugnisse, Vernehmungen oder Denkschriften lässt erkennen, dass er den Nationalsozialismus als Unrechtssystem betrachtete. Er hatte „meinem Volke auch unter dem Nationalsozialismus gedient". Für ihn war das NS-System lediglich eine „schlechte Regierung", unter der er als Beamter „seine Pflicht tun" musste. Bis zum Ende seines Lebens stand er zu dieser Position: „Ich habe gegenteilig immer den Standpunkt vertreten und vertrete ihn heute auch noch unverändert, daß ein Unterschied zwischen Hoch- und Landesverrat besteht und daß Landesverrat, insbesondere Landesverrat im Krieg, ein durch nichts zu rechtfertigendes, verwerfliches Verbrechen ist."[83] Dass der Angriffskrieg selbst und vor allem der Vernichtungskrieg mit all seinen Massen- und Völkermorden ab 1941 ein nationalsozialistisches Verbrechen war, kommt in diesem Denken nicht vor.

Mit Hilfe alter Kumpane der Gestapo und des Reichskriegsgerichts gelang es Roeder, sich der justiziellen Verfolgung nach 1945 zu entziehen und durch sein propagandistisches Engagement in rechtsextremen Kreisen die öffentliche Meinung zu beeinflussen. Mit Hilfe der Organisation Gehlen konnte er seine Sicht auf die Rote Kapelle auch noch in der

81 Berg, Kommunalpolitik, S. 214.

82 Militärhistorisches Archiv Prag, Urteil des Reichskriegsgerichts vom 19. Dezember 1942 gegen Harro Schulze-Boysen u.a., Abdruck in: Norbert Haase, Das Reichskriegsgericht und der Widerstand gegen die nationalsozialistische Herrschaft. Hrsg. von der Gedenkstätte Deutscher Widerstand mit Unterstützung der Senatsverwaltung für Justiz, Berlin 1993, S. 103 ff.

83 DER SPIEGEL, Nr. 27/1969, S. 105.

Presse lancieren. So stand einer beruflichen Rehabilitierung als „Generalrichter z.Wv.", später „Generalrichter a. D." nichts mehr entgegen, auch nicht seiner sozialen Integration in Neetze, später in Glashütten.

Der Artikel von Ingrid Berg zeigt, wie viele der von Roeder überlieferten Vorurteile und Diffamierungen wirkmächtig waren, er zeigt aber auch, dass selbst nach den SPIEGEL-Veröffentlichungen von 1968 die Verbrechen des Generalrichters a. D. niemanden in Glashütten interessierten. Auch die Staatsanwaltschaft Frankfurt am Main stellte ein erneutes Ermittlungsverfahren gegen Roeder wegen des Verdachts des Mordes ein. Dies war der gesellschaftliche und juristische Normalfall der Integration nationalsozialistischer Juristen in die bundesdeutsche Gesellschaft – trotzdem ist es erstaunlich, wie schnell Bürgermeister Gottschalk reagierte, Roeder gegenüber dem Landrat in Schutz nahm und offensichtlich niemand in Glashütten, weder der Bürgermeister noch andere Kommunalpolitiker, die Notwendigkeit sahen, die Vorwürfe gegen Roeder aufzuklären.

Gab es Gründe dafür, die nicht in der allgemeinen bundesrepublikanischen Entwicklung, sondern in Glashütten lagen? Sollte wirklich nur „die angesehene Person" geschützt werden? Tatsächlich war Roeder in allgemein zugänglichen historischen Studien damals schon längst als einer der berüchtigtsten nationalsozialistischen Militärjuristen identifiziert. Und diesen Mann möchte der Bürgermeister weiterhin als Beigeordneten, also als aktiven Kommunalpolitiker, behalten? Was für ein Verständnis von lokalpolitischer Verantwortung wird dahinter deutlich? Interessant wäre es zu sehen, ob bei Roeders kommunalpolitischen Aktivitäten noch länger wirkende autoritäre oder nationalsozialistische Ideologeme wirksam waren. Alles Fragen, die aufgrund der aktuellen Quellenlage noch offenbleiben müssen.

Ingrid Berg hat ihren Artikel „Kommunalpolitik mit NS-Vergangenheit?" bewusst mit einem Fragezeichen versehen. Nein, hierher gehört kein Fragezeichen, denn Manfred Roeder war einer der höchstrangigen Vertreter der nationalsozialistischen Unrechtsjustiz. Doch es stellt sich weiterhin die Frage, ob der Fall Roeder nicht weit über Glashütten hinaus zeigt, dass die Ignoranz der Verbrechen zur Normalität der Integration der ehemaligen nationalsozialistischen Führungselite in der postdiktatorischen deutschen Gesellschaft gehörte.

Heidrun Möhle und Kai Hilbig

Moderne der 1960er Jahre

Die Brummermann-Siedlung in Steinbach

In Deutschland tut sich was: 1964 herrschte nach dem Zweiten Weltkrieg immer noch große Wohnungsnot im Rhein-Main-Gebiet. Die Menschen kamen von überall her, da es in Frankfurt viele und auch gut dotierte Arbeitsplätze gab. Das deutsche Wirtschaftswunder lief auf vollen Touren. Das ganze Land war in Aufbruchstimmung. So auch in Steinbach.

Dieser damals eher unscheinbare Ort hatte Anfang der 1960er Jahre ca. 1.700 Einwohner und war damit eigentlich zu klein, um vom finanziellen Wohlstand profitieren zu können und seinen Bürgern das Leben zu bieten, nach dem sie sich vielleicht sehnten. Wie sollte das gehen? Es fehlten der Gemeinde Einnahmen und Steuern, um damit wiederum investieren zu können.

Der 1962 gewählte junge Bürgermeister Walter Herbst erkannte diesen Missstand und machte sich mit Elan ans Werk, die politischen Gegebenheiten zu schaffen, um Steinbach ganz neue Möglichkeiten zu erschließen. Steinbach müsse wachsen, um dann durch zusätzliche Steuereinnahmen und weitere Fördermittel vom Land Hessen in eine ganz andere Richtung denken zu können. Das moderne Leben sollte in die kleine Gemeinde gebracht werden, und so fand und nutzte Walter Herbst alle Möglichkeiten, um der damaligen Zeit entsprechend in Steinbach bauen zu können. Wo und wie fand er diese Möglichkeiten? Ausgerechnet im benachbarten Frankfurt. Dort konnten die angedachten Landesfördergelder einfach nicht mehr verbaut werden, und so bot er Steinbach zum „Ausweichverbauen" an.

Es entstanden in der Folge die verschiedenen markanten Hochhäuser und parallel dazu auch die notwendigen Infrastrukturprojekte, wie Straßen und öffentliche Bauten. So wurden die katholische Kirche, das Bürgerhaus und später auch das Waldschwimmbad gebaut. Das Waldstadion erhielt eine der ersten Tartanlaufbahnen, und die alte Schule in der Gartenstraße wurde zum Rathaus umgebaut. Auch die heutige Geschwister-Scholl-Schule mit der Schulturnhalle wurde errichtet. Steinbach konnte so die notwendige lebenswerte Infrastruktur für sehr viel Wohnraum schaffen. Wohnraum für junge Familien, den wir heute gern mit „bezahlbarem Wohnraum" beschreiben und der im gesamten Rhein-Main-Gebiet aktuell wieder so dringend benötigt wird.

Damals dachte Walter Herbst sogar noch einen Schritt weiter: Allein mit Hochhäusern und bezahlbarem Wohnraum kann man keinen Ort gestalten und einen Haushalt dauerhaft finanzieren. Gemeinden werden nur in einer gesellschaftlich gesunden Durchmischung unterschiedlicher Bevölkerungsgruppen richtig funktionieren. Da passte es gut, dass die Menschen nach der Währungsreform wieder „gutes Geld" verdienten und sich manche Familie nun ein neues Haus leisten wollte und auch konnte. So entstand die Idee, ein zusätzliches Wohngebiet für junge und moderne Familien zu konzipieren: die „Brummermann-Siedlung".

Und wer wollte einziehen? Viele Interessenten kamen, und manche konnten sich anhand der Pläne offenbar nicht sofort ihre Zukunft vorstellen. Besonders ein Satz fiel immer wieder: „In so ein Haus, in eine solche Siedlung, werde ich niemals ziehen!" Anders die Erstbesitzer, die den damaligen Zeitgeist spürten und erkannten, sie sagen in der Rückbetrachtung: „Wir haben uns sofort in das Haus verliebt, da es klare Linien und gut geschnittene Räume hat." Besonders die Möglichkeiten der flexiblen Zwischenwandgestaltung waren passend für eine junge Familie. Und heute?

Die Wohneinheiten sind im sogenannten Bauhausstil gebaut und liegen damit aktuell sogar besonders im Trend. Sie sind immer noch so modern und zweckmäßig, dass die Häuser weiterhin sehr gefragt sind.

So fing alles an

Vor dem Baubeginn der Siedlung stand jedoch zunächst der politische Anfang: Von Dezember 1964 bis zum November 1965 fanden sechs Gemeindevertretersitzungen im Gasthaus „Zum Goldenen Stern" statt, da es in dem damaligen kleinen Rathaus am „Freien Platz" keinen Sitzungsraum gab.

Das neue Baugebiet „Hinter der Obergasse" – abgegrenzt durch Nicolaiweg, Oberhöchstädter Straße, Staufenstraße und Obergasse – wurde in Angriff genommen. Der Architekt Hofmann aus Darmstadt erhielt den Auftrag, der Siedlung eine lockere Gruppenbauweise zu geben, die im Mittelteil leicht versetzt gebaut werden sollte. Eine zusätzliche Garage sollte ebenfalls vorgesehen werden. Breite Gehwege und vielfältige Parkmöglichkeiten standen damals nicht auf dem Plan. Die Gemeinde Steinbach verkaufte die entsprechenden Flurstücke für 15 Deutsche Mark pro Quadratmeter. Die privaten Baulandverkäufer erzielten einen etwas höheren Preis.

Bauherr wurde die Firma Wohnbau Just & Co., und den Vertrieb übernahm die Firma Brummermann KG, nach der die Siedlung

Das Gelände der Brummermann-Siedlung 1966. Im Hintergrund ist das Musterhaus zu erkennen.

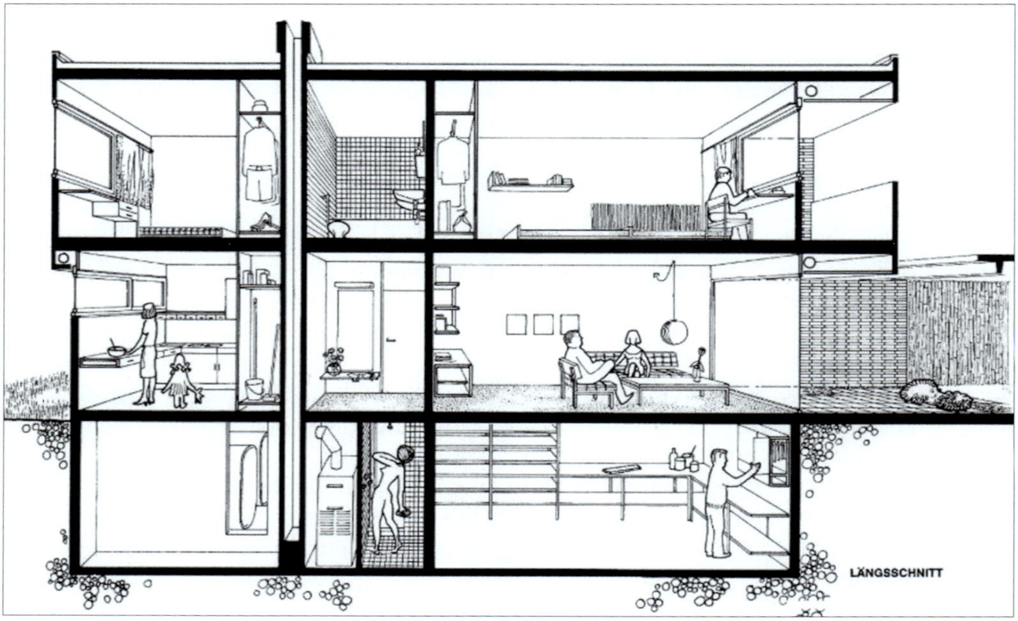

Ansichten aus dem Werbeprospekt der Firma Brummermann, ca. 1966.

später durch die Anwohner den inoffiziellen Namen „Brummermann-Siedlung" erhielt. Im Prospekt der Firma Brummermann wird mit den guten Verkehrsanschlüssen zu den Nachbarstädten und besonders zu Frankfurt geworben. Auch der Hinweis zu den Wäldern, die in nur wenigen Minuten erreicht werden können, war vorhanden. Ebenso wurden das im Bau befindliche Schwimmbad, der Minigolfplatz und das moderne Einkaufszentrum am Hessenring angepriesen. Mit dem Main-Taunus-Zentrum, dem Nordwestzentrum, der Ludwig-Landmann-Straße, die als Verlängerung von Frankfurt zum Taunus gebaut werden sollte, und der Verlängerung der Frankfurter U-Bahn lag Steinbach plötzlich mitten im „neuen Leben" der späten 1960er Jahre.

Im Frühjahr 1966 wurde ein frei stehendes Musterhaus errichtet, das später auch Teil einer Siedlungsreihe wurde und heute als Musterhaus nicht mehr zu erkennen ist. Dieses Haus war vollmöbliert und zeigte so die Annehmlichkeiten des modernen Lebens.

Das konsequente Haus

„Der Grundriss eines Hauses bestimmt den Ablauf des täglichen Lebens einer Familie. Höchste Qualität ist geboten, damit spätere Reklamationen vermieden werden. Die Ausstattung des Hauses soll langlebig sein und soll Komfort bieten. Die Massivbauweise soll die Wertbeständigkeit des Hauses garantieren", so steht es im Werbeprospekt der Firma Brummermann.

In unserer Region eher etwas ungewöhnlich, erhielten die Außenwände der Gruppenhäuser eine Verklinkerung. Auffällig war zudem in allen 149 Wohneinheiten die gleichartige blaue Eingangstür. Der kleine Windfang sollte die Heizkosten reduzieren. Der sich anschließende Essplatz war für sechs Personen ausgerichtet. Nebenan in der Küche gab es ein Fenster in Kopfhöhe, um nach draußen zu schauen, und es gab auch schon ein Entlüftungsrohr für einen Dunstabzug. Sehr viel Wert wurde auf den Wohnraum gelegt, der mit einer großen Glasfensterfront den Blick in den Garten eröffnete. Auf jeder Terrasse befanden sich eine markante steinerne Bank und ein besonderer Betonsichtschutz als Überdachung. Die Aufteilung im Obergeschoss konnte gewählt werden. Es wurden 4-Zimmer und 3-Zimmer-Varianten ohne Mehrpreis angeboten. Die Häuser wurden mit einer modernen ölbefeuerten Warmluftheizung ausgestattet, die raumthermostatgesteuert automatisch für ein gleichmäßiges Raumklima sorgte. Etwas Besonderes stellt auch die zentrale Warmwasserversorgung dar, für die ein raumsparender elektrischer Durchlauferhitzer eingebaut wurde. Wer wollte, konnte hier praktischerweise neben der eigentlichen Wohneinheit auch gleich die Ausstattung und Möblierung mit erwerben. Zu den verschiedenen Küchenvarianten, Anbauschrankwänden und Einbauschränken gab es Lampen, eine Garderobe und Tapeten – alles im modernen Design – zu erwerben.

Der Verkauf

Der Verkauf der ersten Häuser fand im Frühjahr 1966 statt. Die Käufer eines Hauses benötigten Barmittel von mindestens 20 Prozent des Kaufpreises. Die Finanzierung konnte gegebenenfalls durch öffentliche Mittel, durch eine Kapitalisierung von Kriegsbeschädigten- bzw. Kriegshinterbliebenenrenten oder durch Arbeitgeber-Darlehen unterstützt werden.

Die Bauphase

Im Sommer 1966 wurde der Mutterboden abgeschoben, und der Aushub erfolgte. Eine

Ausstattungsvorschläge aus dem Werbeprospekt der Firma Brummermann, ca. 1966.

Ansichten von Baugelände, Fertigbetonteilen und dem Rohbau (alle Fotos: Gerhard Schmidt).

Bauunterbrechung ergab sich ungeplant im Winter 1966/1967, da die Baugrube voll Wasser gelaufen war. Mitte Januar wurden die notwendigen Entwässerungsrohre gelegt, danach die Baugruben fertig ausgehoben und dann die Fundamente betoniert.

Eine Ansicht von den Siedlungsreihen im Rohbau.

Um die Bauzeit und die Baukosten optimal zu gestalten, wurde ein Mix aus Betonfertigteilen und traditionell gemauerten Wänden verbaut. Anfang Februar 1967 entstanden die Kellerböden, die Kellerstirnwände wurden gesetzt und die übrigen Kellerwände gemauert. Dann erfolgte im März das Betonieren der Kellerdecken und der Terrassenböden. Anfang April entstand das Mauerwerk im Erdgeschoss. Die Fertigteile der Läufe und der Wangen der Kellertreppen wurden angeliefert und eingesetzt. Es folgte das Bewehren und Betonieren der Erdgeschossdecke. Die Fertigteile der Stirnseiten wurden montiert und der Well-Eternit als Sickerschutz an den vorderen Kellerwänden eingebracht.

Es folgte die Bewehrung der Dachdecken. Somit nahmen die Häuser endlich Form an. Nach Fertigstellung der Flachdächer konnte nun die Elektroinstallation eingebracht werden und der teilweise individuelle Innenausbau beginnen.

Die „Neuen" kommen

Im August 1967 zogen die ersten „Brummermänner" in ihr neues Heim ein. Damit begann dieser neue Ortsteil zu leben, und es entwickelte sich unter den Neuzugezogenen, die aus allen Teilen Deutschlands und sogar aus dem Ausland kamen, ein buntes und reges Zusammenleben. Da die Gärten erst im Frühjahr 1968 angelegt und bepflanzt werden konnten, sahen die Häuser zunächst beinahe identisch aus.

Einzug mit Dachgepäckträger in die Siedlung, deren Gärten erst noch wachsen müssen.

Wie sollte man sein Haus wiederfinden? Familie Schmidt z. B. befestigte eine Kasperlepuppe an der einheitlich blauen Haustür, damit die Kinder die richtige Tür fanden. Apropos Kinder: Es waren eben diese, die die damalige Zeit prägten und eigentlich überall spielten. Vor allem in den nahen Streuobstwiesen, zwischen den Wohneinheiten und vor den Garagen. Die Erwachsenen feierten schon mal im Partykeller oder im Garten. Dabei wurde durchaus auch schon einmal der als Sichtschutz gedachte schmale Überbau der Terrasse als morgendliche Aussichtsplattform genutzt. Es sind genau diese Erlebnisse und Geschichten, die die damaligen ersten Bewohner und besonders deren Kinder in ihrem Leben prägten und die heute zu einer ganz neuen Situation führen: Die Kinder von damals kehren zurück und ziehen in das Haus ihrer Eltern. Die Siedlung befindet sich in einem ständigen Wandel.

Und Steinbach?

Steinbach hatte seit Anfang der 1970er Jahre um die 10.000 Einwohner und erhielt am 22. September 1972 die Stadtrechte verliehen. Sie ist bis heute die kleinste Stadt im Hochtaunuskreis.

Die im Werbeprospekt angekündigte Ludwig-Landmann-Straße ist nie bis Steinbach gebaut worden, den Minigolfplatz gibt es nicht mehr. Das Schwimmbad wurde geschlossen und abgerissen. Auch das neue Ladenzentrum am Hessenring gehört der Vergangenheit an. Dort ist heute die Steinbacher Neue Mitte entstanden mit der neuen katholischen Kirche, mit dem nach dem Brand wieder aufgebauten Bürgerhaus und einer Seniorenwohnanlage. Auch die 1966

Die Brummermann-Siedlung heute

gebaute Schule wurde abgerissen und durch eine neue ersetzt. Steinbach ist heute eine moderne kleine Stadt, die dank ihrer Mitbürger zu einem lebenswerten Städtchen mit einer regen Vereinskultur wuchs. Durch die unterschiedlichsten Menschen aus den verschiedenen Regionen entstand in Steinbach eine offene Gesellschaftsstruktur, die heute noch die Stadt positiv prägt. Es macht Spaß, ein Steinbacher zu sein.

Karl Breitung

Als die Adler im Taunus noch flogen

Vom ersten Hüpfer 1900 bis zum Neujahrsspringen 1971

Nein, im Beitrag geht es nicht etwa um Greifvögel, sondern um wagemutige junge Männer, die wie ein Adler das Gefühl der Schwerelosigkeit während eines Fluges für wenige Sekunden erleben wollten.

Die Anfänge

Wer sich mit der Geschichte der Skisprungschanzen im Taunus beschäftigt, kommt nicht umhin, auch die Veränderungen des Klimas, die Entwicklung der Ausrüstung, der technischen Anlagen und der Sprungstile im Blick zu behalten. Denn deren Anpassungsprozesse wirken sich in unterschiedlicher Art und Weise auf die Historie dieser spektakulärsten Wintersportart aus.

Das Skispringen begann in Skandinavien bereits vor über 200 Jahren. Besonders bekannt wird die Region Telemark in Norwegen, wo sich die Bezeichnung „Ski" entwickelt und deren Name für eine elegante Körperhaltung bei der Landung des Springers heute nicht nur in Fachkreisen einen hohen Bekanntheitsgrad besitzt.[1]

Als das Springen mit „Gleitbrettern" über eigens dafür hergerichtete Schanzen um 1900 in Deutschland Einzug hält, dauert es nicht mehr lange, bis diese Form des Wintersports auch den Hochtaunus erreicht. Anlauf, Absprung, Flughaltung und Landung erfordern aber nicht nur Mut, sondern stellen einen anspruchsvollen und komplexen Bewegungsablauf dar.

Anfänge des Springens (Repro: Karl Breitung).

Von einsamen Wanderern im schneebedeckten Taunus wird aus den 1890er Jahren berichtet, dass ein Rodel noch völlig fremd ist, aber es bereits erste Skipioniere gibt. 1891 bestellen nach dem Vorschlag von Herrn Marschall zwölf Mitglieder des Taunusklubs Schneeschuhe in Wien für 20 Mark das Paar und üben fortan im Gelände des Hochtaunus. Frankfurter waren die Vorreiter, denn erst Ende 1893 werden in der Möbelhand-

1 Wikipedia, Ski.

lung Georg Becker in Bad Homburg erstmals Schneeschuhe mit Stab im Taunus selbst zum Kauf angeboten.[2]

Der früheste Bericht über Sprungaktivitäten im Taunus resultiert vom 21. Januar 1900, als Frankfurter Skiläufer am Feldberg über eine winzige Schanze rutschen.[3] Bekleidet mit Breeches-Hosen und Wickelgamaschen wird ein Sprung mit einer Weite von 6 Metern gemessen. Für die vergleichsweise frühe Entwicklung des Skisprungs am Rande des Feldbergs zeichnet insbesondere der älteste Skiverein Hessens, der 1901 gegründete Ski-Club Taunus, verantwortlich.

Baumfreie Hänge am Pechberg und an der Heimlichen Wiese nahe Oberreifenberg bieten gute Voraussetzungen, um „Schwedensprünge" durchzuführen. Dabei werden mit „Schneeschuhen" niedrige Hindernisse mit kleinen Sprüngen auf selbst gebauten Kleinstschanzen überwunden und bringen zusätzliche Abwechslung in die Talfahrt, oder man nutzt dazu kupiertes Gelände, um das noch zarte Gefühl des Fliegens erleben zu dürfen. So wird bereits 1909 von Ski-Club-Läufern am Pechberg berichtet, die „Schwedensprünge" fleißig üben.[4] Hatte doch ihr Mitglied Heinrich Kempf 1905 einen weiten Satz von 12 Metern in den Schnee gesetzt und damit den ersten „Hessischen Rekord" aufgestellt. Im selben Winter wie auch 1907 wird von einem Skirennen der Ortsgruppe Mainz des Skiclubs Schwarzwald berichtet, bei dem „Kunst- und Hindernisrennen" am Feldberghang und am Krätenbach veranstaltet werden. Das deutet auf ähnliche Sportaktivitäten hin. Der anfangs praktizierte Sprungstil zeichnet sich dadurch aus, dass nach Verlassen des Schanzentisches die Beine angezogen werden. So etwa kann man es sich vorstellen, wenn die Presse von

Die Aufnahme von 1907 zeigt August Ratzel bei einem seiner Sprünge, noch bevor es eine Schanze gab (Archiv Ski-Club Taunus).

Schneeschuhläufern berichtet, die „Brettlihüpfer" vollzogen haben sollen.

In der Entwicklung des Skispringens ist der Taunus unter den Mittelgebirgen keineswegs im Hintertreffen, vermutlich zumindest gleichwertig. Vergleichend hierzu ist die Rhön zu nennen, wo die erste Sprungschanze erst 1914 in Betrieb genommen, und das Erzgebirge, wo erst in den späten 1910er Jahren von dieser neuen Sportart berichtet wird. Selbst am berühmten Berg Isel bei Innsbruck wird erstmals 1927 gesprungen. Da kann der Taunus gut mithalten, zumal auch der Taunusklub bereits am 2. März 1910 eine eigene Skiabteilung gründet.

Mit den primitiven Holzskiern, denen ein Gleitbelag noch fehlt und deren Länge von 6 bis 8 Fuß schon auf die Körpergröße und das Gewicht des Springers abgestimmt ist, bewältigt der Wintersportler das Abfahren allerdings genauso wie das Kurvenfahren, den Skiwettlauf und das Springen. Die Skier haben ein Eigengewicht von 4 bis 5 Kilogramm, auch das Skiwachs für die „Einheitsski" ist noch nicht erfunden. So experimentieren die Sportler mit Seifenlaugen, um die Anfahrtsgeschwindigkeit zu erhöhen. Der größte Risikofaktor beim Sprung aber ist die wacklige Bindung, die man damals treffender „Berie-

2 Taunusbote 11.12.1893.
3 Frankfurter Allgemeine Zeitung (FAZ) 17.1.2001.
4 Schulchronik Oberreifenberg.

mung" nennt.[5] Erfahrene Trainer, die die Akteure anleiten und betreuen, sucht man ebenso vergebens wie Lifte, die den Springern den Aufstieg erleichtern. Für alle erforderlichen Vorbereitungsmaßnahmen heißt es stets: „Selbst ist der Mann."

Feldbergschanze Teil I

Um aber eine technisch ausgereifte Sprunganlage selbst erstellen zu können, bedarf es eines weiteren Wissenstransfers und Erfahrungen, die die interessierten Clubmitglieder offensichtlich durch Skifreizeiten im Schwarzwald gewinnen. 1908 beginnen die ersten Verhandlungen des Ski-Clubs Taunus zum Bau eines Sprunghügels im Hochtaunus. Das Genehmigungsverfahren, die Eigentumsfrage, die technische Bauleitung, die Standortfrage, die erforderlichen Erdbewegungen und Holzfällarbeiten haben sicher eine umfangreiche Vorlaufzeit in Anspruch genommen. Da sind für die dem Skilauf frönenden Frankfurter weite Wege und das Opfern unzähliger Stunden unabdingbar, um das außergewöhnliche Ziel zu realisieren. Der erste Bau einer Sprungschanze im Taunus vollzieht sich am nordwestlichen Hang des Feldbergs unter enormem Arbeitseinsatz der noch wenigen Ski-Clubmitglieder. Als einer der Initiatoren gilt Prof. August Ratzel, der spätere Vereinsvorsitzende, der 1910 bei den Bauarbeiten selbst Hand anlegt. Er ist auch als einer der ersten Skispringer belegt, der auf der unterhalb der Schanze gelegenen Heimlichen Wiese bereits 9 Meter weit zu springen vermag.

Als erster Termin für die Durchführung eines Sprunglaufwettbewerbs ist der 2. Februar 1908 dokumentiert. Auch 1909 und 1910 ist ein solcher Wettkampf ausgeschrieben. Der Ski-Club Taunus lädt alle Teilnehmer auf den Übungsplatz des Clubs auf dem Großen Feldberg zu einem Junioren-Sprunglauf-Wettkampf ein. Start um 10.30 Uhr. Gegen eine Meldegebühr von 2 Mark sind Anmeldungen an August Ratzel nach Frankfurt zu richten. Seinen Feldbergstandort legt der Verein in die Gaststätte „Walküre", die auch für Übernachtungen genutzt wird. Der Wettbewerb findet zwar wegen zu geringer Schneehöhe nicht statt, aber für den 30.1.1910 erfolgt die nächste Einladung des Ski-Clubs Taunus. Diese Informationen lassen den Rückschluss zu, dass sich die sportbegeisterten Vereinsmitglieder bereits eine Naturschanze gebaut haben und dort ein ständiges Training abhalten. Der erste Sieger heißt – welcher Zufall – August Ratzel. Am 21.10.1910 wird erstmals von einer dem Ski-Club Taunus, der gelegentlich in der Presse auch als „Skiverein Maingau" bezeichnet wird, gehörenden Sprungschanze berichtet.[6]

Am 27.11.1910 ist die Anlage so weit vollendet, dass ein Eröffnungsspringen stattfinden kann. Von einer eifrigen Benutzung der Sprungschanze und schönen Resultaten wird berichtet. Den Schanzenrekord stellt ein Schwede mit einer sensationellen Weite von 34 Metern auf. Als erster Schanzenrekord ist bisher von Seiten des Ski-Clubs Taunus eine Weite von 28 Metern aus einem Eröffnungsspringen 1911 überliefert. Man kann die Anziehungskraft einer solchen Anlage daran ermessen, dass sich sogar ein internationales Teilnehmerfeld am Start befindet. Diese Leistung auf der Naturschanze, die einen aus Baumstämmen aufgebauten Backen aufweist, ist umso höher einzuschätzen, wenn man bedenkt, dass die Maße und Winkel der Anlage nur dem damaligen Wissensstand entsprechen, die Springer kaum über Erfahrungen verfügen und es weder spezielle Anzüge noch Sprungski gibt. Dem gilt es entgegenzuwirken. Die Meldung zum Jahreswechsel

5 Archiv des Ski-Clubs Taunus.

6 Taunuszeitung Königstein (TZ) 1.2.1910.

19010/1911 informiert darüber, dass der Skisprung „in Betrieb sei" und Herr Barth vom „Skiklub Maingau" sogar Springkurse abhalten will. Wie am 22.1.1911 bereits angekündigt, wird der nächste Juniorensprunglauf am 4.2.1911 vom Ski-Club Taunus durchgeführt und mit drei Preisen für die besten Springer versehen, nach anderen Quellen aber soll er ausgefallen sein. Es bleiben Fragen unbeantwortet. Auch die neue Skiabteilung des Taunusklubs, der sein Domizil im 1902 erstellten Feldbergturm einrichtet, scheint die Schanze mitzunutzen. So wird anlässlich eines Skiausflugs am 16.4.1912 auf den Großen Feldberg berichtet, dass ein Skifahrer namens „M" es sich nicht nehmen lässt, seinen Begleiterinnen seine Kunst und seinen Mut am Sprunghügel zu zeigen. Angeber gab es schon immer! Langsam wird der Skisprung im Taunus zur Tradition. Bereits am 3.2.1913 findet bei günstigen Schneeverhältnissen ein Sprunglauf statt, den Willi Jureit vor Ruschmann und Killmer siegreich beendet. Dieses Mal reicht eine Siegerweite von nur 16 Metern aus.

Sprunghügel Feldbergschanze 1913 (Archiv Ski-Club Taunus).

Zu den Fragen, wann oder wie oft die neue Sprunganlage am Feldberghang genutzt wird, gibt es keine verlässlichen Informationen. Der Taunusklub berichtet, dass die Wintersportler seiner Skiabteilung 1920 den Sprunghügel nutzen, um ihre „Skikunst" zu demonstrieren. Wettkämpfe sind nicht belegt, sodass man bis zum Ende der 1920er Jahre von einer reinen Trainingsschanze ausgehen kann. Das erste Springen nach dem Ersten Weltkrieg veranstaltet der Deutsche Skiverband zusammen mit den Frankfurter Skivereinen am 30.1.1921. Dies ist nur möglich, weil in diesem Zeitfenster der Feldberg gerade eine besatzungsfreie Zeit erlebt. Das ändert sich aber schon am 3.3.1921, sodass eine anschließende sprungfreie Pause den Nachkriegskonfrontationen zugeschrieben werden kann.

1924 gewinnt der Skisprungsport an größerer Popularität, da die Sportart erstmals im Rahmen der 1. Olympischen Winterspiele in Chamonix stärker in den Blickpunkt interessierter Sportler rückt. Der Skisprung entwickelt sich bei diesem Großereignis aber auch weiter. In Frankreich wird erstmals Wachs auf die Skibretter aufgetragen und der Vorlagestil, bei dem während des Flugs eine Art Ruderbewegung durchgeführt wird, setzt sich international durch. Am 6.9.1924 kommt die erlösende Nachricht: der Feldberg ist wieder frei! – zugänglich für alle Wintersportler. Am 24.1.1926 ergibt sich die Gelegenheit, den nächsten Sprunglauf im Taunus auszutragen. Die Südwestdeutschen Meisterschaften finden unter großer Beteiligung statt.

Krä(ö)tenbachschanze

1930 plant der Arbeiter-, Turn- und Sportbund die Errichtung einer Übungsschanze am Nordhang des Feldbergs. Sie soll für Sprünge bis zu 15 Metern geeignet sein. Dazu wird ein Gelände am Krätenbachtal erworben. Wegen eines inzwischen dort errichteten Hauses befindet sich aber das tauglichere Sportgelände der Krätenbachwiese nahe der Siegfriedstraße bereits in Privatbesitz und ist mit einem Drahtzaun umgrenzt. Am 2.2.1931 kommen Zuschauermassen zum Sprunghügel, um gute Leistungen von „lauter Anfängern" zu bewundern. Am darauffolgenden Wochenende wird dort Skisprungunterricht erteilt. Man sieht den Sprunghügel, um dessen Präparation sich der Wintersportverein Oberreifenberg kümmert, als Ableger der Feldbergschanze. Der wichtigste Einsatz ist für den 28.1.1933 geplant, wenn der Kreismeister im Skisprung gesucht wird. Dann taucht die Naturschanze am Krätenbach nach dieser kurzen Episode wieder ins Dunkel der Geschichte ab.

Skispringen 1933 an der Krätenbachschanze (Aufnahme: Bernd Fiedler).

Feldbergschanze Teil II

Das Jahr 1931 bringt zunächst einen neuen Schanzenrekord mit einem 31-Meter-Sprung. Im Folgejahr erkennt der Ski-Club Taunus einen Änderungsbedarf in der bestehenden Schanzenkonstruktion. 1932 werden die tief greifenden Arbeiten angegangen, wodurch sowohl der Anlauf unterhalb des neu geschaffenen Philipp-Röbig-Platzes auf dem Feldbergplateau als auch der Schanzentisch einer Veränderung unterzogen werden. Nach Beendigung der Umbauarbeiten Ende 1932 ist am 15.1.1933 ein Sprunglaufwettbewerb des Skigaus „Hochtaunus" geplant, und am 14.1.1934 wird ein letztes Wertungsspringen durchgeführt.[7]

Auch der Ski-Club Taunus bleibt nicht von Hitlers Gleichschaltungsgesetz verschont. Er verliert nach dessen Umsetzung nicht nur die eigene Führung im Verein, sondern muss 1934 auch seine Sprungschanze übereignen. Nun ist das Facham Skilauf 12/13 Kreis (Hochtaunus) für die Schanzenpflege zuständig.

Ende Januar 1935 finden die Skibezirksmeisterschaften im Taunus mit 20 Springern auf der Feldbergschanze statt. Maßgeblich dazu beigetragen hat der Arbeitsdienst aus dem Lager Oberreifenberg, der trotz mäßigem Schnee die Schanze wettkampftauglich präpariert. Große Weiten werden nicht erzielt, da der Auslauf unter diesen Bedingungen stark risikobehaftet ist. Neben einigen schönen Sprüngen werden deshalb auch einige Stürze registriert. Die Schanze besitzt große Anziehungskraft, denn ein Unfall wird von dort gemeldet, der eine Besonderheit aufweist. Beim Skispringen zieht sich eine Dame (!) eine Fußverstauchung zu. Ist damit die erste weibliche Skispringerin auf der Feld-

7 TZ 12.12.1932.

bergschanze belegt, oder hat sie sich die Verletzung als Zuschauerin zugezogen?[8]

Trotz des Verlustes der Sprungschanze an den nationalen Sportverband bleibt aber weiterhin die Nutzungsmöglichkeit durch den Frankfurter Ski-Club bestehen. Der Nachteil des Vereins mutiert nun aber zum Vorteil der Springer, denn die tief greifenden Erdarbeiten werden vorwiegend vom Arbeitsdank, Bezirk 25 des Gaus Frankfurt ausgeführt, deren 50 Arbeiter dafür extra in einem Lager (erstes Arbeitsdankheim) oberhalb von Oberreifenberg untergebracht werden. Aber für den sachgerechten technischen Ausbau benötigt man die Spezialisten vom Ski-Club Taunus, sodass der Verein weiterhin in die Schanzengestaltung eingebunden ist. Für den Abtransport der ausgehobenen Erde und Felsen mit geschätzten 3.000 Kubikmetern Umfang werden in den Hang sogar Gleise zum Rollen von Loren verlegt, um die Arbeiten besser bewältigen zu können.[9] Im September 1935 beginnt der Ausbau, der Ende Februar 1936 abgeschlossen wird. Die Gesamtlänge der Anlage beträgt nun 110 Meter, die für eine Sprungweite von 40 bis 43 Metern ausgelegt ist. Sie ist damit angeblich die größte Mittelgebirgsschanze Deutschlands. Allerdings kostet das Unternehmen Ausbau auch seine Opfer. So kommt bei einem Unglücksfall der Kamerad Büttner trotz sofortiger Einlieferung ins Krankenhaus ums Leben. Der Niederreifenberger Beigeordnete Anton Herr dankt den Arbeitern des Lagers zum Abschied für ihre vorbildliche Unterstützung.

Bei den Olympischen Winterspielen 1936 in Garmisch-Partenkirchen etabliert sich der „Königsberger Sprungstil" mit einem extrem starken Hüftknick im Fluge, und die Ruderbewegung wird durch eine ruhige Armvorlage ersetzt. Ob am Feldberg diese Innovationen auch schon zu sehen sind, diese Frage bleibt offen, denn es gibt keine Nachrichten darüber, ob die Springer Anfang 1937, als die ersten Skimeisterschaften auf der erneuerten Feldbergschanze des Kreises 4 durchgeführt werden, den neuen Sprungstil übernehmen. Josef Petermann aus Bad Soden (Taunusbund Frankfurt) siegt in allen Wettbewerben der Jungmannen, bei den Männern geht Lesser als Sieger des Springens hervor. Bei den 1941 ausgetragenen alpinen Skiwettkämpfen findet zwar kein Springen statt, Schanzentisch und Sprunghügel werden aber für den Abfahrtslauf als besondere Schwierigkeiten eingebaut.

Die Aufnahme von 1935 zeigt Schanzenarbeiten (Archiv Ski-Club Taunus).

Feldbergschanze Teil III

Als nach dem Zweiten Weltkrieg der Ski-Club Taunus bereits 1945 erste Aktivitäten entfaltet und die manchmal auch als „Ski-Club-Taunus-Schanze" bezeichnete Anlage wieder in ihren Besitz bringt, wird schnell klar, dass die inzwischen marode Schanze nur durch

8 TZ 28.1.1935.
9 TZ 8.11.1935.

weitere Umbaumaßnahmen erfolgreich reaktiviert werden kann. Durch weitere Baumfällarbeiten würde sich die Möglichkeit ergeben, sowohl einen kleinen Anlaufturm zu erstellen als auch eine Verbesserung des Anlaufs zu erzielen. An dieser Planung wird bereits 1946 konkret gearbeitet. Die Bauarbeiten, bei denen der Schanzentisch um 8 Meter zurückgenommen und eine Schneise für den Anlauf geschlagen wird, dauern bis 1951 an.

Bei den im Jahr der Fertigstellung ausgetragenen Bezirksmeisterschaften ist man wahrscheinlich über die Siegesweite von 28 Metern enttäuscht, denn die Feldbergschanze müsste nach der baulichen Optimierung Weiten von bis zu 50 Metern zulassen.[10] Schon 1952 finden wieder die Nordischen Bezirksmeisterschaften am Feldberghang statt. Der Frankfurter Günter Horath (Skigilde Frankfurt) knackt den alten Schanzenrekord und jubelt über die Siegesweite von 35 Metern. Aber bereits im nächsten Jahr nimmt ihm der Ski-Clubler Franz Bradler den Schanzenrekord wieder ab. Günter Horath verletzt sich im Training und kann nicht mehr kontern. Das letzte Springen im März 1953 endet mit einem Rekordsprung von Franz Bradler, der als Vertriebener aus dem Sudentenland stammt, auf 40 Meter.[11]

In diesem Jahr entwickelt sich auch der „Fisch- oder Parallelsprungstil", bei dem die Hände seitlich an der Hose verharren. Die immer größeren Sprungweiten bringen aber auch ein Problem mit sich. Je später die Weitenjäger ihre Ski am Hang bei der Landung in den Schnee setzen, umso mehr verkürzen sie ihren eigenen Auslauf. Die bestehende Anlage stößt an ihre natürlichen Grenzen, denn der Gegenhang des Auslaufs ist nicht steil genug und erheblich zu kurz. So geschieht es immer öfter, dass die Springer über den Gegenhang hinausfahren und in den angrenzenden Wald stürzen.

Das Foto von 1952 zeigt Springer Günter Horath. (Archiv Ski-Club Taunus).

1954 plant der Frankfurter Verein deshalb einen weiteren Umbau. Der Auslauf bedarf einer deutlichen Verlängerung, und der Wunsch eines kleinen Anlaufturms ist immer noch nicht realisiert. Die Pläne aber scheitern an der Finanzierung und der Konkurrenz der neuen Weilsbergschanze. Um Missbrauch zu vermeiden, wird die Anlage zurückgebaut, sodass heute an dieser Stelle nichts mehr auf deren frühere Existenz hinweist.

Weilsbergschanze

Auf der Nordseite des Weilsbergs (701 Meter hoch) – mit Blickkontakt zur Feldbergschanze – rodet Anfang des Jahres 1950 die Gemeinde Niederreifenberg einen Hang. Dort entwickelt sich in den folgenden Jahren für die Reifenberger Jugend eine gute Alternative, um Wintersport zu betreiben. Auch die Sektion Reifenberg des Ski-Clubs Taunus erkennt dieses Potenzial und handelt. Mit Kosten von 14.000 DM und tatkräftiger Mithilfe der Vereine wird das Ziel erreicht. So werden am Hang des Weilsbergs 1953 erstmals interne Klubmeisterschaften ausgetragen. Zum

10 Frankfurter Neue Presse, Höchster Kreisblatt (HK) 15.1.1951.
11 FAZ 1952.

Skispringen bauen die Verantwortlichen eine kleine Jugendschanze mitten in den Hang und zeigen sich erfreut und überrascht, dass Weiten bis zu 20 Metern erzielt werden.[12]

Der Vorteil der Weilsbergschanze gegenüber der Schanze am Feldberg liegt im langen und sicheren Auslauf, der bis zur Straße zwischen dem Roten Kreuz und Niederreifenberg ausgedehnt werden kann. Und jetzt geht die Gestaltung einer neuen Schanze rasend schnell. Bauträger wird der Hessische Skiverband, der die nötige Fachkompetenz besitzt. Der Anlauf wird nach oben bis zum darüber verlaufenden Rennweg verlegt, und als Anlaufturm dient ein 6 Meter hohes Behelfsgerüst aus Holz. Das vermittelt Außenstehenden zwar den Eindruck der Dringlichkeit eines umfassenderen Ausbaus, aber die Übergangslösung wird umgesetzt und ist vorerst ausreichend. Euphorisch rechnet man mit erzielbaren Sprungweiten von bis zu 60 Metern. Utopisch!

Das Neujahrsspringen 1954 findet wegen des starken Frostes und einer zu geringen Schneeauflage nicht statt, da bei dieser Witterung keine ausreichenden Vorbereitungen für eine solche Veranstaltung getroffen werden können. Aber am 10. Januar ist es soweit, obwohl der starke Schneefall vom Vortag die Durchführung eines Wettbewerbs fast unmöglich erscheinen lässt. Die Helfer aus allen Skiverbänden arbeiten bis Sonntag früh, damit das Eröffnungsspringen durchgeführt werden kann. Wegen der kurzfristigen Umsetzung fällt die geplante offizielle Einweihung der Sprungschanze aus und soll später nachgeholt werden. Da von einer solchen Zeremonie nie berichtet wird, ist sie vielleicht auch der Vergessenheit anheimgefallen.

Zahlreiche Zuschauer säumen den Hang, um dem Spektakel beizuwohnen. Für den außer Konkurrenz startenden Robert Engel (1860 München) werden bei den Titelkämpfen des Skibezirks bei ausgezeichneter Schneelage 49 Meter und für den österreichischen Olympiateilnehmer Sepp Schiffner (Skigilde Frankfurt) 48 Meter gemessen. Bei diesem hochkarätigen Teilnehmerfeld kann Franz Bradler als Rekordhalter der Feldbergschanze mit 46 Metern nicht mehr mithalten. Mit diesem Springen hat sich die Weilsbergschanze endgültig gegen die Feldbergschanze durchgesetzt, zumal der Wettkampf ganz ohne Stürze abläuft.[13, 14]

Skispringen 1954 auf der Weilsbergschanze (Repro: Karl Breitung).

Das für 1955 geplante Springen fällt dem Regen zum Opfer. Der weitere Ausbau der Weilsbergschanze aber scheitert zunächst. Die begonnenen Baumaßnahmen, finanziert

12 TZ 20.6.1953.

13 HK 11.1.1954.
14 HK 28.1.1954.

Die Weilsbergschanze in den 1960er Jahren (Foto: Josef Berbott).

aus Totomitteln, Spenden und öffentlichen Zuschüssen, können nicht vollendet werden, da das beauftragte Bauunternehmen in Konkurs gerät. Zudem beschweren sich Oberreifenberger Landwirte über abgelagerten Bauschutt auf ihren Wiesen. Als die Zuschüsse des Hessischen Skiverbands ausbleiben, schlägt Landrat Dr. Wagenbach eine Vorfinanzierung durch den Main-Taunus-Kreis in Höhe von 30.000 DM vor. Im Gegenzug sollen dem Kreis die Eintrittsgelder der Veranstaltungen überlassen werden. Aber das Vorhaben scheitert endgültig, als die Gemeinde Niederreifenberg die restlichen fehlenden Mittel nicht aufbringen kann. Auch die Anfrage bei Hessen-Toto bleibt erfolglos.

Das Jahr 1957 bringt die Wende zum Guten, denn die Bitte des Hessischen Skiverbands an amerikanische Pioniere in Gießen um Hilfe beim Anlagenbau fällt auf fruchtbaren Boden. Zur Ausführung der geplanten Baumaßnahmen werden im November 50 Soldaten des dortigen Pionierbataillons in Baracken nahe dem Sandplacken untergebracht, die dann kostenfrei die Arbeiten ausführen. Um die Aufgabe zu bewältigen, kommen einige Zentner Sprengstoff sowie Planierraupen, Kranwagen und Raupenschlepper zum Einsatz. Für die Einfügung eines 15 Meter hohen Anlaufturms in den Fels oberhalb des Rennwegs sind Sprengungen erforderlich, und der Schanzentisch über dem Weg wird mit Betonstützen unterbaut. Um den Neigungswinkel im Auslauf an die technischen Vorgaben anzupassen, sind erhebliche Erdbewegungen erforderlich. Dass diese Arbeiten für die amerikanischen Pioniere nicht so ganz problemlos sind, zeigt ein Augenzeugenbericht, der die Gefahren aufzeigt: „Am Fuße des Hangs wurde in großem Umfang

Erde abgetragen, um diese wieder auf den oberen Teil des Aufsprunghügels zu schütten. Ein LKW, der mit einer vollen Ladung Erdaushub auf seiner Pritsche auf dem Weg vom Schanzentisch aus versuchte, die Erde abzukippen, fuhr ein Stück rückwärts den Hang bergab und beim Entleerungsvorgang kippte der LKW, weil er sein Gleichgewicht verlor, nach unten und überschlug sich samt Fahrer." Wie der Fahrer den Unfall übersteht, bleibt unbekannt. Dass die Planungen aber Hand und Fuß haben, beweist der Umstand, dass die neue Schanze nach den Plänen des bekannten Oberstdorfers Heini Klopfer gebaut wird, der als Schanzenexperte weltweit eine hohe Wertschätzung erfährt, denn die Skiflugschanze in Oberstdorf trägt noch heute seinen Namen. Man hofft auf Sprünge um 65 Meter, eine unrealistische Weite.[15]

Die erste Nutzung nach der Optimierung erfolgt bei den nächsten Nordischen Bezirksmeisterschaften. Auch 1961 und 1962 steht die Sprungschanze für die Bezirkstitelkämpfe wieder zur Verfügung, nachdem die Anlage nach zwei schneearmen Wintern halb verrottet ist. Helmut Böck erreicht 1961 eine Weite von 48,5 Metern. Von demselben improvisierten Schanzenbock gelingt Manfred Schettig (SC Taunus) 1962 ein Satz über 46 Meter. 1963 erhält die Schanze einen neuen Schanzentisch, und am 13.1.1963 werden die Bezirksmeisterschaften dort wieder ausgetragen.

Nach der Durchführung der Bezirkstitelkämpfe ergibt sich kurzfristig für den Ski-Club Reifenberg eine neue Situation, denn die in Siedelsbrunn im Odenwald geplanten Hessischen Nordischen Meisterschaften müssen verlegt werden. Man signalisiert Bereitschaft zur kurzfristigen Austragung der Wettbewerbe, und so finden am 3.2.1963 unverhofft die hessischen Titelkämpfe auf der Weilsbergschanze in Niederreifenberg statt. Genügend Schnee ist vorhanden, und viele fleißige Helfer des Hessischen Skiverbands unter der Führung seines Vorsitzenden Vogel und des Ausrichters verhelfen der Veranstaltung zum Erfolg. Der erfahrene Trainer und „Referent Sprung" des Hessischen Skiverbandes, Robert Engel, kümmert sich persönlich um die Herrichtung der Schanze. Die Attraktion der Veranstaltung aber ist eine originalgetreue Nachahmung eines Eskimo-Iglus, der von dem Speiseeishersteller Milo (Nestlé) als Sponsor der Veranstaltung am Auslauf errichtet wird. Wegen der extremen Kälte an den Wettkampftagen schmilzt der wahrscheinlich erste Iglu im Taunus auch nicht. Eine noch größere Freude herrscht unter den Schulkindern von Niederreifenberg. Nicht etwa die Vorfreude auf das anstehende Springen führt dazu. Nein, die Schule fällt freitags zuvor aus, denn die Räumlichkeiten der Schule müssen frühzeitig als Wettkampfbüro eingerichtet werden.[16]

Die besten hessischen nordischen Kombinierer und Spezialspringer aus insgesamt 49 Vereinen fahren über den Backen und ziehen 2.000 Zuschauer in ihren Bann. Die Bestweite von 41 Metern für die nordischen Kombinierer stellt Manfred Schlettig auf. Als bester Spezialspringer erweist sich der Wiesbadener Niko Riedel, der eine Weite von 44,5 Metern steht. Ein sportliches Großereignis für die gesamte Feldbergregion.

Danach erfolgt der Bau eines neuen Anlauf- und Kampfrichterturms am linken Hang in Form einer Holzkonstruktion, und die Bauherren hoffen nun auf Sprünge bis zu 55 Meter. Mit einem Ländervergleichsspringen von vier teilnehmenden Bundesländern soll am 2.2.1964 die Schanze wieder eingeweiht werden. Dann verfällt die Anlage und wird bald zum Schandfleck am Ortseingang von Niederreifenberg. Im Wahlkampf zur Ge-

15 HK 7.11.1957.

16 HK 4.2.1963.

Zu den Hessischen Meisterschaften 1963 an der Weilsbergschanze wurde ein Iglu errichtet (Foto: Toni Eckermann).

meindevertretung im November 1964 nehmen gleich mehrere Parteien für sich dank ihres Einsatzes in Anspruch, diesen Makel beseitigt zu haben, denn die Sprungschanze zeige sich nun wieder in einem ordentlichen und sauberen Zustand.

1965 ist eine erneute Renovierung durch den Hessischen Skiverband mit einem Kostenaufwand von 50.000 DM notwendig. Dadurch verlängert sich der kritische Punkt auf 49 Meter. Der auch als Konstruktions- oder Kalkulationspunkt bekannte Ort – kurz K-Punkt – der Schanze weist auf die Stelle hin, ab der der Neigungswinkel beim Aufsprung im Hang flacher wird und damit an die Weitenjäger bei der Landung höhere Anforderungen stellt. Dadurch zählt aber die Weilsbergschanze nicht mehr zu den Kleinschanzen, sondern schon zur Kategorie der mittleren Schanzen.

Beim Springen auf der erweiterten Schanze am 21.2.1965 erwartet der Ski-Club Taunus ein „Klasse-Springen" vor 20.000 Zuschauern. Aber es werden „nur" 3.000 Neugierige angelockt und zu Zeugen des Sportereignisses. Außer zwei Springern vom Westdeutschen Skiverband ist die hessische Elite mit 17 Springern unter sich. Alfred Winkler aus Winterberg gelingt der weiteste Satz mit 50 Metern, er stürzt dabei aber leicht. Im folgenden Jahr werden die Bezirksmeisterschaften wegen Schneemangels abgesagt.

Das Neujahrsspringen 1971 bringt für alle Beteiligten dann ein spektakuläres Ende. Die gute Qualität der Schanze hat sich herumgesprochen, und so versuchen „Adler" aus ganz Deutschland auf der Schanze zu bestehen. Vor 2.500 Zuschauern gewinnen die Schwarzwälder Skispringer vom BV Blasiwald den Wettbewerb, wobei der Sieger Klaus Boll trotz Nebels mit 52 Metern einen neuen Schanzenrekord aufstellt. Die Veranstaltung hätte ein großer Erfolg für die Taunusregion

Eine Aufnahme von 1965 (Foto: Josef Berbott).

Verbotsschild nach Schließung der Schanzenanlage (Repro: Karl Breitung).

werden können, wenn nicht das 16-jährige Skisprungtalent Rink vom SC Hartenrot nahe Dillenburg im zweiten Durchgang so schwer gestürzt wäre, dass es vom Krankenwagen abtransportiert werden musste. Sein linker Ski löst sich beim Absprung, und so stürzt er kopfüber den Hang hinab, überschlägt sich mehrfach und bleibt regungslos im Auslauf liegen. Der Schock sitzt bei allen tief, besonders als die Information eintrifft, dass seine Verletzung zu einer Querschnittslähmung geführt hat.[17]

Bei der kritischen Aufarbeitung dieses Unfalls treten nachträglich Konstruktionsmängel an der Weilsbergschanze zutage. Das bedeutet das endgültige Aus für die „Flugshows der Skiadler" im Hochtaunus. Heute erinnern nur noch die Spuren im Fels und ein Rest des Schanzenunterbaus an die historischen Begebenheiten.

Sommerskischanze

Der Ski-Club Taunus erkennt bereits 1965, dass bei immer milderen Wintern eine Schneeflugschanze im Feldberggebiet keine Zukunft mehr hat, und beantragt, zur Förderung des regionalen Skisports nur wenige Meter unterhalb der Weilsbergschanze eine Mattenschanze für einen Sommerskibetrieb bauen zu dürfen. Der Landrat des Main-Taunus-Kreises Dr. Jost erkennt die Zeichen der Zeit aber nicht und verweigert 1967 seine Zustimmung, obwohl der Verein ein ausgereiftes Konzept vorlegt. Vielleicht lässt man sich in der Kreisverwaltung in die Irre leiten, weil die benachbarte Weilsbergschanze immer noch erfolgreich genutzt wird. So aber bleibt eine vierte Skisprungschanze im Hochtaunus nur ein geplatzter Traum, genauso die 1965 aufkommende Idee zum Bau eines Wintersportzentrums bei Arnoldshain.

17 HK 4.1.1971.

Josef Venino

Glöckner, Küster, Organisten und Vorsänger

Die Nebendienste der Lehrer in früherer Zeit

In vornassauischer Zeit

Die Lehrer in früheren Zeiten hatten nicht nur zu unterrichten, sondern sie waren zugleich auch Glöckner, Küster, Organisten und Vorsänger. Diese Dienste wurden den dörflichen Elementarlehrern zugleich mit der Übernahme des Lehramtes übertragen. Dies hatte hauptsächlich zwei Gründe: Ganz entscheidend dominierte der ökonomische Aspekt, denn allein von seinem Lehrergehalt hätte kaum ein Lehrer leben können. Es gab aber auch noch einen rechtlich-organisatorischen Grund, weil der jeweilige Pfarrer zugleich „Ortsschuldirektor" war und damit Vorgesetzter des Lehrers. Die Konfession bildete hier keine Probleme, weil die dörflichen Gemeinden durchweg monokonfessionell waren und der Lehrer entsprechend der herrschenden Konfession ausgesucht wurde.[1]

Es gab nur wenige Konstellationen, meist in Städten, wo der Lehrer nur das Organistenamt mitzuversehen hatte, nicht aber die Glöcknerei und den Küsterdienst; so in Oberursel: Hier beschwerte sich der Lehrer Caspar Kmuschka darüber, dass ihm der Anteil des Organistenamtes an seinem Einkommen fehle, weil die Orgel kaputt war.[2]

Im 18. Jahrhundert bekam Andreas Westhofen, von 1723 bis 1782 Lehrer in Weißkirchen und zugleich Glöckner, Küster, Organist, Vorsänger und Gerichtsschreiber, sein Einkommen teils aus der Zivilgemeinde, teils aus der Kirchengemeinde. Zusammen kam Westhofen auf 13 Malter Korn[3], 4 Malter Hafer, an barem Geld auf 44 fl. 2 kr.[4]. Im Einzelnen setzte sich das Einkommen so zusammen: Von der Kirche erhielt Westhofen 3 Malter Korn, für die Besorgung der Kirchenwäsche 2 fl. 30 kr., für den Klingelbeuteldienst[5] 3 fl., für die Beschickung des „Ewigen Lichtes"[6] 1fl., für Anniversarien[7] 54 kr., für die Wartung der Kirchenuhr 2 fl. 18 kr., für weitere Dienste 2 kr., für ein Erwachsenenbegräbnis[8] 30 kr., für ein Kinderbegräbnis 20 kr., bei einer Taufe 10 kr. und bei einer Hochzeit 30 kr. Alle diese Einkünfte waren auf ein Jahr bezogen. Des Weiteren standen Westhofen drei Brotgänge zu. Von jedem Haushalt sollte Westhofen ein Brot erhalten.[9]

Die Brotgänge waren besonders demütigend für einen Lehrer, wenn er gleichsam als Bettler sein Brot in den einzelnen Häusern abholen musste, obwohl ihm dieses Brot rechtlich zustand. Noch demütigender war der sogenannte Reihentisch, wenn der Lehrer

1 Vgl. Carl Georg Firnhaber, Die nassauische Simultanvolksschule, Band II, Wiesbaden 1883, S. 12 f.
2 Vgl. Kmuschka an Amt Höchst, 7. Nov. 1793 – Staatsarchiv Würzburg, Mainzer Regierungs-Akten, Lade 649, H 2627a.

3 Malter: Maß, das auf einmal gemahlen werden konnte (Korn: Roggen).
4 1 fl. = 1 Gulden = 60 Kreuzer.
5 Einsammeln der Kollekte.
6 Immer brennendes Öllicht in der Kirche.
7 Anniversarien = Jahresgedächtnisse.
8 Als Küster und Vorsänger.
9 Vgl. Pfarrer Wolff/Weißkirchen, ohne Jahr, Diözesanarchiv Limburg 166 A/45.

bei Bauern reihum verköstigt wurde, wobei er keinesfalls immer am Familientisch Platz nehmen durfte. Zum Einkommen des Lehrers zählte auch die Glockengarbe oder der Glockensichling[10].

Die Glockengarbe musste aber vom Lehrer selber ausgedroschen werden, das ihm zustehende Getreide musste er auf eigene Kosten mahlen lassen. Zum Einkommen des Lehrers zählte auch die Nutzung von Garten, Feldern und Wiesen.[11] Die Wiesen waren oft „sehr schlecht", „sehr sauer".[12] Nicht jede Gemeinde hatte eine „freie Schule" wie Weißkirchen[13], sodass der Lehrer von den Kindern kein Schulgeld erheben musste. Das Schulgeld betrug 45 kr. pro Jahr (1775 in Stierstadt) und 54 kr. (1816 in Bommersheim) und sollte vom Bürgermeister (= Vertreter des Schultheißen) eingesammelt werden.

Der Organistendienst war für den Lehrer am wenigsten anstrengend, auch war damit ein gewisses Ansehen verbunden, denn meistens war der Lehrer der Einzige am Ort, der Orgel spielen konnte.

Sehr lästig hingegen war der Glöcknerdienst. In Kalbach lag die Schule etwa zehn Minuten von der Kirche entfernt. Siebenmal musste am Tag geläutet werden: Tagläuten, Zwischenläuten (Vorläuten zum Gottesdienst), Zusammenläuten (zum Gottesdienst), Läuten um 11 Uhr (Signal für die Bauern, die Feldarbeit zu unterbrechen), 12 Uhr Mittagsläuten, 13 Uhr (Signal für die Bauern, an die Feldarbeit zurückzukehren), schließlich das Abendläuten (zur „Nacht" läuten; die Kinder hatten jetzt von der Straße zu verschwinden)[14]. Dazu kam das Läuten an Sonn- und Feiertagen. Das Läuten war nicht zuletzt mit großer physischer Anstrengung verbunden. Schüler durfte der Lehrer offiziell nicht läuten lassen. Die Glöcknerei abzugeben, empfahl sich für den Lehrer nicht, weil er dadurch sein dürftiges Einkommen weiter schmälerte. Außerdem war es nicht leicht, jemanden für eine solche Anforderung zu finden, der tagaus, tagein mehrmals nachzugehen war. Der Glöckner war auch für das Aufziehen der Kirchenuhr verantwortlich.

Der Küsterdienst war kaum weniger anstrengend. In katholischen Gemeinden war jeden Morgen Gottesdienst. Der Küster hatte die Kirche aufzuschließen, die Kerzen anzuzünden und dem Pfarrer beim Anlegen der liturgischen Gewänder zu helfen. Außerdem musste der Küster das Öl für das „Ewige Licht" besorgen und nachfüllen, die Kirchenwäsche reinigen, das Gotteshaus sauber halten und die Kirche abends zuschließen.

In nassauischer Zeit (1806–1866)

Wenn auch die Nebendienste des Lehrers kirchenbezogen geleistet wurden, so waren sie doch staatlicherseits in das Lehrereinkommen einbezogen. Daran änderte sich auch in nassauischer Zeit nichts. Zu Nassau gehörten die meisten Dörfer des heutigen Hochtaunuskreises.

Ein Dienstetat aus nassauischer Zeit konnte so aussehen: Der Lehrer in Kalbach sollte 150 fl. in bar erhalten, freie Wohnung haben (mit 15 fl. angerechnet), Ertrag der Schulgüter (mit 3 fl. berechnet), als Organist 30 fl., als Glöckner und Küster aus Anniversarien 14 fl. 10 kr., Zuschuss aus dem Kirchenfonds 10

10 Sichling = so viel eine Sichel an Getreide umfassen konnte, also etwa eine Garbe.

11 Vgl. Lehrer Nikolaus Henninger/Stierstadt, Dekret, 1. Febr. 1816 – Hessisches Hauptstaatsarchiv Wiesbaden 211/14654.

12 Vgl. Lehrer Johannes Becker/Bommersheim, Dekret, 15. Nov. 1817 – 1.c.211/146880.

13 Vgl. Pfarrer Heimes/Weißkirchen an Generalvikariat Mainz, ohne Datum (1747) – Diözesarchiv Limburg 166 A/45.

14 Vgl. D. Wendler, Kalbach, Frankfurt 1979, S. 129 f.

fl., zusammen 230 fl. 10 kr.[15] Manche Lehrer hatten weniger.[16]

Der Vorteil in nassauischer Zeit war, dass die Naturaleinkommen mit der Zeit immer mehr in Geld abgegolten wurden. So fielen vor allem die lästigen und demütigenden Brotgänge und das Einsammeln der Glockengarben weg.[17] Seit 1858 wurden in den Anstellungsdekreten der Lehrer seitens der Regierung Küster- und Glöcknerdienst nicht mehr genannt.[18]

Die Regierung bestimmte die Mindesthöhe der Bezüge für die Lehrer, aber so leicht ließ sich das nicht durchsetzen; wenn auch die Lehrer von der Regierung ernannt wurden, bezahlt wurden sie von den Gemeinden. Eigentlich sollte der Lehrer keine Landwirtschaft betreiben, aber wegen des geringen Einkommens gestattete die Regierung die Haltung zweier Milchkühe für den eigenen Bedarf. Die Lehrerwohnung, die auf das Gehalt angerechnet wurde, war oft ähnlich desolat wie die Schulräume selbst. Erst allmählich gelang es Nassau, im 19. Jahrhundert neue Schulhäuser mit Lehrerwohnungen zu bauen.

Die Vereinbarkeit von Lehramt und Nebendiensten war bereits im 18. Jahrhundert auch in den geistlichen Staaten (eine Reihe der Gemeinden des Hochtaunuskreises gehörte zu Kurmainz) infrage gestellt worden. Aber in Kurmainz wie in Nassau scheiterte die Trennung meist am sonst zu geringen Einkommen der Lehrer. „So wünschenswerth es sein würde, daß die Trennung der Dienstverrichtungen des Glöckners und des Küsters vom Schullehreramt [...] bewerkstelligt werden könnte, so läßt es sich doch nicht erkennen, daß derselben an vielen Orten Hindernisse entgegenstehen".[19]

Matthäus Venino, Lehrer in Kalbach (1835 – 71) (Foto: H. Venino).

Mit Erhöhung der Lehrereinkommen seitens der Gemeinde, wozu die Gemeinden immer mehr veranlasst oder gezwungen waren, gelang es den Lehrern, das Küster- und Glöckneramt loszuwerden. Was blieb, war der Organistendienst, den viele Lehrer bis ins 20. Jahrhundert hinein beibehielten. Anfänglich erschien der Organistendienst noch auf den staatlichen Dienstetats, aber schließlich konnten die Kirchen auch hier ihren Rechtsstandpunkt durchsetzen, nach dem der Organistendienst ein Kirchenamt ist, zu dem die Kirche und nicht der Staat beruft[20].

15 Vgl. Dienstetat des Lehrers Matthäus Venio/Kalbach, 21. April 1835 – Hessisches Hauptstaatsarchiv 211/14625.
16 Vgl. z.B. Philipp Steinbach in Weißkirchen hatte 1815 nur 180 fl.
17 Vgl. z.B. Lehrer Nikolaus Henninger/Stierstadt, Dekret, 17. Okt. 1818 – Hessisches Hauptstaatsarchiv 211/14654.
18 Vgl. Generale der Regierung, 4. Aug. 1858 – C.G. Firnhaber, 1.c., S. 307.
19 Regierung an Dekane, 16. Sept. 1828–1.c., S. 241.
20 So bereits nassauisches Oberappellationsgericht, 28. Jan. 1852–1.c., S. 384.

Joachim Ziegler

Landwirtschaft in Ober-Erlenbach

Die Landwirtschaftliche Bezugs-, Absatz- und Milchlieferungsgenossenschaft

Zur Jahreswende 1900/1901 – genauer lässt sich das leider nicht feststellen, da die ersten Seiten des Protokollbuches verloren sind – beriefen Bürgermeister Klimm und Pfarrer Kling eine Versammlung der Ober-Erlenbacher Landwirte ein, um die Gründung einer Bezugs- und Absatzgenossenschaft im Dorf, das damals noch selbstständig war, voranzutreiben.

Ähnliche Einrichtungen gab es im Mittelalter und in der frühen Neuzeit bereits hier und da in den Städten. Dort übernahmen die Zünfte die Beschaffung und Verteilung von Materialien und Rohstoffen und kümmerten sich auch um den Absatz und die Preise der fertigen Produkte. Die Kaufleute der süddeutschen Städte schlossen sich immer wieder – vor allem für den Orienthandel – aus Sicherheitsgründen zusammen, um gemeinsam eine größere Eskorte gegen Räuber oder auch Mittelmeerpiraten zu finanzieren. Auf dem platten Land dagegen gab es nur selten Zusammenschlüsse, die dann zeitlich begrenzt waren und meist nur die Erntezeit betrafen. Die Organisation dauernder und umfassender Gemeinschaftsunternehmen war schon wegen der schwierigen Kommunikation kaum möglich.

Die Idee der Einrichtung landwirtschaftlicher Genossenschaften in der zweiten Hälfte des 19. Jahrhunderts – die Kommunikation auch auf dem Lande hatte sich inzwischen deutlich verbessert – geht auf den deutschen Sozialreformer Friedrich Wilhelm Raiffeisen (1818–1888) zurück. In einer solchen Genossenschaft schließen sich die Landwirte einer bestimmten Region zusammen mit dem Ziel, die Beschaffung des bäuerlichen Bedarfs wie Saatgut, Futtermittel, Düngemittel, Geräte und Kohlen in größerem Umfange und damit preisgünstiger einzukaufen.

Das bekannte Symbol der Raiffeisen-Genossenschaft.

Gleichzeitig werden damit die Mitglieder unterstützt, indem sie einen Teil ihrer Tätigkeit abgeben und einem gemeinschaftlichen Geschäftsbetrieb überlassen können. Genossenschaften sind noch heute – wo sie denn noch existieren – wichtige Handels- und Vertragspartner der Landwirte.

Zu der Gründungsversammlung in Ober-Erlenbach kamen 40 Männer, das waren so ziemlich alle, die im Dorf Landwirtschaft betrieben. Referent war Pfarrer Mauer, der wahrscheinlich aus einem der umliegenden Ortschaften kam, die bereits eine solche Genossenschaft besaßen.

„Es ist" – so der Referent laut Protokoll – „das Bestreben einer solchen Vereinigung, dem Bauernstand in geistiger und sittlicher Beziehung Hilfe zu geben. Dies tut sie zum Beispiel, indem sie ihre Mitglieder von Zeit zu Zeit versammelt, um sie über wichtige Tagesfragen zu unterrichten, und indem sie jedem Mitglied die Vereinszeitschrift kostenfrei aushändigt. Ferner verlangt sie von ihren Mitgliedern ein gesittetes, geistliches Leben, und wer diesen Anforderungen nicht entspricht, wird von dem Verein, besonders aber von allen Ehrenämtern ausgeschlossen. Endlich fördert der Verein den gegenseitigen Meinungsaustausch, die gegenseitige Belehrung, sei es durch das Vereinsblatt, sei es privat durch die größeren oder kleineren Versammlungen." Pfarrer Mauer sagte auch die Hilfe und Unterstützung von bereits bestehenden Raiffeisengenossenschaften in der Umgebung zu.

Alle vierzig Erschienenen trugen sich in die Vereinsliste ein, waren bereit, eine Einlage von fünf Reichsmark (Wert heute etwa 50 €) zu zahlen und gingen dann zur Wahl des Vorstandes über. Pfarrer Kling wurde als Vorsitzender vorgeschlagen, dem widersprach aber der Referent, indem er sagte, dass dies durchaus unüblich sei. In anderen Gemeinden sei der Pfarrer Ehrenpräsident, und das könne man auch in Ober-Erlenbach so halten. Die Versammlung schloss sich diesem Einwand an und wählte Bürgermeister Klimm zum Vorsitzenden. Auch alle anderen Vorstandsposten konnten problemlos besetzt werden.

In den folgenden Monaten kam es ziemlich häufig zu Sitzungen, während in späteren Jahren im Regelfalle nur eine Jahreshauptversammlung stattfand. Die Zahl der Mitglieder erhöhte sich bald auf 55 und blieb dann auf diesem Niveau eine Weile konstant, der Ankauf und Verkauf der notwendigen landwirtschaftlichen Produkte lief problemlos.

Zu dieser Zeit hatte natürlich jeder Hof in Ober-Erlenbach auch Milchkühe. Die Anzahl lag bei kleineren Bauern bei einem oder zwei Tieren und ging bis zu vierzig beim Oberhof. Mitte der fünfziger Jahre war der Bestand an Milchvieh im Dorf mit etwa zweihundert Tieren am größten. Die Vermarktung der Milch übernahm ebenfalls die Genossenschaft, deren Vorstand mit der abnehmenden Firma in Frankfurt die Verträge aushandelte. Es gab noch lange eine zentrale Sammelstelle, zu der die Bauern ihre Kannen brachten. Von dort wurden die Behälter mit einem Pferdefuhrwerk oder später mit dem Lastwagen nach Ober-Eschbach zur Bahn und mit dieser nach Frankfurt zur Molkerei am Osthafen transportiert. Auseinandersetzungen gab es mit dem Betrieb immer mal wieder über die Höhe der Entlohnung für die Ober-Erlenbacher Lieferanten oder die Preise der Milchprodukte, die den Ober-Erlenbachern vertraglich zustanden. Die erste Sammelstelle wurde gemeinsam mit der Genossenschaft 1920 eingerichtet und hatte sogar schon eine Ammoniakkühlanlage. Diese wurde Mitte der fünfziger Jahre mit modernen Geräten ausgestattet, wurde aber bald geschlossen, als die Milchanlieferung durch die Ober-Erlenbacher Bauern wegen der Reduzierung des Milchviehs so weit zurückging, dass sich das Betreiben der Anlage nicht mehr lohnte. In den siebziger Jahren wurde das zentrale Einsammeln der Milch in Ober-Erlenbach aufgegeben, da viele Bauern keine Milchwirtschaft mehr betrieben. Andere richteten sich eigene Kühlmöglichkeiten ein, und der Molkereilaster holte die Milch direkt bei dem Bauern ab. Schließlich wurde die letzte Milchkuh in Ober-Erlenbach, das seit 1972 Stadtteil von Bad Homburg ist, 1990 abge-

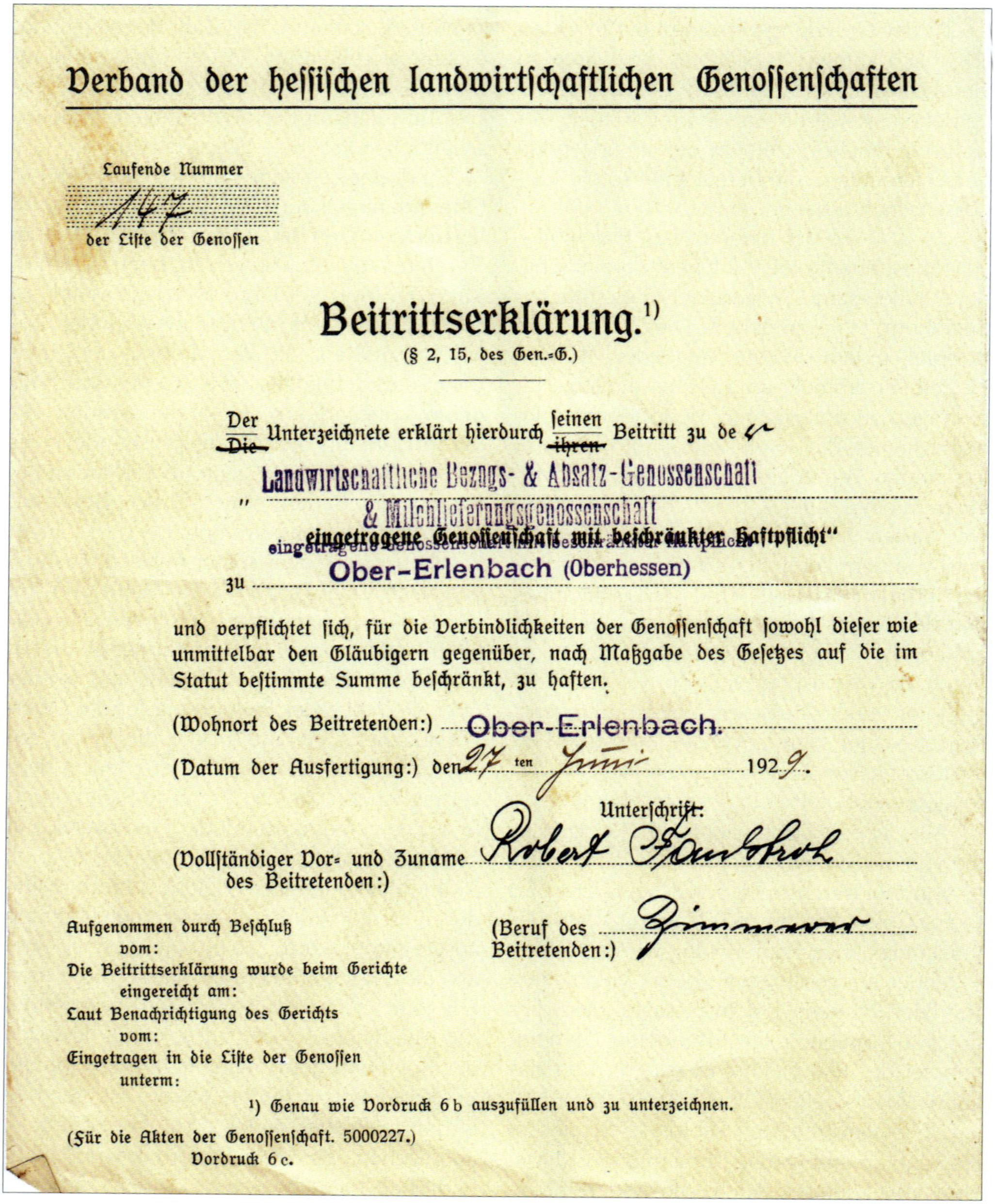

Verband der hessischen landwirtschaftlichen Genossenschaften

Laufende Nummer 147 der Liste der Genossen

Beitrittserklärung. 1)

(§ 2, 15, des Gen.-G.)

~~Die~~ Der Unterzeichnete erklärt hierdurch ~~ihren~~ seinen Beitritt zu der

„Landwirtschaftliche Bezugs- & Absatz-Genossenschaft & Milchlieferungsgenossenschaft eingetragene Genossenschaft mit beschränkter Haftpflicht"

zu Ober-Erlenbach (Oberhessen)

und verpflichtet sich, für die Verbindlichkeiten der Genossenschaft sowohl dieser wie unmittelbar den Gläubigern gegenüber, nach Maßgabe des Gesetzes auf die im Statut bestimmte Summe beschränkt, zu haften.

(Wohnort des Beitretenden:) Ober-Erlenbach.

(Datum der Ausfertigung:) den 27 ten Juni 1929.

Unterschrift:

(Vollständiger Vor- und Zuname des Beitretenden:) [illegible]

Aufgenommen durch Beschluß vom:

Die Beitrittserklärung wurde beim Gerichte eingereicht am:

Laut Benachrichtigung des Gerichts vom:

Eingetragen in die Liste der Genossen unterm:

(Beruf des Beitretenden:) Zimmerer

1) Genau wie Vordruck 6b auszufüllen und zu unterzeichnen.

(Für die Akten der Genossenschaft. 5000227.) Vordruck 6c.

Eine Beitrittserklärung aus späteren Zeiten.

schafft. Im Gebäude der Milchsammelstelle befindet sich heute die Pizzeria in der Wetterauer Straße.

Der Erste Weltkrieg brachte offensichtlich keine wesentlichen Probleme für die Ober-Erlenbacher Genossenschaft, zumindest spiegelt sich im Protokollbuch nichts wider, was irgendwo auf Schwierigkeiten hindeuten würde. Eingezogen wurden viele Ober-Erlenbacher, darunter auch die meisten Landwirte, die eigentlich an ihrem Arbeitsplatz wichtiger gewesen wären als an der Front. Sie konnten auch nicht in jedem Falle durch Kriegsgefangene ersetzt werden.

Dass vom Beginn des Krieges, in dem 46 Ober-Erlenbacher an allen Fronten fielen, bis zum Jahre 1923 keine Generalversammlungen stattfanden, ist nicht weiter auffällig, haben doch auch andere Vereine während dessen Dauer und in den ersten Jahren danach auf Zusammenkünfte verzichtet.

Am 8. Februar 1923 kam es allerdings zu einem unerwarteten Eklat: Nach Erledigung des Jahresberichtes ergriff der Vorsitzende das Wort und schilderte die schlechte Belieferung seitens des Hauptvereins, bzw. der Ein- und Verkaufsgesellschaft in Lorsch. 1920 waren die Ober-Erlenbacher Bauern dem Verband der hessischen landwirtschaftlichen Genossenschaften beigetreten, die erwarteten Verbesserungen und Vorteile dieser Verbindung blieben allerdings aus.

So wurde – laut Protokoll – zum Beispiel ein Waggon Thomasmehl schon Anfang Mai auf der Generalversammlung in Groß-Karben bestellt, desgleichen ein Waggon Kalkstickstoff am 9. Juni, aber beides wurde erst am 26. und 28. Oktober und damit zu spät für die Landwirtschaft geliefert. Der Vorstand hatte vor dem Eingang der Düngemittel jeweils am 1. und 15. eines jeden Monats nur den schriftlichen Bescheid erhalten, dass er am Soundsovielten einen Waggon Thomasmehl und Kalkstickstoff bestellt habe. Bevor die Ware endgültig geliefert worden war, wurden ihm immer wieder die neuen Düngemittelpreise mitgeteilt. Dass diese Zustände auf die Dauer für den Verein unhaltbar waren, lag klar auf der Hand, und das wurde von der Versammlung voll und ganz anerkannt. Dem Vorstand

Mühselige Art der Fortbewegung und ein anstrengender Alltag für Mensch und Zugtiere.

waren seitens der nassauischen Raiffeisengenossenschaft Frankfurt verschiedene Male Angebote zwecks Übertritt in diesen Verein gemacht worden, wie er zum Beispiel in der Nachbargemeinde Harheim bereits im Jahr zuvor vollzogen worden war. In der Folge wurde mit 26 gegen drei Stimmen der Übergang in diese Genossenschaft getätigt.

Seitdem gibt es nur noch kurze Protokolle des Vorstandes und des Aufsichtsrates, die sich häufig allein auf den Geschäftsbericht und den Kassenbericht beschränken.

Es scheint so, dass die geschilderten Probleme vor allen Dingen ausgelöst wurden durch die ständigen Preissteigerungen, die die gleichzeitig ablaufende Hyperinflation bedingte, sodass sie sich möglicherweise im nächsten Jahr von selbst erledigt hätten, aber so lange konnten und wollten die Ober-Erlenbacher Bauern offensichtlich nicht warten.

Eine auffällige Erhöhung der Zahl der Bezugs- und Absatzgenossenschaften fand in den Jahren von 1913 bis 1927 statt. Damals gab es ähnliche Verhältnisse, wie Deutschland sie auch nach dem Zweiten Weltkrieg erlebte. In der Landwirtschaft herrschte großer Mangel am Notwendigsten. Dünger, Futtermittel, Brennstoffe usw. waren Mangelware. Das Geld wurde mehr und mehr entwertet. Die behördliche Zwangswirtschaft versagte. Die erforderliche Ware war zum großen Teil nur noch im „Schwarzhandel" zu bekommen.

Anders als während des Ersten Weltkrieges fanden auch nach 1939 regelmäßige Sitzungen statt, es wurden sogar noch neue Mitglieder aufgenommen.

Nach dem Zweiten Weltkrieg gaben in der neu entstandenen Bundesrepublik viele Landwirte ihre Tätigkeit auf und suchten sich andere Arbeitsplätze in den umliegenden Ortschaften. Die Mitgliederzahl der Genossenschaft ging rapide zurück, die letzten Protokolle sind aus dem Jahr 1955.

Die ersten landwirtschaftlichen Maschinen waren wahre Ungetüme.

Zuletzt gab es für den landwirtschaftlichen Bedarf und den der Kleingärtner an Gerätschaften, Saat- und Futtermitteln nur noch einen Markt, die eigentlichen Ziele der Genossenschaft, die sich in ihrem Titel widerspiegeln, waren schon längst nicht mehr aktuell. Sie hatte zeitweilig fast 150 Mitglieder gehabt, die allerdings nicht alle Landwirte waren. Auch Privatpersonen konnten bei Zahlung des Einstandes Mitglieder werden und damit die Vorteile der Genossenschaft, vor allem, was den Kauf von landwirtschaftlichem Bedarf betraf, in Anspruch nehmen. Schließlich lohnte aber auch der Verkauf landwirtschaftlichen Kleinbedarfs nicht mehr. Vor zehn Jahren schloss diese Einrichtung endgültig ihre Tore, nachdem sie schon wenige Jahre vorher ihren Standort von der Josef-Baumann-Straße in die Homburger Straße verlegt hatte.

Neuerscheinungen zu Geschichte und Heimatkunde des Hochtaunuskreises

Sämtliche in der folgenden Auswahl genannten Titel stehen in der Bibliothek des Kreisarchivs zur Verfügung. Das Verzeichnis erhebt keinen Anspruch auf Vollständigkeit.

1. Allgemeines

- Bund der Vertriebenen (BdV), Kreisverband Hochtaunus e.V. (Hg.): Festschrift zum 70-jährigen Jubiläum des BdV-Kreisverbandes Hochtaunus e.V. – Bad Homburg, 23. Juni 2019, Bad Homburg 2019.
- Ernst, Eugen: Glocken – klingendes Kulturerbe, Neu-Anspach 2018.
- Freilichtmuseum Hessenpark (Hg.): Hessen först! – Karikaturen von Greser & Lenz, Lindenberg i. Allgäu 2019.
- Hochtaunuskreis. Der Kreisausschuss (Hg.): So schmeckt der Taunus – Rezepte aus aller Welt gekocht und präsentiert von Mitbürgern aus dem Hochtaunuskreis, Bad Homburg 2018.
- Ruetz, Michael: Pogrom 1938 – das Gesicht in der Menge, Wädenswil am Zürichsee 2018.
- Schrimpf, Eberhard: Der Taunus von oben – mit dem Heißluftballon unterwegs, Frankfurt 2018.

2. Einzelne Orte

Bad Homburg v. d. Höhe

- Geschichtlicher Arbeitskreis Gonzenheim (Hg.): Museumsführer – Gonzenheimer Museum im Kitzenhof, Ortsgeschichtliches Museum Bad Homburg-Gonzenheim, Bad Homburg 2018.
- Grzechca-Mohr, Ursula; Lingens, Peter: Modelle einer Stadt – Bad Homburg in Vergangenheit, Gegenwart und Zukunft: 26. August 2018 – 24. Februar 2019, Bad Homburg 2019.
- Lingens, Peter (Hg.): In neuem Licht – Das Frühwerk von Carl Stolz: Katalog zur Ausstellung im Städtischen historischen Museum/ Museum Gotisches Haus, Petersberg 2019.
- Museum Sinclair-Haus (Hg.): Aussicht – Einsicht – Blick durchs Fenster: Museum Sinclair-Haus, Bad Homburg/München 2018.
- Römerkastell Saalburg (Hg.): Rom in Germanien – Waldgirmes – Dauerausstellung im Römerkastell Saalburg, Mainz am Rhein 2018.
- Turnverein Dornholzhausen/Ts. 1918 (Hg.): Turnverein Dornholzhausen/Ts. 1918–2018 – eine sportliche Reise durch die Zeit: Festschrift zum 100jährigen Jubiläum, Bad Homburg 2018.
- Wicke, Rainer: Das Leben im ACT – 1989–2018, Roßdorf 2018.

Friedrichsdorf

- Freiwillige Feuerwehr Friedrichsdorf (Hg.): Chronik – von 1894 bis 2019, Friedrichsdorf 2019.

- Heimatverein Köppern e.V.: 750 Jahre Köppern – 1269–2019, Köppern 2019.
- Rees-Elzer, Angelika: Ilse Gehrmann – Malerei und Zeichnung, Friedrichsdorf 2018.

Glashütten
- Berg, Ingrid: Oberems und seine Schule – Eine Dokumentation von Ingrid Berg und Jürgen Geiß, Oberems 2018.
- Klomann, Alwin: Das Schloßborner Ostkreuz, Schloßborn 2017.

Grävenwiesbach
- Klein, Heinz Norbert: Grävenwiesbach – Kirchspiel und politische Einheit: ein Streifzug durch die Jahrhunderte, Grävenwiesbach 2018.

Königstein im Taunus
- Schlott, Christoph: Die Münzen der Grafschaft, Königstein 2018.

Kronberg im Taunus
- Alsheimer, Elfriede (Hg.): Herbert Alsheimer (1931–2013) – Schriften und Reden, Frankfurt 2018.
- Hansert, Andreas: Philipp Franck – 1860 bis 1944: vier großformatige Taunuslandschaften gemalt für das Casino der Cassella AG im Auftrag von Arthur von Weinberg, Kronberg 2018.

Oberursel (Taunus)
- Erbstößer, Elizza: Kaisers kannten Oberursel – ideelle Verbindungen – direkte und indirekte Beziehungen – tradierte Mitwirkungen, Oberursel 2018.
- Unger, Marion: Oberursel zu Fuß – die schönsten Sehenswürdigkeiten zu Fuß entdecken, Frankfurt 2018.

Usingen
- Ettig, Wolfgang: „Das runde Leder“ – von der Gemeindewiese zum Sportplatz: die Anfänge des Fußballsports im Usinger Land, Treisberg 2018.

Weilrod
- Haub, Wolfgang: Der Familienname Bachon in Mauloff von 1904 bis 1990, Mauloff 2018.
- Haub, Wolfgang: Die Geschichte des Gasthauses „Zur Rose“ in Mauloff – recherchiert und aufgeschrieben von Wolfgang Haub im Jahre 2018, Mauloff 2018.
- Haub, Wolfgang: Mauloffer Kerb – „Achtung – Achtung – aleweil kumme se“, Mauloff 2018.

Autorinnen und Autoren dieses Buches

Ingrid Berg

Ingrid Berg, geboren 1936 in Ostholstein, lebt seit 1971 in Glashütten. Nach Elternarbeit und politischem Engagement war sie 20 Jahre lang Vorsitzende des Kulturkreises Glashütten e.V. und ließ in dieser Zeit auch die Heimatgeschichte des Ortes und der Region aufarbeiten. Im Mittelpunkt stand die Erforschung der Waldglashütten, die zu insgesamt vier archäologischen Grabungen und zu etlichen Publikationen führte. Inzwischen ist zu ihrem Hauptthema „Glas" auch die Beschäftigung mit den historischen Mühlenstandorten im Hochtaunuskreis gekommen. Zusammen mit Alexander Wächtershäuser erstellte sie dazu eine dreibändige Dokumentation. Innerhalb einer Gruppe Ehrenamtlicher erschließt sie derzeit die Gemeindearchive von Glashütten, Oberems und Schloßborn.

Ingrid Berg ist verheiratet, hat vier erwachsene Söhne, 13 Enkel und zwei Urenkelkinder. Im Jahre 2001 wurde ihr der Saalburgpreis verliehen. 2015 wurde ihr langjähriges Engagement mit dem Bundesverdienstkreuz gewürdigt.

Karl Breitung

Karl Breitung, geboren 1948 in Glashütten, begann seine berufliche Ausbildung 1966 in der Hessischen Steuerverwaltung, die er 1973 als Diplom-Finanzwirt abschloss. Fast 48 Jahre lang arbeitete er bei einer Steuerbehörde, zuletzt als Ausbildungsleiter und Fortbildungsbeauftragter. Er ist seit mehr als 22 Jahren ehrenamtlich als Vorsitzender der TSG Niederreifenberg und in der katholischen Kirchengemeinde Niederreifenberg engagiert. Seit 2018 ist er Vorstandsmitglied der Interessengemeinschaft Archiv Reifenberg.

Eva Demski

Eva Demski, geboren 1944 in Regensburg, studierte in Mainz und Freiburg Germanistik, Philosophie und Kunstgeschichte und arbeitete anschließend als Dramaturgieassistentin, Lektorin, Übersetzerin und Journalistin. Sie war Mitarbeiterin beim HR und Mitglied des PEN-Zentrums Deutschland. Heute lebt sie als freie Schriftstellerin in Frankfurt am Main, wo sie 1998/99 an der Universität die Frankfurter Poetik-Vorlesungen hielt. Ihr erster Roman „Goldkind" erschien 1979, gefolgt von zahlreichen weiteren Romanen, Essay-Sammlungen, Reiseführern und Bildbänden. Ihre Werke wurden vielfach ausgezeichnet. Als Ausdruck ihrer aufmerksamen Beobachtungen gesellschaftlicher Wandlungen und ihres kritischen Selbstbewusstseins ist sicher auch der Titel ihrer Erinnerungen zu sehen – „Den Koffer trage ich selber".

Prof. Dr. Barbara Dölemeyer

Prof. Dr. Barbara Dölemeyer war bis 2011 Referentin am Max-Planck-Institut für europäische Rechtsgeschichte in Frankfurt am Main. Sie ist Honorarprofessorin für Rechtsgeschichte an der Justus-Liebig-Universität Gießen. Forschungsschwerpunkte sind u.a. die Gesetzgebungsgeschichte Europas im 18. bis 20. Jahrhundert, die Rechtsgeschichte der Hugenottenaufnahme, Universitätsgeschichte und Hessische Landesgeschichte.

Sie ist seit 1997 Vorsitzende des Vereins für Geschichte und Landeskunde Bad Homburg v. d. Höhe, außerdem Mitglied der Hessischen Historischen Kommission, Darmstadt (seit 2009 stellv. Vorsitzende), der Historischen Kommission für Nassau, der Frankfurter Historischen Kommission und der Historischen Kommission für Hessen, Marburg. Sie ist seit 2006 Mitglied des wissenschaftlichen Beirats der Hölderlin-Gesellschaft, seit 2009 Mitglied des Kuratoriums der Gemeinnützige Kulturfonds FrankfurtRheinMain GmbH.

Sie ist Verfasserin von Publikationen zur Rechtsgeschichte der Landgrafschaft Hessen-Homburg, zur Homburger Stadtgeschichte sowie zur Geschichte des Hochtaunuskreises. 1998 wurde ihr der Saalburgpreis verliehen, 2009 erhielt sie das Bundesverdienstkreuz 1. Klasse, 2010 das Österreichische Ehrenkreuz für Wissenschaft und Kunst 1. Klasse. 2016 die Ehrenplakette der Stadt Bad Homburg v. d. Höhe.

Dr. Ingrid Ehrhardt
Dr. Ingrid Ehrhardt, Jahrgang 1964, arbeitet seit September 2007 als Kuratorin und seit 2017 als Künstlerische Leiterin für das Museum Kronberger Malerkolonie. Sie studierte Kunstgeschichte, Französische Literaturwissenschaft und Anglistik an der Johann Wolfgang Goethe-Universität in Frankfurt am Main. In ihrer Promotion beschäftigte sie sich mit dem Karlsruher Architekten Erich Schelling, der maßgeblich für den Wiederaufbau Karlsruhes in den 1950er Jahren verantwortlich zeichnete. Nach dem Studium absolvierte sie ein Volontariat am Städelschen Kunstinstitut und war als Kuratorin in der Schirn Kunsthalle Frankfurt tätig. Von ihr sind zahlreiche Aufsätze zur Kronberger Künstlerkolonie sowie zur zeitgenössischen Kunst erschienen.

Prof. Dr. Eugen Ernst
Prof. Dr. Eugen Ernst absolvierte sein Abitur an der Christian-Wirth-Schule in Usingen, bevor er in den 1950er Jahren die Fächer Geografie, Geologie, evangelische Theologie, Germanistik, Volkskunde, Soziologie und Philosophie studierte. Nach seiner Promotion 1957 unterrichtete er für ein Jahrzehnt am Goethe-Gymnasium in Frankfurt am Main, wo er auch fachleitende Funktion hatte. Von 1969 bis 1993 hatte er eine Professur an der Justus-Liebig-Universität in Gießen inne, leistete in den Jahren von 1960 bis 1990 aber auch engagierte parlamentarische Arbeit in seiner Gemeinde, dem Kreis und dem Umlandverband Frankfurt. Zwischen 1985 und 1990 war er außerdem Mitglied der Kirchenleitung der Evangelischen Landeskirche Hessen-Nassau (Darmstadt).

Bereits ab 1968 war er initiativ beteiligt an den Planungen für das Hessische Freilichtmuseum, dessen Leitung er von 1974 an für mehr als zwei Jahrzehnte bis zu seiner Pensionierung übernahm. Prof. Dr. Eugen Ernst ist Autor zahlreicher Fachaufsätze, Vorträge und Buchpublikationen zu geografischen, pädagogischen und kulturhistorischen Themen, insbesondere zu Fragen der hessischen Landeskunde, der Luftbildauswertung, der Regionalplanung, der Wissenschaftstheorie und Curriculumforschung wie auch der Museumsdidaktik.

Wolfgang Ettig
Wolfgang Ettig, Jahrgang 1954, wuchs im Hunsrück auf. Nach dem Studium des Wirtschaftsingenieurwesens in Saarbrücken war er zunächst im kaufmännischen Bereich tätig. Seit 1983 lebt und arbeitet er im Taunus. Durch seine Affinität zu Japan gründete er in den 1990er Jahren einen Verlag und publiziert und schreibt seither Titel zur Kulturgeschichte Japans. Wolfgang Ettig ist Mitglied in diversen Heimat- und Geschichtsvereinen im Usinger Land sowie Sprecher der Arbeitsgemeinschaft der Geschichts- und Heimatvereine im Hochtaunuskreis. Als aktiver Heimatkundler verfasste er zahlreiche Aufsätze und Bücher über regionalgeschichtliche Themen. Seine Hauptinteressensgebiete sind die Sozialgeschichte im Usinger Land und die Brauchtumskunde. Zu Letzterer legte er ein zweibändiges Werk über die dörflichen Uznamen im Hochtaunus vor. Er betreut im Heimatverein Treisberg e.V. das Ortsarchiv und zeichnet verantwort-

lich für Ausstellungen in der Alten Schule zu Treisberg.

Ursula Euler

Ursula Euler war 15 Jahre in der Kreisverwaltung des Hochtaunuskreises beschäftigt, die letzten vier Jahr im Fachbereich Kultur/Kreisarchiv. Seit den 1980er Jahren führt sie regelmäßig Gäste durch die Stadt und den Kurpark Bad Homburgs. Sie wurde in Ober-Erlenbach geboren, ist an der Geschichte ihres Heimatortes interessiert und Gründungsmitglied des Vereins „Heimatstube Ober-Erlenbach e.V.", dessen Vorsitzende sie aktuell ist. Ihr besonderes Interesse gilt der Organisation von Ausstellungen im Stadtteilmuseum und den Dorfführungen durch Ober-Erlenbach.

Arno Geiger

Arno Geiger, 1968 geboren, lebt in Wolfurt und Wien. Sein Werk erscheint bei Hanser, zuletzt „Alles über Sally" (Roman, 2010), „Der alte König in seinem Exil" (2011), „Grenzgehen" (Drei Reden, 2011), „Selbstporträt mit Flusspferd" (Roman, 2015) und „Unter der Drachenwand" (Roman, 2018). Er erhielt den Förderpreis zum Friedrich Hölderlin-Preis (2005), danach u. a. den Deutschen Buchpreis (2005), den Hebel-Preis (2008), den Friedrich Hölderlin-Preis (2011), den Alemannischen Literaturpreis (2017), den Joseph-Breitbach-Preis (2018) und den Bremer Literaturpreis (2019).

Wolfgang Gemeinhardt

Wolfgang Gemeinhardt, 1939 in Berlin geboren und dort aufgewachsen, studierte an der TU Berlin und TU Karlsruhe Elektrotechnik mit Abschluss Dipl.-Ing. Ab 1967 war er bei der Bundesbahn tätig und bekleidete Führungspositionen der Ressorts Technik und Finanzen in Hamburg, Hannover und Frankfurt am Main. Ab 1985 war er verantwortlicher Einkaufschef der Bahn und ab 1994 Mitglied im Konzernvorstand der Deutsche Bahn AG. Seit 2001 beteiligt er sich als Senior Advisor an diversen Projekten zur Geschäftsfeldentwicklung bahnaffiner Unternehmen und engagiert sich zunehmend bei Rotary im Bereich Werte.Bildung.Beruf im RC Usingen, als Governor in Hessen und darüber hinaus. Wolfgang Gemeinhardt hat vielseitiges Interesse an Oper, Schauspiel und Architektur und ist im Usinger Land – nach langjähriger Mitgliedschaft im Kulturkreis – seit 2017 als dessen Erster Vorsitzender aktiv.

Beate Großmann-Hofmann

Beate Großmann-Hofmann studierte Geschichte und Romanistik mit Abschluss des Ersten und Zweiten Staatsexamens. Nach mehrjähriger Tätigkeit in Hochheim am Main, wo sie sich dem Aufbau des Stadtarchivs und der Neueinrichtung des Heimatmuseums widmete, wechselte sie 1989 nach Königstein im Taunus. Hier leitete sie bis 2019 das Stadtarchiv und übernahm ab 2014 auch die Leitung des Fachdienstes Kultur. In zahlreichen Ausstellungen, Vorträgen und Veröffentlichungen beschäftigte sie sich mit unterschiedlichen Themen zur Königsteiner Geschichte. Seit 2002 ist sie Schriftführerin des Historischen Vereins Rhein-Main-Taunus e.V. 2019 wurden ihre Verdienste mit der Verleihung des Saalburgpreises gewürdigt.

Kai Hilbig

Kai Hilbig wurde 1964 in Neubeckum geboren. Er arbeitet als Meister für Veranstaltungstechnik im eigenen Unternehmen gemeinsam mit zehn Mitarbeitern. Seit 2016 ist er Stadtverordneter der Stadt Steinbach. Seit 2018 ist er Erster Vorsitzender des Geschichtsvereins Steinbach und Erster Vorsitzender des Vereinsrings Steinbach.

Dr. Diethelm Knauf

Dr. Diethelm Knauf, geb. 1952, studierte Anglistik, Geschichte und Politik an der

Philipps-Universität Marburg. Nach dem Zweiten Staatsexamen für das Lehramt an Gymnasien in Hamburg war er Lehrer am Schulzentrum der Sekundarstufe I in Bremen; dann Wissenschaftlicher Mitarbeiter im Labor Migration Project der Universität Bremen und anschließend Lehrkraft für besondere Aufgaben für den Bereich Fachdidaktik im Studiengang Englisch. 1995 Promotion zum Thema „Cultural Studies im Englischunterricht". Schließlich war er von 1998 bis 2013 leitender Historiker und Medienpädagoge im Landesfilmarchiv Bremen. Zusätzlich war er Dozent in der Weiterbildung, arbeitete für Radio und Fernsehen, als Kurator von Ausstellungen, verfasste Publikationen zu Schule und Englischunterricht, Regionalgeschichte, Auswanderungs- und Migrationsgeschichte und fungierte als Autor verschiedener Filmprojekte zu regionalgeschichtlichen Themen.

Peter Lückemeier
Peter Lückemeier, Jahrgang 1950, lebt als Journalist und Sachbuchautor in Wiesbaden. Er war 26 Jahre lang einer der beiden Lokalchefs der F.A.Z. und moderiert gemeinsam mit F.A.Z.-Herausgeber Werner D'Inka seit zwölf Jahren die monatliche Gesprächsreihe „3 kluge Köpfe" auf rhein-main-tv. Peter Lückemeier ist Autor und Herausgeber von bisher 19 Büchern.

Peter Maresch M.A.
Peter Maresch, geboren 1978, arbeitet seit November 2010 im Kreisarchiv des Hochtaunuskreises. Nach Abschluss seines Studiums der Mittleren und Neueren Geschichte sowie Fachjournalistik an der Justus-Liebig-Universität Gießen 2006 absolvierte er von 2007 bis 2010 die Archivarsausbildung beim Staatsarchiv Marburg. Sein derzeitiges Arbeitsziel ist vor allem, den Erschließungsgrad der Bestände des Kreisarchivs zu erhöhen.

Ulrike Mieth
Ulrike Mieth wurde 1945 als Ulrike Meinke in Königstein geboren und wuchs in Mammolshain auf. Dem Abitur an der „Taunusschule" folgte ein Jurastudium an der Universität Frankfurt am Main. Nach dem Zweiten Staatsexamen wurde sie in den Justizdienst übernommen, zunächst bei der Staatsanwaltschaft Frankfurt, ab 1983 als Strafrichterin bei Gericht. 1993 übernahm sie Verfahren nach dem Wohnungseigentumsgesetz und Handelsrecht. Seit ihrem Eintritt in den Ruhestand 2005 gilt ihr Interesse wieder verstärkt der Kunst und Kultur. Aufgewachsen in einem kunstinteressierten Elternhaus – der Vater freischaffender Künstler, die Mutter Kunsthistorikerin – wurde früh ihre Begeisterung für Malerei, Skulptur und Architektur geweckt. Dem widmet sich Ulrike Mieth nun wieder mit Hingabe und Ernsthaftigkeit – hierzulande wie auch auf Reisen rund um den Globus.

Heidrun Möhle
Heidrun Möhle wurde 1943 in Northeim/Hannover geboren. Nach dem Schulabschluss und Höherer Handelsschule hat sie in verschiedenen Firmen gearbeitet, z.B. in einer Bank, einem Verlag, der Universität Frankfurt und dem Saalburgmuseum. Während der Schulzeit der Kinder engagierte sie sich als Elternbeirätin in der Altkönigschule in Kronberg. Von 2004 bis 2011 war Heidrun Möhle Stadtverordnete der Stadt Steinbach.

Seit 2004 studiert sie an der Universität des 3. Lebensalters Frankfurt am Main in den Fachbereichen Kunst und Theaterwissenschaften, aber auch in Philosophie und Griechischer Mythologie.

Seit fast 25 Jahren ist Heidrun Möhle im Vorstand des Vereins für Geschichte und Heimatkunde e.V. Steinbach. Dabei hat sie an fast allen Ausstellungen des Vereins mitgearbeitet. Sie ist Mitbegründerin des kleinen Museums im Backhaus. Seit 2018 fungiert Heidrun Möhle als Zweite Vorsitzende des Vereins.

Bettina Müller

Bettina Müller, geboren 1967, lebt in Köln und absolvierte eine Ausbildung zur Europasekretärin. Seither arbeitet sie als Verwaltungsangestellte an einer großen deutschen Universität. Seit ca. zehn Jahren beschäftigt sie sich mit Ahnenforschung, hier insbesondere mit den Schwerpunkten Braunsberg/Ostpreußen und Berlin. Ihren Wunsch zu schreiben setzte sie inzwischen in die Tat um. Als Autorin verschiedener Aufsätze ist ihr aktueller Themenschwerpunkt die Weimarer Republik. Conrad Veidt als einer der beliebtesten Schauspieler jener Zeit geriet daher schnell in ihren Fokus für eine Recherche über Leben und Werk.

Dr. Christoph Müllerleile

Dr. Christoph Müllerleile, Jahrgang 1946, wuchs in Oberursel auf und ist Journalist. Er hat in Mainz Publizistik und Politikwissenschaften studiert und über ein Thema der Integrationsforschung promoviert. Bis Herbst 2018 war er kommunalpolitisch tätig und u. a. Stadtverordnetenvorsteher. Er publiziert regelmäßig über lokalhistorische Themen der jüngeren Gegenwart und hält dazu Vorträge.

Sabine Neugebauer

Sabine Neugebauer machte 1979 in Wiesbaden ihr Abitur, danach eine Lehre im Garten- und Landschaftsbau. Von 1981 bis 1985 studierte sie Landespflege in Geisenheim und war bis 1992 als Garten- und Landschaftsplanerin im Saarland und in Usingen tätig. Von 1992 bis 2017 war sie freie Mitarbeiterin bei einem Usinger Landschaftsarchitekten. Seit 2003 schreibt sie außerdem als freie Mitarbeiterin des Usinger Anzeigers.

Dr. Walter A. Ried

Dr. Walter A. Ried, 1958 in Frankfurt am Main geboren, war Apotheker und betätigt sich auch journalistisch. Seit 2018 befindet er sich im Ruhestand. Sein langjähriges Interesse gilt der Lokalgeschichte des Rhein-Main-Gebietes – insbesondere der von Kronberg und Umgebung. Von dort stammen die Vorfahren seines Vaters. Ried ist Mitte der 1990er Jahre mit seiner Frau in die Burgstadt unterhalb des Altkönigs gezogen. Beide sind seitdem im Kronberger Burgverein sehr aktiv.

Dr. Matthias Setzer

Dr. Matthias Setzer hat ein Studium der Literaturwissenschaft, Philosophie und Geschichte absolviert, anschließend war er Lehrbeauftragter an der Universität Mannheim für Neuere Deutsche Literatur und Dozent an der Abendakademie Mannheim. Er wurde Volkshochschulleiter in Isernhagen und Schwäbisch Hall und war bis Dezember 2019 Fachbereichsleiter für Kultur & Bildung der Stadt Bad Homburg.

Dr. Stefan Soltek

Dr. Stefan Soltek, geboren 1956 in Köln, studierte Kunstgeschichte, Klassische Archäologie und Jura in Bonn und Köln. Promoviert mit einer Arbeit über den romanischen Taufstein im westfälischen Freckenhorst bei Prof. Tilmann Buddensieg. Zahlreiche Studentenvolontariate an Museen in New York, London, Aachen und Köln. Nach Volontariaten am Landesmuseum Kassel und Museum für Kunsthandwerk Frankfurt am Main dort Kurator für die Sammlung Buchkunst und Grafik. Seit 2002 Leiter des Klingspor Museums für Internationale Buch- und Schriftkunst. Juryteilnahmen, insbesondere für die Stiftung Buchkunst Frankfurt am Main, für den Evangelischen Kirchentag (Plakatwettbewerb) und den Deutschen Designer Club DDC. Redner des ersten Kongresses CODEX, Berkeley University, für internationales Künstlerbuch, Vorträge und Publikationen zu Buchkunst und Grafikdesign.

Dr. Gerald Sommer

Dr. Gerald Sommer stammt aus Karlsruhe und lebt nach Studium der Germanistik, Italianistik und Geschichte als freier Autor, Redakteur und Herausgeber in Berlin. 1999 Promotion (Heimito von Doderer: „Technische Mittel. Fragmente einer Poetik des Schreibhandwerks". Wien 2006). Mitbegründer und (seit 2008) Vorsitzender der Heimito von Doderer-Gesellschaft. Zahlreiche Publikationen zu Doderer sowie Editionen aus dem Nachlass des Autors.

Prof. Dr. Johannes Tuchel
Prof. Dr. Johannes Tuchel, Jahrgang 1957, seit 1991 Leiter der Gedenkstätte Deutscher Widerstand, seit 1994 auch der Stiftung Gedenkstätte Deutscher Widerstand, seit 2008 apl. Professor am Otto-Suhr-Institut für Politikwissenschaft der Freien Universität Berlin, Forschungsstelle Widerstandsgeschichte, seit 2011 Gastprofessor am Touro College Berlin.

Olaf Velte
Olaf Velte, geboren 1960, lebt in Wehrheim im Taunus und verdient sein Brot als freier Journalist und Schafzüchter. Seit 1995 sind 16 Bücher von ihm erschienen – zuletzt die Gedichtsammlungen „Unterm Feldberg" und „Die Gänge des Flurschütz" (Wenzendorf 2017 und 2018) sowie die Prosa „Reuters Kiste" nebst Begleitband „Ein gewisser Christian Reuter aus Kütten" (Frankfurt 2015).

Förderpreis der Deutschen Schillerstiftung im Jahre 2003. Für die während eines hessischen Stipendiums in Krumau an der Moldau entstandene „Böhmerwaldmappe" wird eine Verlagsheimat gesucht.

Velte hat den Beruf des Verlagskaufmannes im traditionsreichen, aber nicht mehr bestehenden Brönner- und Umschau-Verlagshaus in Frankfurt am Main erlernt. Ein späteres Studium widmete sich der Germanistik, der Philosophie und den Theaterwissenschaften. Über Jahrzehnte war er Regisseur, Darsteller und Leiter der Wehrheimer „Spielbühne".

Mit Familie lebt er in Wehrheim, hinterm Limeskamm, unweit der Römerkastelle Saalburg und Kapersburg (im ehemals „unzivilisierten" Gelände).

Josef Venino
Josef Venino, geboren 1942, hat Philosophie, katholische Theologie, Geschichte, Politikwissenschaften und Geografie studiert an der Hochschule Sankt Georgen in Frankfurt am Main sowie an den Universitäten München und Mainz. Sein besonderes Interesse gilt der Nassauischen Geschichte und Kirchengeschichte.

Gerta Walsh
Gerta Walsh beschäftigt sich seit 40 Jahren mit der Geschichte des Vordertaunus, ein Interesse, das aus einem Geschichtsstudium in frühen Jahren wuchs. Beruflich war sie zunächst als Journalistin bei der Wochenschau „Welt im Film" tätig, später arbeitete sie als Sekretärin der Landgraf-Ludwig-Schule und als Bibliothekarin im Landgräflichen Schloss Bad Homburg. Als „Stadthistorikerin" Bad Homburgs ist sie unermüdlich und veröffentlicht in Vorträgen, Tageszeitungen, Büchern und in Kursen der Volkshochschule die Ergebnisse ihrer Studien. Für ihr Engagement wurden ihr der Saalburgpreis des Hochtaunuskreises, die Ehrenplakette der Stadt Bad Homburg vor der Höhe und das Bundesverdienstkreuz verliehen.

Dr. Joachim Ziegler
Dr. Joachim Ziegler studierte in Frankfurt Geschichte, Kunstgeschichte, Numismatik, Politik, Philosophie, Latein und promovierte in Alter Geschichte. Er war bis zu seinem Ruhestand Studiendirektor und Fachbereichsleiter für Gesellschaftswissenschaften am Gymnasium Oberursel. Durch den Umzug nach Ober-Erlenbach 1988 begann er sich mit der Lokalgeschichte seines neuen Heimatortes zu beschäftigen. In den folgenden Jahren veröffentlichte er eine Reihe von Aufsätzen zur

Geschichte Ober-Erlenbachs im „Jahrbuch Hochtaunuskreis" und in der Zeitschrift „Alt Homburg". Dr. Joachim Ziegler ist Verfasser einer Geschichte des Bad Homburger Stadtteils und Mitbegründer des Vereins Heimatstube Ober-Erlenbach e.V. Zusammen mit Hermann Groß wurde ihm der Saalburgpreis 2011 zuerkannt.